LANGAGE**&**SOCIÉTÉ
VARIA

Nº **163** – 2018

Revue soutenue par
l'Institut des sciences humaines
et sociales du CNRS

LANGAGE**&SOCIÉTÉ**

Fondateur : Pierre Achard †
Directrice : Josiane Boutet, boutet@msh-paris.fr
Co-directeur : Luca Greco, luca.greco@wanadoo.fr

Comité scientifique
Sonia Branca-Rosoff (U. Sorbonne Nouvelle), Norbert Dittmar (Freie Universität, Berlin), Alexandre Duchêne (U. Fribourg), Monica Heller (U. Toronto), Reiner Keller (U. Koblenz-Landau), Salikoko Mufwene (U. Chicago), Shana Poplack (U. Ottawa), Sirio Possenti (U. Campinas), Andrée Tabouret-Keller (U. Strasbourg)

Comité de rédaction
Johannes Angermuller (U. Warwick), Michelle Auzanneau (U. Sorbonne Nouvelle), Josiane Boutet (U. Paris-Sorbonne), Christine Deprez (U. Paris-Descartes), Béatrice Fraenkel (EHESS), Françoise Gadet (U. Paris-Ouest), Luca Greco (U. Sorbonne Nouvelle), Thierry Guilbert (U. Picardie), Marc Glady (U. Dauphine), Caroline Juillard (U. Paris-Descartes), Dominique Maingueneau (U. Paris-Sorbonne), Marie-Anne Paveau (U. Paris 13), Mat Pires (U. Besançon), Cyril Trimaille (U. Grenoble 3).

Comité de lecture
Jacqueline Billiez, Paul Cappeau, Louis-Jean Calvet, Cécile Canut, Dominique Caubet, Francis Carton, Patrick Charaudeau, Marianne Doury, Laurent Filliettaz, Médéric Gasquet-Cyrus, Jacques Guilhaumou, Alice Krieg-Planque, François Leimdorfer, Michel Marcoccia, Claudine Moïse, Robert Nicolaï, David Pontille, Nicole Ramognino, Anne Salazar, Véronique Traverso, Gabrielle Varro, Daniel Véronique

Secrétaire d'édition, responsable graphique et de fabrication, tenue du site
Pamina Guyot-Sionnest, pamina.guyot-sionnest@msh-paris.fr ; tél. : (00 33) 1 40 48 64 37

Responsable des abonnements
Edwige Bossuyt, bossuyt@msh-paris.fr ; tél. : (00 33) 1 40 48 64 34

Conception de la maquette de la revue
Frédéric Joffre, frederic.joffre75@orange.fr

Adresse des sites : www.langage-societe.fr • www.editions-msh.fr
Adresse postale : Langage et société, FMSH, service des éditions, 54, bd Raspail, bureaux A 01-15 et A 01-19, 75006 Paris ; tél. (00 33) 1 40 48 64 95 et 64 37 / langage.societe@msh-paris.fr

À nos lectrices et lecteurs,

À partir de ce numéro 163, vous constaterez un changement éditorial. En effet, la revue *Langage & Société* a pris la décision de modifier le nombre de livraisons annuelles.

Au lieu de 4 livraisons par an d'à peu près 170 pages chacune, nous publierons désormais 3 livraisons plus conséquentes, d'à peu près 200 pages. Nous avons organisé ces modifications en sorte que le lecteur/ la lectrice ne soit en aucune façon lésé. Les rubriques resteront les mêmes mais seront plus importantes. Ainsi :

— la revue vous offrira un dossier thématique plus dense qui fera un panorama plus complet de la question abordée. Il comprendra un plus grand nombre d'articles : 6 au lieu de 4 en moyenne par dossier. En effet, nous avons fait la constatation au fil des années de la difficulté pour nos responsables de dossiers à rester dans le cadre imparti. Désormais, nous vous offrirons un espace de publication plus large et une approche plus systématique de la thématique traitée ;

— la revue vous proposera un même nombre annuel d'articles en « varia », soit entre 4 et 8, répartis sur 3 livraisons au lieu de 4 ;

— la revue vous présentera un même nombre annuel de comptes rendus, 24, soit 8 par livraison.

— quant à la rubrique « Débat », elle sera présente comme antérieurement au moins 1 fois par an.

SOMMAIRE

COMPTES RENDUS

CONTENTS

BOOKS REVIEWS

INDICE

RESEÑAS DE LIBROS

Visites bilingues à la frontière des langues : la mise en produit d'une situation linguistique pour le tourisme

Liliane Meyer Pitton
Université de Berne
liliane.meyer@isw.unibe.ch / liliane.meyerpitton@bluewin.ch

1. Introduction

Depuis plusieurs années, des chercheurs en sociolinguistique étudient les changements du système économique mondial et ses répercussions sur le rôle du langage et de la communication dans le monde du travail (Boutet 2001 ; Duchêne & Heller 2012 ; Heller & Boutet 2006). Ils ont notamment relevé qu'à la conception «moderne» de la langue comme signe d'identité et d'enracinement local (en lien avec la constitution des États-nations) s'est ajoutée une conception de la langue comme habileté (*skill*), comme compétence communicative standardisée et mesurable (Heller 2005 ; Heller & Boutet 2006). Mais cette conception qui émerge en lien avec les restructurations économiques dues à la globalisation ne remplace pas celle qui a fait la base et la légitimation des États-nations, et l'appropriation économique du langage utilise les deux, en alternance ou en combinaison (Heller & Duchêne 2012). Ceci n'est pas sans susciter des tensions et des contradictions, notamment lorsque ces conceptions sont implémentées dans la gestion des langues et dans les attentes en matière de prestations linguistiques du monde économique (Dubois, LeBlanc & Beaudin 2006 ; Duchêne 2012). Si la langue, voire la manière de parler, a toujours constitué un capital symbolique susceptible d'être traduit en valeur économique (Bourdieu 1977), le marché est aujourd'hui plus diversifié, plus global et implique donc des processus de valorisation, symbolique et monétaire, plus complexes et de ce fait souvent contradictoires.

L'étude de l'utilisation d'une situation linguistique locale – et donc d'un capital linguistique spécifique à exploiter – dans le contexte touristique s'est avérée être un terrain prolifique pour révéler les tensions inhérentes aux transformations actuelles du système économique et à la globalisation dans leur manière d'appréhender les langues et la diversité linguistique (Heller, Jaworski & Thurlow 2014 ; Pietikäinen & Kelly-Holmes 2011). Ceci est notamment dû au fait que le tourisme constitue, d'une part, une branche de l'économie qui est fortement basée sur le symbolique et l'authentique, où les langues sont utilisées afin de se distinguer parmi une multitude de destinations et de produits possibles (Cavanaugh & Shankar 2014 ; Duchêne 2012 ; Kelly-Holmes 2010 ; Pietikäinen & Kelly-Holmes 2011). D'autre part, le tourisme est aussi une économie de service par excellence, où la langue apparaît comme outil de travail principal (Duchêne 2012 ; Duchêne & Piller 2011 ; Heller, Pujolar & Duchêne 2014). Il est ainsi possible d'observer différentes formes (ou essais) de commodification (marchandisation) des particularités linguistiques locales (Heller 2010). Le terme de commodification linguistique est utilisé pour désigner les différentes manières dont la langue reçoit une valeur marchande, en tant que compétence linguistique monnayable (par exemple sous la forme de traduction ou d'information dans une langue spécifique), comme valeur ajoutée (à un produit, un service), ou comme moyen de distinction sur le marché (Cameron 2000 ; Heller 2003, 2010). Il s'agit d'étudier comment le choix de la langue a un effet (présumé) sur la valeur et donc la vente d'un produit ou d'un service.

Dans cet article, nous allons montrer comment la frontière linguistique entre les parties alémanique et francophone de la Suisse est appropriée par des institutions et des acteurs actifs dans le tourisme et résulte dans une offre particulière : des tours guidés bilingues[1].

---

1. Les données présentées dans cet article ont été récoltées dans le cadre du projet «Formulation, mise en scène et instrumentalisation de la frontière linguistique franco-allemande dans le contexte touristique» (2013-2016) financé par le Fonds national Suisse (projet n° 143184) et dirigé conjointement par le Professeur émérite Dr. Iwar Werlen et le Professeur Dr. Alexandre Duchêne. L'auteure tient à remercier ce dernier, Larissa S. Schedel et Sara Cotelli Kureth pour leurs relectures de cet article, ainsi que Jacqueline Venetz pour son travail de transcription. Toute erreur ou omission relève de la seule responsabilité de l'auteure.

Nous proposons une analyse des différentes étapes dans ce processus de « mise en produit » de la particularité linguistique locale. Partant des raisons explicites ou implicites pour la mise en place de l'offre, nous allons examiner comment l'aspect linguistique (voire : le bilinguisme) de ces tours est conçu et planifié, pour enfin regarder sa réalisation en situation d'interaction. L'analyse va montrer que les différentes conceptions de la langue susmentionnées sont en concurrence, mais aussi en complémentarité, à chaque étape de la mise en place de ces tours bilingues. Elles contribuent ainsi à créer des tensions par rapport à la définition du bilinguisme – signe distinctif du produit – et donc pour la gestion des ressources linguistiques, tensions qui ont notamment des conséquences observables dans le travail linguistique effectué par les guides, dans leur « part langagière du travail » (Boutet 2001), ainsi que des répercussions sur la signification et la pertinence de la frontière linguistique.

La mise en contraste de deux cas de tours bilingues dans cet article veut souligner qu'il y a des différences et des similarités dans ce processus de commodification linguistique, liés aux conditions politiques, économiques et institutionnelles sur place – d'où l'importance d'examiner ces processus en détails et dans leur contexte, dans leur économie politique locale (Gal 1989 ; Irvine 1989). L'analyse mettra également en avant comment les idéologies langagières susmentionnées sont construites et s'articulent de manière différente et variable selon le contexte – voire comment des conceptions similaires sont mises en exergue à des moments différents du processus. Et ceci malgré le fait que l'on se trouve dans le même pays, sur la même frontière linguistique, et dans le même domaine économique.

2. Mise en contexte : la Suisse, ses langues et le terrain de recherche

2. 1. Quelques notes sur le plurilinguisme suisse et ses frontières
La Suisse possède quatre langues nationales : l'allemand, le français, l'italien et le romanche. Le plurilinguisme suisse est organisé majoritairement en territoires monolingues qui sont maintenus en se référant au principe de territorialité (voir Grin 2010 pour plus de détails sur l'aménagement linguistique en Suisse). Les locuteurs germanophones (Suisse alémanique)[2] constituent la majorité linguistique (63,3 %

---

2. L'allemand en Suisse est caractérisé par ce qui est communément appelé une situation diglossique : l'allemand standard est notamment utilisé à l'écrit et dans des situations formelles, tandis que les dialectes suisse-allemands sont utilisés à l'oral.

en 2014), les francophones la «grande» minorité avec 22,7 %[3]. Les frontières linguistiques ne correspondent pas toujours aux frontières politiques des cantons[4] : la frontière entre le français et l'allemand – qui nous intéresse ici – traverse trois cantons, qui sont de ce fait considérés comme bilingues. Par le principe de territorialité il n'y a néanmoins pas de nécessité pour la population d'être bilingue (c'est-à-dire d'utiliser les deux langues dans leur quotidien) : donc toute la population de ces cantons n'est pas bilingue, comme d'ailleurs celle habitant aux alentours de la frontière. Il n'y a pas non plus de forme de bilinguisme local particulier à ces régions ni de véritables formes de variétés locales mixtes[5].

La frontière franco-alémanique a surtout été appréhendée sous l'angle historique, des discours politiques ou de la relation entre les communautés linguistiques qu'elle est censée séparer (Büchi 2000 ; Grin 2010 ; Meune 2010 ; Zierhofer 2005), mais jamais sous l'aspect de son appropriation économique. Des travaux concernant l'utilisation du plurilinguisme suisse dans la promotion touristique et économique (Del Percio 2015 ; Duchêne & Piller 2011) montrent pourtant que la dimension politique s'articule de différentes manières avec les besoins économiques.

C'est en suivant ce constat que nous avions entrepris notre projet de recherche, dans lequel nous avons choisi d'étudier la frontière linguistique – en tant qu'espace où le plurilinguisme suisse pourrait effectivement constituer une expérience locale – à travers son appropriation par le tourisme.

2. 2. Recherche et données

Notre recherche de terrain, dans un esprit ethnographique multi-site (Marcus 1995), s'est concentrée sur deux sites (ou régions) dans deux cantons bilingues, donc traversés par cette frontière linguistique, pour lesquels le tourisme revêt une importance économique considérable. D'un côté la petite cité médiévale de Murten/Morat situé au bord d'un lac et qui constitue une commune majoritairement germano-phone (83 % en 2016)[6] dans un canton majoritairement francophone

---

3. Voir en ligne : <http://www.bfs.admin.ch/bfs/portal/fr/index/themen/01/05/blank/key/sprachen.html> (accédé le 02.06.2016).
4. Les cantons sont les États fédérés par la Confédération suisse.
5. À l'exception du *bolze* en ville de Fribourg (*cf.* Brohy 1992), mais qui reste d'une utilisation assez limitée.
6. En ligne : <http://www.murten-morat.ch/de/portrait/zahlenundfakten/zahlenfakten/> (accédé le 02.06.2016).

(Fribourg). De l'autre côté, la région de Sierre-Salgesch située dans le canton du Valais majoritairement francophone ; Sierre est officiellement francophone[7] tandis que Salgesch est officiellement germanophone[8], mais l'organisation institutionnelle du tourisme traverse la frontière linguistique.

Sur une période de deux ans (2013-2015) nous avons régulièrement visité ces endroits, mené des entretiens avec les différents acteurs principaux du tourisme local et régional, observé leur travail quotidien et participé à une multitude d'événements et d'activités touristiques – la plupart documentés par des enregistrements audios et/ou vidéos. En outre, nous avons procédé à une collecte de documents institutionnels et promotionnels.

3. Les tours guidés bilingues : analyse d'un processus de mise en produit de la frontière linguistique

Sur les deux sites nous avons observé l'existence, voire la mise en place, d'une offre touristique qui semble être spécifique à ces régions de la frontière linguistique : des tours guidés bilingues – bilingue signifiant ici toujours une combinaison d'allemand (standard ou dialecte) et de français. Même si cette offre semble être spécifique aux régions «frontalières», elle n'est de loin pas omniprésente ou régulière dans le secteur touristique des régions étudiées. Il est en effet bien plus fréquent de proposer des tours dans une ou l'autre langue, voire en anglais (ou encore d'autres langues selon la demande et la disponibilité des guides). Même, certaines offres qui s'annoncent «bilingues» s'avèrent être des activités en deux groupes, chacune dans une langue. Il est d'autant plus intéressant d'étudier pourquoi les offres en deux langues existent et comment elles se caractérisent.

3. 1. Raisons et logiques autour de l'offre : le pourquoi du bilinguisme

Dans notre première étape analytique, nous allons identifier les raisons implicites ou explicites qui sous-tendent la mise en place de l'offre bilingue, en analysant différents documents et discours institutionnels et promotionnels.

---

7. Selon les chiffres de 2011, Sierre serait constitué de 66 % de francophones, 11 % de lusophones, 9 % de germanophones et 8 % d'italophones (Voir http://www.sierre-takeuil.ch/groups/sierre/fr/home/sierrois.html#lang, accédé le 02.06.2016).
8. Nous n'avons pas de chiffres à disposition concernant la répartition des langues dans cette commune.

Dans chacun des sites il n'y a en effet qu'une seule institution qui offre des tours bilingues : dans la région de Sierre-Salgesch il s'agit d'un parc naturel régional, à Murten/Morat c'est l'office de tourisme en collaboration avec le musée local.

Le but premier du Parc naturel régional d'importance nationale (dorénavant : Parc) est la protection de certaines valeurs naturelles et culturelles de la région (il comporte en son sein un site sous protection naturelle stricte) et la promotion du développement durable. Dans ce cadre, il offre ou soutient également des activités touristiques sur son territoire. Les parcs naturels régionaux (il y en a actuellement quinze en Suisse) sont créés sur l'initiative de la population locale et ce sont le canton, mais surtout les communes, qui portent la responsabilité d'un projet de parc. La Confédération (par le biais de l'office fédéral de l'Environnement) assiste le processus, émet des directives, des règlements et des labels, et alloue finalement une aide financière.

Le territoire du Parc en question s'étend des deux côtés de la frontière linguistique : il est constitué de dix communes germanophones et deux communes francophones. Le Parc a une offre fixe d'excursions (accompagnées par des guides employés par le Parc), notamment sur des thématiques de la nature (1 à 2 excursions par semaine de mai à octobre), et qui sont toujours disponibles en bilingue, c'est-à-dire en allemand et français[9].

Pourquoi ce choix linguistique? Sur la page web du Parc[10] on trouve la formulation suivante :

> Le cœur du Parc se trouve exactement sur la frontière linguistique française et allemande. Cette frontière ne devrait pas séparer, mais par le biais du Parc naturel [NOM], au contraire, rapprocher. C'est la raison pour laquelle toutes nos excursions sont bilingues (souligné par nos soins).

En analysant différents documents institutionnels (candidature du Parc pour obtenir le label fédéral ; chartes externe et interne ; concepts de marketing et de communication 2012-2015 ; page web) et des entretiens avec les responsables, pour la communication, le marketing, voire l'offre didactique et touristique, on retrouve les éléments évoqués dans le texte promotionnel ci-dessus, notamment a) la frontière linguistique comme élément important et unique du territoire du Parc (*Unique Selling Proposition* (USP) – donc une forme de distinction),

---

9. Nous allons voir plus tard ce que cela signifie plus concrètement.
10. 2013-2017, voir aussi note de bas de page n° 14.

et b) la mission (interne) de valoriser le bilinguisme et de faire le lien entre les deux communautés linguistiques. Mais l'on trouve aussi l'aspect de c) l'obligation ou la promesse envers les différents groupes d'intérêts qui participent, entre autres, au financement du Parc (communes membres et leur population, le canton et la Confédération) et qui, par conséquent, attendent certaines prestations, et finalement d) le marché, car de par sa situation le Parc peut viser des visiteurs des deux régions linguistiques.

Les excursions, ou tours guidés, en bilingue apparaissent ainsi comme une opérationnalisation emblématique de ces quatre aspects. En effet, à côté du nom et du logo qui reprend la dénomination du site protégé dans les deux langues, les tours bilingues sont la mise en œuvre la plus visible ou matérielle de la rationalisation autour du rôle de la frontière linguistique pour le Parc naturel. L'offre de tours bilingues est donc une stratégie de l'institution autant pour construire une identité interne et régionale, que pour répondre à des exigences économiques, c'est-à-dire du marché.

À Murten/Morat[11], la frontière linguistique et/ou le bilinguisme est un élément récurrent dans le marketing de la ville, et aussi un sujet abordé lors de divers tours guidés (monolingues). Par contre, il n'y apparaît pas comme un argument clé de vente (USP), et il n'y a pas de volonté ou d'obligation explicite d'en faire un élément nécessaire ou incontournable dans l'offre touristique.

Les tours guidés de la ville sont une offre phare de l'office de tourisme local (dorénavant : OT). Il y a des tours que l'on peut qualifier de traditionnels, avec visite des lieux et informations historiques y liées. Néanmoins, il y a également la nécessité d'un renouveau régulier ou d'une diversification afin d'attirer un public nouveau, voire de faire revenir des clients régulièrement. Cette diversification se montre dans le choix de thématiques plus particulières (par exemple des tours en lien avec des événements historiques ou axés sur le culinaire), une mise en scène spécifique (par exemple en ajoutant des scènes théâtrales), voire un tour bilingue. Actuellement il y a environ une dizaine de tours thématiques de la ville organisés par l'OT, dont deux qui sont offerts en bilingue. Étant donné qu'un de ces tours n'a lieu qu'une fois par année,

---

11. Les données pour les tours bilingues à Morat ont été recueillies et transcrites par Larissa S. Schedel dans le cadre du projet mentionné ci-dessus (note de bas de page n° 1). L'analyse a été développée en commun, mais la présentation des résultats dans cet article est à mettre sous la seule responsabilité de l'auteure. Une analyse centrée sur les tours bilingues à Morat se trouve dans Schedel (2017).

à une date fixe, nous allons nous concentrer ici sur l'autre offre qui a lieu une fois par mois ou sur demande.

C'est donc dans une volonté d'innovation et de diversification en vue du marché que s'inscrit cette offre bilingue. Le fait qu'elle soit bilingue, elle ne le doit pas à une directive institutionnelle, tout au contraire : le directeur[12] de l'OT a même émis ses doutes par rapport aux tours bilingues, qu'il conçoit essentiellement comme une répétition de toute information en deux langues, ce qui rendrait le tour moins agréable pour tous les participants.

L'idée et le concept du tour bilingue (que nous analyserons par la suite) émane de deux personnes, à la fois guides de ville et acteurs (amateurs), qui, à la demande de l'OT et du musée d'histoire local, s'étaient réunis afin de créer un nouveau tour de ville. Le choix linguistique apparaît donc ici d'ordre plus personnel, mais pas seulement : les deux personnes sont également actives dans la politique locale et s'impliquent pour le bilinguisme local. De même, la direction du musée a salué cette idée, l'offre s'inscrivant dans les buts stratégiques définis dans le businessplan 2013-2017 du musée et qui exige entre autre une augmentation du nombre de visiteurs et une collaboration plus étroite avec l'OT. L'offre répond également à l'obligation inscrite dans les statuts du musée de prendre en compte le bilinguisme dans la programmation et les activités.

L'analyse a montré que des raisonnements divers peuvent être à l'origine de la mise en place d'une offre bilingue, mais qu'il y a toujours une conjugaison d'éléments politiques, identitaires et économiques qui entre en jeu. La situation à la frontière linguistique amène à interpréter le bilinguisme autant comme particularité locale (authenticité) que comme exigence du marché (joindre la population des deux communautés linguistiques). Le bilinguisme devient ainsi une manière d'interpréter la frontière linguistique dans une perspective plus économique, comme une distinction et/ou un service, contrairement à la politique qui, par le principe de territorialité, soutient plutôt la séparation des langues.

3. 2. La conception et la planification de l'aspect linguistique dans les tours bilingues

Dans cette deuxième étape de notre analyse, nous allons examiner plus en détails comment la composante linguistique du tour est conçue

---

12. Le masculin générique sera maintenu afin de sauvegarder au mieux l'anonymat des personnes citées.

et planifiée, et comment, par conséquent, on gère les ressources linguistiques nécessaires à son accomplissement.

Les tours guidés proposés par le Parc en Valais portent le plus souvent sur un aspect de la nature de la région. Offrir ces excursions en bilingue est donc surtout un moyen qui permet de communiquer la nature en même temps à des locuteurs germanophones et francophones – originaires des communes environnantes ou d'autres parties de la Suisse, plus rarement de l'étranger. Le choix de langue, ou de la variété de langue dans le cas de l'allemand, se fait selon les connaissances linguistiques du guide et du public présent : si le guide doit être bilingue (au moins dans les variétés standards), le tour n'est pas nécessairement toujours bilingue. On retrouve ici une conception du bilinguisme comme moyen de maintenir une flexibilité maximale et de garantir une certaine adaptation au public effectif. Le recrutement de guides bilingues permet de garantir cette flexibilité et adaptation sans surcoûts.

Par conséquent, les contenus des tours guidés ne sont pas élaborés dans le cadre d'une réflexion sur leur forme linguistique[13], et le public ne vient pas pour l'expérience du bilinguisme, mais pour apprendre quelque chose sur la nature du Parc dans leur langue respective. Le concept linguistique du tour emprunte donc une perspective du bi/plurilinguisme comme « service ».

Ce concept se reflète aussi dans la promotion de l'offre : la réalisation bilingue (ou en deux langues) n'est pas systématiquement mentionnée sur tous les supports (les flyers sont par exemple en allemand ou en français), et si elle l'est, c'est seulement en tant que détail « technique », et non dans la partie contenu. Dans le calendrier des manifestations sur la page web (2013)[14], par exemple, nous pouvons observer que l'indication de la réalisation bilingue (soulignée par nos soins) se trouve entre l'information sur le prix et les indications concernant l'équipement.

---

13. À l'exception d'une excursion spéciale et unique autour des travaux du poète Rainer Maria Rilke, qui a écrit dans les deux langues, et pour laquelle une réflexion quant à la forme linguistique du tour a été menée par les spécialistes invités en charge du contenu.

14. En 2015-2016, l'information concernant les langues a disparu sur cette page tandis qu'elle a été maintenue dans le programme annuel (brochure) comme suit : « Excursions en allemand/français » ; en 2017, elle ne figure plus dans le matériel de promotion et seulement de manière secondaire sur le site web, lequel a été entièrement remanié.

EXCURSIONS HEBDOMADAIRES : [*Thématique du jour*]

Découvrez un paysage unique et fascinant en compagnie de nos guides. Ces excursions sont une introduction dans la thématique du jour.

Prix : adultes : 15.- Fr., enfants : 6.- Fr., familles 30.- Fr.

Les familles sont les bienvenues !

L'excursion sera bilingue (français/allemand)

Équipement : Des vêtements adaptés aux conditions climatiques, de bonnes chaussures, une collation et des boissons.

Une inscription est indispensable. Le nombre de participants est limité. Le lieu de rendez-vous est à (lieu) à la gare à 13h30. La durée est de 3 à 3.5 heures entre 13h30 et 17h.

Information et inscription : (n° tel / email)

Dans la ville de Morat, le tour guidé bilingue montre un concept très différent : il s'agit ici d'un tour théâtralisé mis en scène par les deux guides-auteurs, lesquels revêtent chacun un rôle linguistique principal (français ou allemand standard) qui correspond à la langue première et dominante de chacun[15]. Néanmoins, certaines parties doivent être assurées par un seul des guides, lequel doit ainsi combiner les deux langues. L'utilisation et la distribution des langues sont définies en amont du tour effectif, par un script élaboré par les deux protagonistes, dans lequel la formulation de l'information dans chacune des langues est réfléchie afin de permettre aux personnes des deux langues de suivre la scénographie.

Le concept du tour a également comme visée d'être accessible autant pour un public francophone que germanophone – comme les tours proposés par le Parc –, mais il ne comporte aucune flexibilité ou possibilité d'adaptation aux connaissances, voire à la composition linguistique effective du public présent.

Les deux langues font donc partie intégrale et fixe du produit (il n'y a pas de version monolingue). Le bilinguisme devient d'un côté une partie du contenu, du fait que soient représentés différents personnages historiques locaux parlant l'une ou l'autre langue ; de l'autre côté il fait partie d'une mise en scène (*performance*) linguistique (Bell & Gibson 2011).

---

15. Le choix de l'allemand standard plutôt que du dialecte est lié, d'une part, au fait que le guide germanophone est originaire d'Allemagne et ne maîtrise pas le dialecte à l'oral et d'autre part, à la volonté des guides-auteurs de permettre l'accès aux parties en allemand à un public plus large, l'allemand standard étant la variété enseignée aux Suisses francophones à l'école, voire aux allophones résidant en Suisse alémanique.

Ceci implique un certain jeu linguistique et une réflexion stylistique et créative.

De même, la promotion de l'offre intègre cet élément bilingue dans le titre et la description en faisant allusion ou en utilisant l'autre langue dans le texte (éléments soulignés par nos soins), par exemple sur le site web de l'OT :

Promenade théâtralisée <u>bilingue</u> en ville et au musée [nom], avec [Guide 1] et [Guide 2]

Le musée [nom], en collaboration avec [OT], propose au public une nouvelle façon de découvrir la cité lacoise et de se plonger dans son histoire. La promenade théâtralisée bilingue mènera le public, en plusieurs étapes, de la vieille ville au musée. Les visiteurs découvriront le passé moratois et quelques-unes de ses grandes figures de manière «<u>amüséante</u>» et le tout servi «<u>zweisprachig</u>». <u>Verstanden</u>?[16]

À Morat, le bilinguisme est donc conçu comme une partie inévitable du produit, obligeant le public en quelque sorte à s'y confronter, voire à le consommer. Il se présente aussi comme un aspect de l'identité historique du lieu à travers le choix des personnages mis en scène et leurs langues. Le Parc, au contraire, emploie le bilinguisme comme un service, flexible et adaptable. Par cela il néglige l'accent mis sur la fonction du bilinguisme comme moyen de réaliser l'identité et l'USP du Parc, focalisant plutôt sur les besoins du marché, soit la dimension du service rendu.

Finalement, dans les deux tours le bilinguisme se présente dans une forme de parallélisme des deux langues, car chaque tour doit être accessible pour un public constitué en principe par des locuteurs monolingues en allemand ou français. Ceci amène aussi un concept de séparation des deux langues : «bilingue» signifie présenter un contenu dans deux langues pour deux publics, et non une sorte de «parler bilingue» (*cf.* Lüdi & Py 2003). On retrouve ainsi dans les différentes conceptions du bilinguisme (comme élément du produit) le monolinguisme et la séparation des locuteurs en communautés linguistiques homogènes, base bien connue des projets de construction des États-nations (Anderson 1983; Heller 2011).

Si le concept bilingue de ces tours guidés transcende la frontière linguistique en réunissant des locuteurs des deux langues dans une

---

16. «Amüseante» combine «amuser/amusant» avec son pendant allemand «amüsieren/amüsant»; «zweisprachig» est le pendant allemand de «bilingue»; «Verstanden?» signifie : compris?

expérience commune, voire en leur offrant un service comparable (à premier abord), il reconstruit en même temps cette frontière en perpétuant l'image de groupes séparés de par leur langue (unique).

3. 3. Le bilinguisme en (inter)action : mises en œuvre dans le produit final

Dans cette dernière partie, nous allons passer à l'analyse de la forme prise par le bilinguisme dans l'interaction constituée par le guide et le public. Nous allons examiner cela à travers certaines pratiques employées par les guides pour gérer les deux langues, voire les deux publics, en mettant en évidence les tensions entre la langue vue comme service ou comme élément identitaire, entre concepts institutionnels et l'accomplissement interactif du bilinguisme, visibles dans le travail langagier des guides.

Comme montré dans la partie 3. 2. ci-dessus, dans les tours bilingues du Parc il y a peu de gestion linguistique en amont du tour à part l'exigence que le guide soit capable de donner les informations adéquates dans les deux langues, si le public présent le requiert. La manière d'alterner les langues n'est pas planifiée et il n'y a pas d'intention de mise en scène des langues ou du bilinguisme. Le guide doit s'adapter *ad hoc* à une audience dont il ne sait souvent pas la composition jusqu'au jour même de l'excursion.

Les exemples qui suivent servent à illustrer les différentes tâches linguistiques qui incombent au guide.

Parc – Exemple 1[17]

GUI : on s'arrête ici. (..) .h vous comprenez un tout petit peu
    l'allemand/ si je dis (un mot ;en bon) allem- en bon allemand/
TF1 : +°en bon allemand/ ouais. un tout petit peu° ((voix lointaine))+
GUI :((rit)) un tout petit peu/ alors je vai-j'vais lire maintenant
TF1 : un texte
GUI : un petit bout du livre
TF1 : mhm
GUI : et j'essaye après de traduire, (.) mais euh
TF1 : [(xxxxxx)
GUI : [on on verra on verra
    ((introduction du sujet en dialecte))

---

17. Conventions de transcription en fin d'article.

Cet extrait se situe assez au début du tour. Le guide s'informe sur l'état des connaissances linguistiques en allemand standard[18] d'une participante francophone afin d'évaluer ses besoins de traduction lors de la lecture ultérieure d'extraits d'un livre. La traduction s'avérant nécessaire, le guide promet de la fournir tout en avertissant des lacunes possibles (*j'essaye de traduire – on verra*). Il gère ainsi les attentes que peut avoir cette participante par rapport à un «service» en français. L'annonce de la présence (récurrente) de l'allemand et de l'effort de faire les traductions nécessaires est un moyen d'afficher le caractère bilingue du tour. En même temps, en gérant les attentes des participants, le guide gère aussi sa propre insécurité linguistique. Il se positionne ici comme bilingue, certes, mais dominant en allemand.

Une forme de lacune dans la traduction vers le français se montre dans les instances fréquentes de recherche d'un mot (voir par exemple Goodwin & Goodwin 1986; ou Greer 2013 sur ce phénomène qui ne concerne pas seulement des productions en langue seconde (exolingues), mais aussi en langue première (maternelle)).

Parc – Exemple 2

GUI : (et) ils se disaient qu'il y a de :s (.) de :s euhm (..) @**Teufel**@[19]
TF2 : (des) mauvais esprits/
GUI : des mauvais esprits ouais
TG1 : ((rit))

Les marques d'hésitations (répétitions et pauses) montrent la difficulté du guide à trouver le mot adéquat qu'il finit par dire en allemand. Une touriste francophone propose par la suite une traduction en français avec une intonation interrogative qui est reprise (et ainsi validée) par le guide. Cet extrait montre que le public laisse l'autorité de traduction (et donc celle d'expert du contenu et de la langue) au guide, lui attribuant le temps pour trouver le mot en français, puis – lors de son échec – en lui laissant le choix d'accepter la traduction proposée ou

---

18. Dans ce tour «bilingue», le guide utilise en effet trois langues/variétés : l'allemand standard en lisant des extraits de légendes sur la région, le suisse-allemand pour parler au public germanophone et le français pour le public francophone. L'utilisation du dialecte alémanique local permet de s'afficher comme personne du lieu et ajoute donc un aspect d'authenticité et de légitimité à son rôle de guide; par contre, cela rend les parties en «allemand» plutôt difficile d'accès pour les francophones suisses qui ont souvent quelques connaissances de l'allemand standard, mais rarement du dialecte.
19. Diable.

non. Mais il montre également que le public, considéré à la base comme monolingue, participe à la réalisation bilingue du tour en utilisant ses propres connaissances de l'autre langue. Contrairement au concept (*cf.* 3. 2.) d'une compétence bilingue que le guide doit «posséder» et assumer tout seul, nous observons ici le caractère collaboratif et collectif des compétences linguistiques (Pekarek Doehler 2006) et donc de l'aspect bilingue du tour.

Cela amène une forme de partage des responsabilités que le guide rend même explicite comme le montre le prochain exemple.

Parc – Exemple 3

(GUI) **ah/ uf französisch (.) nur grad**[20] ((rit)) vous me dites des fois
  j'oublie alors äh i- c'est un ancien eh lit du de l'illgraben[21]
  âgé plus de deux cents ans/
((voix en retrait))
GUI : (.) et eh il a plu- il a changé plusieurs fois la son- son ti-
  son chemin/
TOU : mhm ((et autres voix))
GUI : **äbu** ((*continue information en dialecte*))

Le guide exhorte ici le public francophone à se manifester au cas où il oublierait de traduire. Ceci lui permet de gérer la domination apparente de l'allemand sur l'interaction, en transmettant une part de responsabilité du choix de langue au public. En même temps, le guide met de nouveau en exergue le caractère bilingue de l'interaction, en informant d'abord le public germanophone qu'il s'apprête à faire une traduction en français et en annonçant le retour à l'allemand à la fin de la partie en français avec le mot (dialectal) *äbu* («alors») qui ravive ainsi l'attention des germanophones.

Dans le tour théâtralisé à Morat, comme indiqué ci-dessus (3. 2.), les deux acteurs-guides incarnent chacun un personnage fictif de base ainsi qu'une série de personnages historiques. La représentation et l'attribution linguistique des personnages fictifs est loin d'être anodine : le personnage germanophone incarne un directeur de musée, porte des habits extravagants et montre un comportement très directif; le personnage francophone est le commis du musée, porte un béret et se montre quelque peu rêveur et étourdi. D'un côté, on retrouve ici des

---

20. Traduction : ah en français juste (…).
21. Nom d'un torrent, sans correspondance en français.

représentations stéréotypées communément associées aux Allemands et aux Français, mais également transposées au contexte suisse. De l'autre côté, il est intéressant de noter que le fait que le personnage francophone soit subordonné au personnage germanophone peut être interprété comme une représentation du déséquilibre en faveur de l'allemand au niveau national (Suisse) et/ou local (Morat)[22]. Les personnages historiques joués par les guides sont également associés soit à l'allemand soit au français, donc sans prendre en compte les variétés et les mélanges probablement présents à leur époque, ajoutant ainsi une dimension historique à la séparation des langues autant qu'à leur co-présence.

Malgré cette répartition claire des rôles linguistiques, il y a des transgressions nécessaires dues aux absences répétées d'un ou de l'autre protagoniste afin de se préparer pour la scène suivante. Ces moments donnent donc lieu à des séquences, où un guide se retrouve seul à gérer les deux langues et les deux publics associés.

Morat – Exemple 1

(GER) und die eidgenossenschaft und kanton hat ungefähr eine million davon : übernommen. (.) das **ça change toujours un peu combien de pourcent le le le le le** eidgenossenschaft **et le canton prennent de le-des** >ja ne< unkosten **voilà. voilà.**
TOU : @(xxx)@
((Public rit et parle))
GER : ja genau. (.) gut/ **continuez**

(notre traduction)

(GER) et la confédération et le canton a pris en charge environ un million. ça **ça change toujours un peu combien de pourcent le-le-le-le** confédération **et le canton prennent de le-des** >oui bon< frais **voilà. voilà.**
TOU : @(xxx)@
((Public rit et parle))
GER : oui exactement. (.) bon/ **continuez**

L'extrait montre la fin d'une séquence où le guide germanophone a réussi, sans trop d'hésitations, à enchaîner des séquences en allemand et en français. Les hésitations et répétitions indiquent un moment de recherche

---

22. Néanmoins, il faut noter que le musée ainsi que l'OT étaient, à ce moment-là, dirigés par des francophones.

de mots, notamment pour la traduction d'«*Eidgenossenschaft*» (confédération) et de «*Unkosten*» (frais). Contrairement à l'exemple 2 du Parc ci-dessus, le guide ne laisse cependant pas de place pour des propositions du public, mais clôt la séquence avec des «voilà» à intonation finale et exhorte le public à continuer son chemin. Le public ne semble pas être dérangé par les mots manquants en français, car il valide la séquence avec des rires. D'autant plus, peut-être, que cette manière de parler peut aussi être interprétée comme une forme de «bilinguisme» helvétique, parfois appelé le français fédéral, qui se caractérise par une terminologie politique et administrative dominée par l'allemand – et supposée être comprise par les locuteurs francophones.

Dans cet exemple, le guide se montre capable de donner des informations dans les deux langues tout en sauvegardant son rôle de personnage germanophone, son identité linguistique telle que prévue pour ce tour.

Dans le prochain extrait, le guide germanophone produit toute une série d'énoncés en français qui démontrent sa capacité de communiquer dans cette langue. Il met néanmoins de nouveau en scène son rôle/identité linguistique d'allophone en demandant de l'aide au public dans la prononciation d'un mot :

Morat – Exemple 2

GER : voilà voilà. QUESTION QUESTION
(10)
GER : qui : sait. (..) sous quel : arbre je me trouve maintenAnt. (.)
     c'est quoi ça. (.) hein/ une idée/ qui a [une idée/
TO1 :   [°tilleul/°
TO3 : un [tIll/eu : :l
TO2 :   [un sapin
GER : UN TILLEUL. exactement. supe :r.
((rire du public))
GER : un ti : : j'ai toujours des difficultés à prononcer ce mot, peut-
     être vous pouvez le toujours, si je vous donne le signe, vous
     dites ti-ti-tilleul.
TO3 : euh je dis [tilleul. oui. ok.

Avec cette stratégie, le guide utilise son rôle d'allophone afin d'intégrer le public (voire une partie du public) activement dans le tour, une manière aussi de garder l'attention du groupe et de lui donner une part de responsabilité dans l'accomplissement de l'interaction. En même temps, il gère aussi son insécurité par rapport à sa prononciation en français de manière ludique et de manière collaborative. L'analyse de la gestion des langues et des rôles linguistiques dans le « produit » effectif, le tour bilingue, montre comment les guides affichent le caractère bilingue de l'interaction (et par ceci leur capacité de communiquer dans les deux langues) – une nécessité pour pouvoir qualifier le tour comme bilingue, exigence du produit vendu. Néanmoins, dans les deux cas, on observe en même temps aussi un positionnement des guides comme locuteur natif ou préféré de l'une ou l'autre langue, en accord avec le rôle linguistique attribué d'avance et/ou comme moyen de gérer leur propre insécurité linguistique. Dans le tour du Parc ceci contribue à établir une dominance de l'allemand/suisse-allemand lié au comportement linguistique du guide (et aussi à la présence d'un plus grand nombre de participants germanophones lors du tour observé) qui résulte dans un traitement quelque peu inégalitaire des participants francophones par rapport au service promis. À Morat le positionnement des guides est nécessaire à la mise en scène ludique de stéréotypes liés aux langues et à leurs locuteurs. Dans les deux cas, la mise en œuvre et/ou la mise en scène du bilinguisme contribuent ainsi autant à dépasser qu'à (re)créer une frontière entre langues et locuteurs.

D'autre part, les pratiques de gestion de langue en interaction servent aussi à gérer les attentes et la participation du public. Le public ne fait pas que « consommer » un produit ou un service, mais participe à son façonnage. Cet accomplissement collaboratif du bilinguisme va à l'encontre des concepts rencontrés en amont des tours bilingues qui prévoient dans les deux cas un public potentiellement monolingue dans une et l'autre langue, ainsi que des guides seuls responsables de l'accomplissement bilingue du tour. Cela comporte évidemment des risques ou incertitudes à chaque réalisation d'un tour, car il n'y a pas de garantie que le public soit disposé à aider (au lieu d'exiger un « service complet » dans chaque langue comme le promet le concept), voire possède les connaissances linguistiques nécessaires pour le faire. Mais pour les personnes qui sont amenées à utiliser leurs propres ressources dans l'autre langue, l'expérience du tour devient une forme d'expérience « bilingue » et contribue ainsi à brouiller la netteté de la frontière linguistique.

Pour conclure

L'analyse des tours guidés bilingues a montré que cette « mise en produit » de la frontière linguistique doit répondre autant à des exigences politiques, voire identitaires, qu'à des impératifs économiques.

Si le bilinguisme est choisi dans les deux cas comme moyen de satisfaire ces exigences, il est néanmoins conçu et planifié de manière différente : comme moyen flexible et adaptable dans la communication de la nature ou comme objet de consommation culturelle. Dans les différentes étapes de la mise en produit, nous avons pu observer une perpétuation de la séparation linguistique (indiquée par la frontière) et la force de l'exclusivité identitaire qui y est liée. Ceci va toutefois à l'encontre de l'aspect « communication/service » également mis en avant dans ce même processus de commodification.

Nous avons également constaté que l'(essai) de commodification linguistique est un processus complexe et non-linéaire avec des effets parfois inattendus. Ainsi, le Parc qui met en avant le bilinguisme comme élément identitaire et comme mission afin de transcender la séparation linguistique, ne lui accorde finalement que peu de place au niveau du contenu des tours et peu de réflexion quant à une possible mise en œuvre et mise en scène. L'adaptation linguistique au public rend le bilinguisme même non-obligatoire dans la réalisation du tour. La mise en place du bilinguisme pendant le tour dépend au final du guide et du public – ce qui peut résulter dans des pratiques de gestion des langues qui dépassent, confirment ou (re)créent des frontières entre langues et locuteurs tout en permettant également une expérience « bilingue » (tout au moins de de façon ponctuelle) par leur incitation du public à utiliser ses propres ressources bilingues.

Le tour de Morat, par contre, constitue une véritable mise en scène de différents aspects identitaires liés aux deux langues dans l'histoire de la ville et des guides – même si cela n'a pas été une volonté ou une stratégie institutionnelle à la base. Le bilinguisme est d'abord perçu par les initiateurs comme un risque potentiel – mais rencontre un succès imprévu auprès du public qui rend cette offre incontournable et lui confère une valeur ajoutée certaine. Mais si l'expérience bilingue est obligatoire dans cette offre, son effet ludique repose en même temps fortement sur des stéréotypes linguistico-nationaux contribuant au maintien de la frontière linguistique.

Si le bilinguisme sert à « vendre » la frontière, car il permet de communiquer à travers la séparation, la frontière reste indispensable dans la définition et la mise en scène du bilinguisme …

Conventions de transcription

GUI	Guide (Parc)
GER	Guide germanophone (Morat)
TOU	Touriste (si plusieurs locuteurs : TO1, TO2, etc. ou TF1 : touriste francophone 1, TG1 : touriste germanophone 1, etc.)

[	chevauchement
=	enchaînement rapide
(.),(..),(...), (1.5)	pauses de différentes longeurs (dès 1 seconde avec chiffre)
-	troncation d'un mot
:	allongement
/	intonation montante
.	intonation descendante finale
,	intonation descendante intermédiaire
OUI	voix plus forte; emphase
°oui°	voix basse
>vite<	accélération
(oui)	transcription incertaine
(je;j'ai)	alternatives
(xxx)	segment incompréhensible)
((rire))	phénomènes paraverbaux; commentaires
@oui@	voix riante
ts, mts	claquement de langue
.h	inspiration audible

Bibliographie

Anderson B. R. O. (1983), *Imagined Communities: Reflections on the Origin and Spread of Nationalism*, London, Verso.

Bell A. & Gibson A. (2011), "Staging language: An introduction to the sociolinguistics of performance", *Journal of Sociolinguistics* 15(5), p. 555-572.

Bourdieu P. (1977), «L'économie des échanges linguistiques», *Langue française* 34(1), p. 17-34.

Boutet J. (2001), «La part langagière du travail : bilan et évolution», *Langage & Société* 98(4), p. 17-42.

Brohy C. (1992), *Das Sprachverhalten zweisprachiger Paare und Familien in Freiburg/Fribourg (Schweiz)*, Freiburg (Schweiz), Freiburg Universitätsverlag.

Büchi C. (2000), *"Röstigraben"*. *Das Verhältnis zwischen deutscher und fran-zösischer Schweiz. Geschichte und Perspektiven*, Zürich, NZZ Verlag.

Cameron D. (2000), "Styling the worker: Gender and the commodifica-tion of language in the globalized service economy", *Journal of Socio-linguistics* 4(3), p. 323-347.

Cavanaugh J. R. & Shankar S. (2014), "Producing authenticity in global capitalism: Language, materiality, and value", *American Anthropolo-gist* 116(1), p. 51-64.

Del Percio A. (2015), « Le plurilinguisme suisse à l'ère du capitalisme tardif. Investissement promotionnel sur un capital national», *Anthropologie et Sociétés* 39(3), p. 69-89.

Dubois L., LeBlanc M. & Beaudin M. (2006), « La langue comme res-source productive et les rapports de pouvoir entre communautés lin-guistiques», *Langage & Société* 118, p. 17-41.

Duchêne A. (2012), « Des langues, des locuteurs et des marchés : la varia-bilité de l'appropriation économique de la diversité linguistique», *Sociolinguistica* 26, p. 120-135.

Duchêne A. & Heller M. (eds) (2012), *Language in Late Capitalism: Pride and Profit*, London, New York, Routledge.

Duchêne A. & Piller I. (2011), "Mehrsprachigkeit als Wirtschaftsgut : sprachliche Ideologien und Praktiken in der Tourismusindustrie", *in* Kreis G. (ed.), *Babylon Europa. Zur Europäischen Sprachlandschaft*, Basel, Schwabe, p. 135-157.

Gal S. (1989), "Language and Political Economy", *Annual Review of Anthro-pology* 18, p. 345-367.

Goodwin M. H. & Goodwin C. (1986), "Gesture and coparticipation in the activity of searching for a word", *Semiotica* 62(1-2), p. 51-76.

Greer T. (2013), "Word search sequences in bilingual interaction: Codeswitching and embodied orientation toward shifting participant constellations", *Journal of Pragmatics* 57, p. 100-117.

Grin F. (2010), «L'aménagement linguistique en Suisse», *Télescope* 16(3), p. 55-74.

Heller M. (2003), "Globalization, the new economy, and the commodification of language and identity", *Journal of Sociolinguistics* 7(4), p. 473-492.

Heller M. (2005), "Language, skill and authenticity in the globalized new economy", *Noves SL : Revista de sociolingüística* 2. En ligne : <http://www6.gencat.net/llengcat/noves/hm05hivern/heller1_2.htm>, (accédé le 28.08.2011).

Heller M. (2010), "The commodification of language", *Annual Review of Anthropology* 39(1), p. 101-114.

Heller M. (2011), *Paths to Post-Nationalism: A Critical Ethnography of Language and Identity*, New York, Oxford University Press.

Heller M. & Boutet J. (2006), « Vers de nouvelles formes de pouvoir langagier? Langue(s) et identité dans la nouvelle économie», *Langage & Société* 118, p. 5-16.

Heller M. & Duchêne A. (2012), "Pride and profit. Changing discourses of language, capital and Nation-state", *in* Duchêne A. & Heller M. (eds), *Language in Late Capitalism: Pride and Profit*, London/New York, Routledge, p. 1-21.

Heller M., Jaworski A. & Thurlow C. (2014), "Introduction : Sociolinguistics and tourism – mobilities, markets, multilingualism", *Journal of Sociolinguistics* 18(4), p. 425-458.

Heller M., Pujolar J. & Duchêne A. (2014), "Linguistic commodification in tourism", *Journal of Sociolinguistics* 18(4), p. 539-566.

Irvine J. T. (1989), "When talk isn't cheap : Language and political economy", *American Ethnologist* 16(2), p. 248-267.

Kelly-Holmes H. (2010), "Languages and global marketing", *in* Coupland N. (ed.), *The Handbook of Language and Globalisation*, Malden (Massachusetts), Wiley-Blackwell, p. 475-492.

Lüdi G. & Py B. (2003), *Être bilingue* (3ᵉ édition), Bern, Peter Lang.

Marcus G. E. (1995), "Ethnography in/of the world system : The emergence of multi-sited ethnography", *Annual Review of Anthropology* 24(1), p. 95-117.

Meune M. (2010), « La mosaïque suisse : les représentations de la territorialité et du plurilinguisme dans les cantons bilingues», *Politique et Sociétés* 29(1), p. 115-143.

Pekarek Doehler S. (2006), « Compétence et langage en action», *Bulletin*

VALS-ASLA 84, p. 9-45.

Pietikäinen S. & Kelly-Holmes H. (2011), "The local political economy of languages in a Sámi tourism destination: Authenticity and mobility in the labelling of souvenirs", *Journal of Sociolinguistics* 15(3), p. 323-346.

Schedel L. S. (2017), "Turning local bilingualism into a touristic experience", *Language Policy* 1, p. 1-19. En ligne : <springer.com>.

Zierhofer W. (2005), "'Röstigraben'. A discourse on national identity in Switzerland", *in* van Houtum H., Kramsch O. & Zierhofer W. (eds), *B/ordering Space*, Aldershot, Ashgate, p. 223-234.

Article reçu en décembre 2016, révision acceptée en mai 2017.

Intégration, réseaux sociaux et représentations langagières de migrants en France

Luc Biichlé
Laboratoire ICTT, université d'Avignon.
luc.biichle@univ-avignon.fr

Introduction

Partir, quitter son pays, sa famille et ses amis n'est jamais chose simple, et les processus migratoires imposent presque toujours aux personnes une recomposition plus ou moins large de leur tissu relationnel, une restructuration de leur réseau social au sein de la nouvelle société. Cette restructuration est un processus très dynamique et de durée variable au cours duquel les migrants seront exposés aux habitants du nouveau pays, à leur(s) langue(s) et représentations, provoquant par conséquent également des bouleversements identitaires : « une nouvelle manière de communiquer, de se définir soi-même par rapport au monde » (Lüdi & Py 1986 : 56). Sur la base de ces contacts pourra débuter l'insertion dans la nouvelle société qui aboutira à l'assimilation, la marginalisation ou l'intégration des personnes (Tap 1988). Or, en Europe et particulièrement en France, « la tendance est à renforcer les exigences langagières pour l'accès, la résidence et la citoyenneté » (Beacco 2008 : 6) et la langue tend à devenir un instrument de sélection (Arditi 2013) qui, en outre, favorise nettement les pratiques monolingues (Canut 2007). Ainsi, la langue devient autant « un instrument de lien et d'intégration sociale qu'un instrument de pouvoir et d'exclusion » (Manço & Alen 2012 : 129).

Cet article propose donc, dans le cadre de la sociolinguistique interactionnelle gumperzienne, d'explorer ces parcours de migration à travers l'étude des réseaux sociaux et des représentations de migrants originaires de onze pays différents ainsi que de leurs proches afin de mieux appréhender ces processus intégrationnels et resituer le rôle des langues en leur sein.

1. Le contexte et la méthodologie

Les données sur lesquelles se fonde cet article sont le fruit d'un recueil effectué par mes étudiants[1] de master 2 des années 2013 et 2014 auprès de migrants d'origines diverses, Italie, Espagne, Turquie, Maroc, Colombie, Roumanie, Laos, Japon, République Tchèque, Pays-Bas et Portugal; le choix des personnes relève donc plutôt du hasard mais il permet précisément d'appréhender les situations plus globalement, de mettre en évidence certaines constantes des parcours migratoires, en écartant par exemple les variables du pays ou de la langue d'origine. Dans le cadre de leur cours «Intégration, réseaux sociaux et contacts de langues» et sur la base d'un protocole commun, évolutif, et amélioré en collaboration (rédaction des guides d'entretien, codification des enquêtés, conventions pour les graphes, etc.), les étudiants ont donc été chargés d'étudier le réseau social d'un migrant en mettant le focus sur trois aspects consubstantiels, linguistique, représentationnel et identitaire, ainsi que sur ce qui en découle pour partie, les modalités intégrationnelles. Les étudiants ont donc rencontré le premier cercle[2] du réseau de ce migrant (famille, amis) puis effectué des entretiens enregistrés, sur la base du guide fourni par mes soins (*cf.* annexe), avec le plus grand nombre de membres de ce réseau, tout particulièrement ceux parlant la langue étrangère, et ce, afin de dessiner la structure des différents réseaux sociaux, de faire émerger les représentations des personnes (linguistiques, identitaires, sentiment d'intégration, etc.) ainsi que leurs pratiques langagières; notamment l'articulation, la circulation et les «zones d'usage» des langues étrangères et du français en contact au sein du réseau.

Chaque étudiant m'a donc rendu :

– une fiche détaillée comprenant la description du réseau et de ses membres ainsi qu'un graphe représentant celui-ci;

– une fiche sociolinguistique individuelle (*cf.* annexe) pour chaque membre du réseau (ou le plus possible) et tout spécialement pour ceux parlant la ou les langues étrangères;

---

1. Étudiants de master 2, université d'Avignon, promotion 2013-2014 et 2014-2015 (*cf.* annexe 1).
2. On accorde généralement plus d'intérêt à la première zone du réseau : les liens directs (Milroy 2002 : 550).

– une petite synthèse/analyse des points importants, pratiques linguistiques, sentiment d'intégration, transmission ou non des langues, ressenti identitaire, etc.

– les enregistrements des entretiens semi-directifs ainsi que les retranscriptions des passages pertinents des entretiens.

En conclusion de ces dossiers, les étudiants devaient situer les enquêtés sur un continuum intégrationnel (Biichlé 2007, 2009)[3] selon des critères assez précis tels que les pratiques langagières, la structure du réseau, l'insécurité linguistique (Labov 1976)[4], etc.

Les travaux recueillis[5] présentent des degrés d'achèvement divers parce qu'il est toujours difficile de mener à bien ce genre de tâche : difficulté de trouver des enquêtés, de les rencontrer, de poser certaines questions, obstacles linguistiques, culturels, personnels, rédactionnels, etc. De plus, à l'instar de tout ce qui touche à l'humain, un réseau social est une structure dynamique et les graphes et analyses effectués correspondent donc à une photo prise à un instant T, en synchronie, puisque les relations et les liens qui les caractérisent évoluent sans cesse : une amitié peut se faire, un amour se défaire, un lien uniplexe[6] peut disparaître au profit d'un lien multiplexe, etc. En outre, ce lien peut être exprimé de différentes manières selon le ressenti des protagonistes en fonction du contexte. Enfin, l'exploration du réseau d'une personne pose toujours le problème du degré de focalisation qui relève toujours d'une décision forcément arbitraire du chercheur (Mercklé 2004)[7].

---

3. *Cf.* annexe 4.
4. L'insécurité linguistique est la relation que les locuteurs établissent entre la langue qu'ils estiment être correcte et leur usage propre ; entre la représentation d'une norme et un comportement vis-à-vis de celle-ci. La prégnance de la norme objective, grammaticale, est forte en France (Gadet 2003) et il en résulte une grande contrainte sur la norme subjective (représentationnelle) qui, en dépit de sa variabilité selon les individus, induit des attitudes et des comportements particuliers parmi lesquels l'insécurité linguistique dont les manifestations les plus courantes sont l'hypercorrection (Labov 1976), l'auto-évaluation (Billiez *et al.* 2002), voire le mutisme dans les cas les plus extrêmes (Gadet 2003 ; Biichlé 2011).
5. Les guides d'entretiens, graphes, etc., figurent en annexe 2 et 3.
6. Multiplexité (*vs* uniplexité) : une relation est dite multiplexe lorsqu'elle sert à plusieurs types d'*échanges*, par exemple : ami ET collègue de travail. À l'inverse, elle est dite uniplexe dans le cas d'un lien unique, par exemple : relation de travail uniquement (Degenne & Forsé 2004).
7. On relèvera que toutes ces personnes partagent désormais le même réseau puisque des liens ont été créés, par cette étude, entre tous les protagonistes.

2. Les enquêtés et leurs réseaux

Sur les 19 dossiers réalisés par les étudiants, 4 ont été écartés, parce que manquant de certaines données essentielles ou parce que la migration des personnes enquêtées était trop récente. Toutefois, certaines données de ces dossiers telles que les entretiens ont été parfois utilisées. Le nombre minimum de personnes en contact recensées dépasse largement les 300 mais il est difficile d'être plus précis puisqu'elles ont été parfois interviewées individuellement[8] ou en groupe mais d'autres fois seulement identifiées comme faisant partie d'une clique ou d'un sous-graphe (exemple : les relations de travail (13E4) ou celles du club de boxe (14E6)).

Le tableau ci-dessous (tableau 1) représente chacune des personnes enquêtées (enquêtés principaux) qui se trouvait au centre des réseaux étudiés ainsi que les caractéristiques individuelles correspondant aux variables et angles d'étude choisis :

Tableau 1 : les enquêtés principaux

	Sexe	Pays d'origine	Langue(s) d'origine (dénomination des locuteurs)	Nationalité du conjoint	Temps en France	Emploi	Enfants	Petits-enfants	Trous structuraux[a]	Bilinguisme	Sentiment d'intégration	Analyse intégration étudiant
13E1	f	Italie	calabrais/italien	idem	50 ans	-	5	2	-	+	+	+
13E2	f	Maroc	tamazight/arabe	idem	35 ans	-	6	3	-	+	+	-
13E3	f	Colombie	espagnol	française	13 ans	+	2	0	+	+	+	nr
13E4	m	Roumaine	hongrois[b]/roumain	française	7 ans	+	1	0	-	+	+	-
13E5	m	Espagne	patois de Murcia[c]/espagnol	idem	60 ans	+	4	7	-	+	+	-
14E1	m	Maroc	marocain	française	30 ans	+	1	0	+	+	+	++
14E2	m	Laos	hmong/laotien	idem	36 ans	+	7	13	+	+	+	+
14E3	f	Portugal	portugais	idem	18 ans	+	2	0	+	+	+	+
14E4	f	Japon	japonais	française	3 ans	-	0	0	-	+/-	-	-
14E5	f	Pays-Bas	hollandais[d]	idem	10 ans	+	1	0	+	+	+	+
14E6	f	Tunisie	arabe[e]	célibat	4 ans	+[f]	0	0	+	+	+	+
14E7	f	Espagne	espagnol	française	22 ans	+	3	0	+	+	-	+
14E8	f	Pays-Bas	hollandais/néerlandais flamand	française	30 ans	+	3	2	+	+	+	+
14E8	m	Turquie	turc	idem	13 ans	+	4	0	+/-	+	nr	nr
14E9	f	R. Tchèque	tchèque/slovaque	française	1,5 an	+	0	0	+	+	+	+

---

8. Comme précisé par le protocole mais pas toujours possible, par exemple avec les enfants ou les conjoints.

Notes associées au tableau 1 :

a. La théorie des liens faibles a été formulée par le sociologue Mark Granovetter dans les années 1970 et, pour lui, la force d'un lien entre deux individus est «une combinaison (probablement linéaire) entre la durée de la relation, l'intensité émotionnelle, le degré d'intimité (confiance mutuelle) et les services rendus réciproquement» (Granovetter 1973 : 1361). Les liens forts sont souvent transitifs et favorisent les zones fermées, les réseaux denses ou les cliques (liens redondants et multiplexes), où par conséquent, l'information circulera très rapidement (Degenne & Forsé 2004 : 128). C'est le cas des familles et des amis très proches parmi lesquels chacun a une connaissance approfondie des autres et de leurs vies. À l'inverse, les liens faibles ne sont pas redondants, ils sont uniplexes et caractérisent les relations que l'on entretient avec les connaissances ou les collègues de travail. En 1992, cette théorie des liens faibles a débouché sur la théorie des trous structuraux dont l'auteur, Ronald Burt (1995 : 602), donne la définition suivante : «Les trous structuraux sont les vides entre les contacts non-redondants. Le trou est un tampon tel un isolant dans un circuit électrique.» Autrement dit, on pourrait imaginer deux personnes appartenant à deux réseaux très différents, très distants, et que ces deux personnes se connaîtraient créant ainsi un «pont» entre les deux groupes : c'est un trou structural.
b. Magyar.
c. Murcien, variété du castillan.
d. Néerlandais.
e. L'enquêtée mentionne en fait l'arabe dialectal tunisien : «Je communique en arabe mais c'est toujours mélangé en français. On a toujours parlé comme ça donc c'est tout à fait normal en Tunisie.»
f. Cette enquêtée est étudiante mais l'on peut considérer qu'en terme de capital social potentiel, la structure du réseau universitaire est au moins équivalente à celle de l'emploi.

Les deux dernières colonnes mettent en regard le sentiment d'intégration des personnes manifesté au cours des entretiens et l'analyse des étudiants sur la base des critères des colonnes précédentes.

3. Le bilinguisme, la dénomination des langues et l'insécurité linguistique

Les dénominations des langues sont le fait des enquêtés, comme le préconise Gumperz (1971). Tous se déclarent bilingues et ont une représentation très positive du plurilinguisme, à l'exception de 14E4. Toutefois, si l'on se réfère aux définitions de Mackey (1968), Grosjean (1982) ou Lüdi et Py (1986), définitions en termes d'état et non de compétence, que je résumerai comme «l'usage régulier de deux codes», tous sont au minimum bilingues :

«je parle arabe, qui est ma langue natale, et puis français vu que je suis bilingue» 14E6.

En revanche, lorsque l'on aborde de manière plus précise la dénomination de leur(s) langue(s) d'origine, langue(s) primaire(s) de socialisation, les enquêtés sont parfois plus dubitatifs :

«Ah ben l'italien ou ou patois» (13E1).

« je parle aussi sicilienne si on peut, si on peut dire que c'est une langue » (dossier non retenu).

Ce trouble montre l'importance du prestige accordé à certaines langues officielles valorisées face à d'autres qui ne le sont pas (tamazight, calabrais, murcien, etc.) et souligne à nouveau le problème que pose la hiérarchisation arbitraire des langues et les représentations qui lui sont associées (Arditty & Blanchet 2008). La conséquence est souvent une insécurité linguistique forte en langue d'origine :

« moi je parlais mal mal mal mal l'espagnol […] nous a parler comme ça mélanger un le patois de l'Espagne de Murcia » (13E5).

mais également et surtout en français :

« C'est un peu frustrant de ne pas pouvoir parler comme les autres » (14E5).

« j'ai toujours pas bien appris (français) […] j'ai cet handicap que j'ai pas un vocabulaire » (14E7).

« j'ai toujours par exemple un grosse accent » (13E3).

Cette insécurité linguistique est d'ailleurs renforcée par le poids des représentations sur le «beau français» (Gadet 2003) et la pression sociale que pose l'équation «connaissance de la langue = intégration» (Duchêne 2012), comme dans le Contrat d'accueil et d'intégration (CAI) par exemple (Biichlé 2007).

À cet égard, la structure du réseau des personnes peut fournir des éléments de compréhension, notamment sur la distribution des langues en présence.

4. La structure du réseau et l'input de la société

Afin d'étudier la structure des réseaux, les étudiants ont interrogé les enquêtés sur leurs relations familiales, amicales, professionnelles, etc.

(*cf.* annexes) et ils ont également réalisé un graphe qui symbolise le réseau du migrant, qui montre sa densité[9], la présence ou non de trous structuraux, la qualité des relations (multiplexes ou non), la circulation des langues, etc.

4. 1. Le réseau mécanisme « incubateur » des normes

La structure du réseau social d'une personne, les liens qui constituent son capital social (Bourdieu 1980 : 2)[10], déterminent très fortement l'exposition de celle-ci aux différents parlers, aux différentes représentations et actualisations identitaires de ses contacts (Billiez 1990 ; Biichlé 2014a) ; à plus forte raison en contexte migratoire puisque le migrant doit restructurer une majeure partie de son réseau (Matthey & Py 1995). On peut donc dire que « l'acquisition des conventions de contextualisation est le produit de l'expérience interactionnelle du locuteur, c'est-à-dire de sa participation à des réseaux précis de relations » (Gumperz 1989 : 135). À titre d'exemples, on peut citer l'emploi de la langue d'origine qui est plus fort dans les réseaux denses, notamment en famille (Merabti 1991), les pratiques langagières plurilingues genrées particulières à certains quartiers (Lambert 2005), le développement de formes phonologiques similaires et divergentes du français dans certaines zones urbaines multiethniques (Jamin, Trimaille & Gasquet-Cyrus 2006) ou les réseaux sociaux favorables à des variétés d'arabe dialectal maghrébin (Merabti 1991 ; Deprez 1994 ; Biichlé 2014b).

Dans ces exemples, à des échelles différentes (famille, quartier ou zone urbaine), on peut établir des corrélations entre des réseaux plus ou moins denses et des pratiques, notamment langagières, et des représentations. Le réseau social agit donc sur le triptyque langue/représentations/identité comme une sorte de matrice, d'incubateur où la langue se façonne et évolue au fil des interactions entre les membres, véhiculant les représentations des personnes et fondant des identités communes dans un mouvement dynamique et totalement interactif ; les représentations

---

9. La densité est « la proportion de liens existant par rapport au nombre de liens possibles » (Degenne & Forsé 2004 : 57) dans un même réseau ; autrement dit, si tous les membres d'un réseau sont en lien, la densité est maximale alors que si certains membres n'ont pas de lien entre eux, le réseau est moins dense. On considère généralement que la densité et la multiplexité vont de pair et que les réseaux concernés agissent comme un mécanisme de renforcement de la norme (Milroy 1987).

10. « L'ensemble des ressources actuelles ou potentielles qui sont liées à la possession d'un réseau durable de relations plus ou moins institutionnalisées d'interconnaissance et d'interreconnaissance » (Bourdieu 1980 : 2).

communes fonderont les identités, qui génèreront les groupes, qui rati-
fieront, créeront ou changeront les formes linguistiques, et ainsi de suite
dans un mouvement perpétuel et circulaire. C'est à peu de chose près la
«structure structurante, qui organise les pratiques et la perception des
pratiques» chère à Bourdieu (1979 : 191).

Les réseaux des quatre enquêtés suivants présentent de nombreux
trous structuraux qui les exposent au français au quotidien (*cf.* tableau 1
et graphe ci-dessous) et implique son usage puisque le choix de la
langue de communication est toujours contraint par le monolingue
(Lüdi & Py : 1986) :

«Ben vu que je vis en France alors oui, c'est bien obligé. Je parle beaucoup
français avec quasiment tout le monde» (14E6).

«il y a des mots qui sortent en arabe mais en général on parle en français,
c'est l'habitude, on est tous ici depuis trente ans au moins» (14E1).

«c'est français heu quatre-vingt heu dix pour cent peut-être plus même»
(14E5).

Le graphe qui suit symbolise le réseau de 13E3 et donne l'exemple
d'un réseau ouvert avec des trous structuraux :

Graphe 1 : présence de trous structuraux (graphe de Géraldine Pichot)

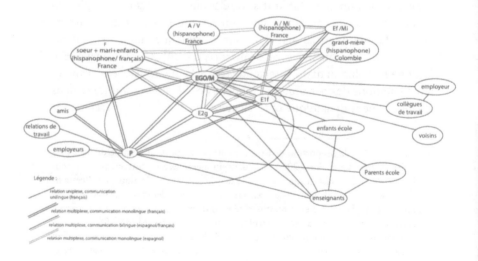

Dans ce graphe, les arêtes (liens) simples qui lient 13E3 (Ego) à ses voisins, ses collègues de travail, à l'espace scolaire (parents d'élève, enseignants, élèves), sont autant de trous structuraux potentiels, de liens faibles (Granovetter 1973) par lesquels va « circuler l'information entre les cercles fermés constitués de liens forts » (Degenne & Forsé 2004 : 128), ici symbolisés sous la forme de cercles. Les liens bilingues (gris et gris clair) sont tous multiplexes (double ligne), plusieurs liens multiplexes sont monolingues, en espagnol ou en français, mais les liens faibles et uniplexes, sont tous en français. Cette enquêtée présente donc une sociabilité[11] assez importante, signe d'intégration (Merklé 2004).

Or, en dépit de l'ouverture de son réseau, des déclarations positives de ses amis et de l'analyse positive de l'étudiante sur l'aspect intégrationnel, 13E3 ne se sent pas intégrée, ce qui montre que le ressenti de la société et celui du migrant ne correspondent pas toujours.

À l'inverse du graphe précédent, celui de l'enquêtée 13E2 présente une densité assez forte puisque presque tous les liens sont effectifs, multiplexes, et il se caractérise également par une apparente absence de trou structural, de lien faible, avec pour conséquence une moindre exposition à la société, donc au français :

Graphe 2 : réseau dense, pas de trou structural*

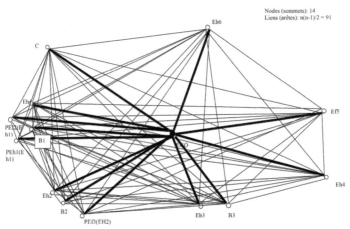

*Graphe de Lucille Giroud

---

11. « Pour le sociologue, la sociabilité ne doit pas s'entendre comme une qualité intrinsèque d'un individu qui permettrait de distinguer ceux qui sont sociables de ceux qui le sont moins, mais comme l'ensemble des relations qu'un individu (ou un groupe) entretient avec d'autres, compte tenu de la forme que prennent ces relations » (Degenne & Forsé 2004 : 35).

Dans cette clique[12], tous les sommets sont des membres de la famille et sont reliés entre eux, la densité est donc maximale et les liens sont tous multiplexes ; la sociabilité de l'enquêtée paraît donc assez faible. Tous les liens qui lient Ego aux autres membres de la famille sont monolingues en tamazight (traits épais). Toutefois, les représentations qu'ont les locuteurs de leurs pratiques langagières familiales sont souvent à relativiser (Biichlé 2012) et cet exemple le confirme puisque, comme dans de nombreuses familles migrantes, il semble plutôt que la communication mère/enfants ait été bilingue (Deprez 1994), avec plus de français côté enfants et plus de berbère côté mère : « je leur parlais en français et ils me répondaient en berbère » (fille d'Ego).

Le réseau de 13E2, qui ne présente pas de trou structural, l'expose donc moins à la société et au français que celui de 13E3, on pourrait d'ailleurs éventuellement parler de réseau isolant (Bortoni-Ricardo 1985). En termes d'insertion à la nouvelle société, cette faible sociabilité correspond plutôt à la marginalisation. Toutefois, paradoxalement, à l'inverse de 13E3 et à l'encontre de l'analyse de l'étudiante, 13E2 se sent intégrée.

On notera que ces quatre enquêtés, 13E3, 14E1, 14E5 et 14E6, présentent des + sur toute la ligne dans le tableau 1, ce qui est le cas de 8 enquêtés sur 15, alors que 13E2 présente deux − sur le tableau 1 (emploi et trous structuraux), ce qui également est le cas de 13E1 et 14E4. Les enquêtés 13E5 et 14E9 présente un + dans la colonne emploi mais un − et un +/− dans la colonne trous structuraux et l'on retrouve donc assez logiquement l'articulation entre la densité du réseau et le rapport au français chez 14E9 : « On parle tout le temps en turc. »

Enfin, la famille nombreuse semble contribuer à la densité des réseaux (Merklé 2004)[13], en tout cas pour les femmes (Biichlé 2012) puisque 13E1 et 13E2 qui ont respectivement 5 et 6 enfants présentent des réseaux assez similaires, denses et sans trou structural, ce qui est dans une moindre mesure également le cas de 13E5 (retraitée), 4 enfants mais qui, néanmoins, possédait un emploi. Dans ces trois cas, il est probable que le travail nécessaire à la bonne marche de la famille ait joué un rôle assez déterminant dans la faible restructuration du réseau. On relèvera que les hommes, 14E2 et 14E9, 7 et 4 enfants, semblent moins touchés ce qui pourrait s'expliquer par une sociabilité des hommes plus

---

12. « Une clique est l'ensemble des sommets d'un sous-graphe complet, dont la densité est donc maximale : toutes les liaisons directes (ou liaisons d'adjacence) possibles y sont présentes » (Merklé 2004 : 59).

13. « Avec la formation du couple et surtout la naissance des enfants, la sociabilité diminue et se replie dans l'univers domestique » (Merklé 2004 : 38).

orienté vers l'extérieur de la cellule familiale que celle des femmes dans les ménages traditionnels (Merklé 2004).

4. 2. La restructuration du réseau et le couple

La famille et les amis constituent la plupart du temps la première zone du réseau des personnes et déterminent donc fortement les pratiques langagières. Les exemples suivants montrent que le couple mixte favorise souvent l'input en français (Deprez, Varro & Collet 2014) en ce qu'il expose le migrant au réseau de son conjoint, belle-famille, amis, etc., en d'autre mots, «c'est la langue du milieu qui prédomine» (*ibid.* : 14) :

> «quand j'ai été accueillie dans sa famille (du mari) où j'avais pas le choix, où je pouvais que parler le français, ça c'est très bon» (14E8).

> «Beaucoup, avec les amis, avec C1h (mari), avec ma belle-famille. Tous les jours, c'est que le français en fait» (14E10).

Les enquêtés 13E3, 14E1 et 14E8 dont les conjoints sont français, ne présentent d'ailleurs que des + dans leurs lignes respectives, tout comme 14E10 dont voici le graphe :

Graphe 3 : les trous structuraux et le conjoint*

*Graphe de Johanna Lescure

Lien faible, relation uniplexe	Relation unilingue	Tchèque	Français
Lien fort, relation multiplexe	Relation bilingue	Slovaque	Anglais
			Néerlandais

Dans ce graphe, on voit assez nettement les liens pré-migratoires qui perdurent avec la famille et les amis tchèques de 14E10, avec une communication en tchèque ou en slovaque (blanc et gris clair), mais on voit également la restructuration de son réseau par l'ouverture que crée celui de son conjoint, l'adjonction de nouveau liens, forts et faibles (présence de trous structuraux), essentiellement en français (noir) ; et ce, en dépit du peu de temps passé en France. La sociabilité de 14E10 est donc assez importante et correspond plutôt à une situation d'intégration. Toutefois, la restructuration du réseau par l'adjonction de celui du conjoint français ne fonctionne pas toujours aussi bien (Varro 2010 ; Biichlé 2015) puisque ce conjoint peut ne pas apporter beaucoup de liens nouveaux, intégrer lui-même le réseau dense et/ou échanger en langue d'origine, comme dans les cas de 13E4 ou 14E4 :

> « avec mon copain, je parle le japonais ».

Enfin, on notera qu'une fois de plus, en dépit de l'ouverture de son réseau et de l'analyse positive de l'étudiante, 14E10, dont la ligne dans le tableau 1 ne présente que des +, n'a pas le sentiment d'être intégrée.

4. 3. L'emploi, le réseau et le français

« Immigrant workers usually pick up their second language at work[14] » (Grosjean 1982 : 237). L'emploi détermine donc assez fortement la structure du réseau social parce qu'il présente un côté quasiment obligatoire pour subsister, qu'il augmente le capital social en créant des liens avec les membres de la nouvelle société et donc, expose généralement au français (Chamberland 2005 ; Biichlé 2008 ; Lucchini 2012 ; Hambye 2014) :

> « le français moi j'ai appris tout seul en travaillant avec les copains [...] après j'essaye de (ap)prendre mot par mot par les copains au travail » (14E2).

D'ailleurs, pour certains enquêtés, le travail est le seul lieu de pratique du français :

> « avec mes collègues avec mon patron et c'est tout » (13E4).

Et d'autres font clairement le lien entre réseau et emploi :

---

14. « Les travailleurs immigrés apprennent généralement leur seconde langue au travail » (Grosjean 1982 : 237).

« Je n'ai pas travaillé pendant cinq ans, je ne voyais pas grand monde » (14E3).

Le graphe 4 qui suit représente le réseau de 14E2 mais, le plus intéressant, c'est le réseau de sa femme (Cf) qui est dense, ne comporte qu'un seul trou structural (lien entre CF et T6), en l'occurrence son emploi de commerçante, et qui constitue également le seul domaine où elle est en contact avec la société et obligée de s'exprimer en français :

« elle se sent intégrée parce qu'avec ses collègues du marché (en)fin tous ceux qu'elle côtoie ben ils la ils la considèrent comme une Française » (4ᵉ fils de Cf).

Graphe 4 : réseau dense et trous structuraux emploi*

Ci-contre, la seule clique familiale entretenue en lien direct avec le sujet Xh.
Il existe aussi une clique pour le milieu professionnel de Xh.
Enfin, la dernière clique concerne deux des fils E4h et E5h et leur famille, mais cette clique n'est pas en contact direct avec le sujet Xh.

cercle familial

━━ échanges multiplexes
── échanges uniplexes
⋯ échanges en langue hmong (par souci de clarté le jaune remplace le rouge)
━━ échanges en langue française
━━ échanges en langue française et hmong   *Graphe de Viviane Bernard

Dans ce graphe 4, les liens qui unissent Cf aux autres membres du réseau sont tous forts, multiplexes et en hmong (gris clair) à l'exception des liens avec un autre réseau (T6), qui sont uniplexes et en français, en l'occurrence le marché, son lieu de travail.

On peut observer une corrélation quasi systématique entre la possession d'un emploi et la présence de trous structuraux à l'exception de 13E4 et 13E5, dont la très récente entrée dans l'emploi de l'un et la retraite de l'autre confirme le rapport emploi/trou structural. À l'inverse, il montre également que l'absence d'emploi correspond toujours à l'absence de trou structural et que ce phénomène affecte plus particulièrement les femmes, quel que soit leur âge (13E1, 13E2, 14E4), et plutôt les femmes avec de nombreux enfants (tableau 2) :

Tableau 2 : la présence de trous structuraux et l'emploi

	13E1	13E2	13E3	13E4	13E5	14E1	14E2	14E3	14E4	14E5	14E6	14E7	14E8	14E9	14E10
Sexe	f	f	f	m	m	m	m	f	f	f	f	f	f	m	f
Emploi	-	-	+	+	+	+	+	+	-	+	+	+	+	+	+
Trous structuraux	-	-	+	-	-	+	+	+	-	+	+	+	+	+/-	+
Enfants	5	6	2	1	4	1	7	2	0	1	0	3	3	4	0

Les réseaux sociaux des conjointes des enquêtés qui n'apparaissent pas dans le tableau mais ont été interviewées (les femmes de 13E5, 14E2 et 14E9) confirment cette tendance. À cet égard, on pourrait évoquer une forme de marginalisation, un «isolement social, avec très peu de contacts avec le monde extérieur [...] en particulier chez des femmes sans emploi qui ne maîtrisent pas la langue d'accueil» (de Pietro 1995 : 179).

5. L'aspect intégrationnel

Comme on a pu le voir précédemment, le sentiment d'intégration des personnes ne correspond pas toujours à l'analyse de l'étudiant qu'il s'agisse de 14E7, 13E3 et 14E10 qui ne présentent que des + mais n'ont pas le sentiment d'être intégrées, de 13E2 et 13E4 qui, à l'inverse, se sentent intégrés en dépit de l'analyse des étudiants ou encore, de 14E1 qui se sent intégré mais que l'étudiante analyse comme assimilé (tableau 3).

Tableau 3 : le sentiment d'intégration et l'analyse des étudiants

	13E1	13E2	13E3	13E4	13E5	14E1	14E2	14E3	14E4	14E5	14E6	14E7	14E8	14E9	14E10
enquêtés	+	+	+	+	+	+	+	+	-	+	+	-	+	nr	+
étudiants	+	-	nr	-	-	++	+	+	-	+	+	+	+	nr	+

Ces résultats montrent bien les deux versants de l'intégration que sont le sentiment personnel et le regard social : on peut être perçu comme parfaitement intégré et ne pas en avoir le sentiment mais on peut également se penser bien intégré et être ressenti comme ne l'étant pas.

5. 1. Le sentiment d'intégration des enquêtés

Globalement, en dépit de certaines formes de stigmatisation de la société (physique, accent, discriminations, etc.), le sentiment d'intégration prédomine chez une forte majorité de l'ensemble des personnes interviewées, 12/15 chez les enquêtés au centre des réseaux :

«j'ai toujours par exemple un grosse accent et je suis peut-être typée latino et tout ça donc ça marque toujours une différence et et, mais bon ça gène pas quoi je me sens bien intégrée» (13E3).

«je suis intégré, j'ai un travail, je paie mes impôts, quand je suis dehors j'oublie que je suis marocain, y'a personne qui me fait rappeler que je suis étranger» (14E1).

«je suis bien intégrée, je fais ma vie ici, je, j'ai mon quotidien, j'ai mes petits trucs, j'ai mes amis, je sors, je fais plein de trucs, plein d'activités, alors ça va, je, je me sens bien» (14E6).

Ce sentiment d'intégration n'est d'ailleurs pas antinomique avec l'actualisation de l'identité d'origine, indépendant du niveau de langue, et paraît surtout lié à la structure du réseau :

«je me sens plus Italien que Français» (13E1 : réseau dense).

«moi je suis sentez plus Français» (14E2 : réseau plus ouvert).

Et parfois, même lorsque l'identité d'origine est clairement revendiquée – «j'me sens hongrois [...] en France j'suis pas Français» (13E4) – la réponse à la question de l'intégration personnelle peut être tout de même positive : «ouais».

C'est donc souvent une identité plurielle qui est mise en avant comme pour concilier l'identité originelle et l'évolution de celle-ci, une forme de stratégie individuante (Manço 2002) :

«je me sens pas oui forcement bien sûr pas à cent pour cent française, pas du tout mais mais je suis imprégnée bien sûr» (13E3).

«je me sens tout à fait française aussi mais peut-être les deux» (14E8).

Enfin, on retiendra que les processus d'intégration sont toujours dynamiques (Biichlé 2015), articulés aux évolutions de la structure du réseau et des actualisations identitaires :

« je vis déjà longtemps donc je commence quand même un peu à me sentir française » (14E10).

« simplement parce que l'Angleterre a changé et moi aussi, et pas dans le même sens, moi je me suis habitué à vivre en France » (dossier non retenu).

« maintenant moi j'aime mieux ici qu'à là-bas » (13E1).

Ce que confirment d'ailleurs les proches la plupart du temps :

« je pense qu'avec le temps elle est devenue française » (mari de 14E8) ; « oui, elle a vraiment joué le jeu, elle est intégrée » (belle-mère de 14E8).

L'exposition quotidienne du migrant à la nouvelle société modifie donc son identité, ses représentations et ses pratiques (Lüdi & Py 1986) et c'est la structure du réseau qui conditionne cette quantité d'exposition. On retrouve d'ailleurs ce phénomène chez les parents migrants qui essaient de transmettre leur langue d'origine mais qui, peu à peu, sous l'effet de l'input du réseau social, parlent de plus en plus en français (Varro 2003 ; Biichlé 2015) ; ou encore chez les bilingues de réception qui, soumis à l'effet du réseau (par exemple lors d'un voyage à l'étranger chez les grands-parents), « réactivent » leur capacité en production.

5. 2. L'équation « apprendre la langue c'est s'intégrer »

Un autre aspect concerne la représentation hégémonique mais pas toujours fondée ni démontrée et en tout cas lacunaire (Biichlé 2008 ; Duchêne 2012 ; Manço & Alen 2012 ; Vandermeulen 2013), qui pose que, connaître la langue c'est être intégré ; représentation que l'on retrouve chez les enquêtés, soit pour valider leur sentiment d'intégration :

« je me sens parfaitement intégré en France j'ai grandi en France j'ai je pense maîtriser le français suffisamment bien » (dossier non retenu).

« Je me sens bien intégrée depuis que j'arrive mieux à m'exprimer, il y a moins la barrière de la langue. On s'isolait plus avant, il y avait un grand frein de la langue » (14E3).

Soit, au contraire, pour expliquer un rejet de la société d'immigration :

« elle sait pas lire elle sait pas euh parler (ma femme) et ça fait que le la loi y donne pas la nationalité » (14E2 ici, il est fait référence au Contrat d'accueil et d'intégration).

Ou encore, pour expliquer un sentiment de non intégration :

« J'sais pas, déjà parler le langue » (13E4).

Ces dernières déclarations renforcent l'idée que, sur le plan intégrationnel, la langue peut être un instrument d'inclusion mais également, un instrument d'exclusion (Biichlé 2007 ; Duchêne 2012 ; Manço & Alen 2012). Pourtant, on peut parfaitement se déclarer français et l'exprimer dans sa langue d'origine :

« hey oh soy francesa oh » (13E1).

Conclusion

En dépit d'éventuels biais méthodologiques induits par l'aspect un peu empirique du protocole, cette étude confirme plusieurs points. Elle montre que les résultats sur l'articulation entre structure du réseau social, langues et intégration vont dans le sens d'autres études menées en Belgique ou au Canada auprès d'autres personnes migrantes et dans d'autres contextes : ce n'est pas « la connaissance de la langue qui mène à l'intégration et à la cohésion sociale mais bien le contraire » (Lucchini 2012 : 88). En d'autres termes, c'est bien souvent la restructuration du réseau qui, par les contacts avec la nouvelle société qu'elle génère, la création de liens faibles, de trous structuraux, mène à la langue (Biichlé 2008) : « c'est un emploi et c'est un logement dans un quartier où on peut s'intégrer à la population locale qui va mener à la maîtrise de la langue » (Hambye 2014 : 2). Le rôle de l'emploi est également souvent prépondérant dans ces processus de restructuration puisque qu'il crée des trous structuraux qui exposent le migrant à la nouvelle société, à ses représentations et à sa langue ; et ce, même lorsque c'est la langue d'origine qui, comme parfois, est utilisée majoritairement au travail (Biichlé 2007, 2008). Certains auteurs pensent même que « le milieu de travail agit pour les adultes sur le plan linguistique, comme une force intégrative aussi puissante que celle que représente l'école pour l'enfant » (Chamberland 2005 : 179).

Dans tous les cas, c'est la création de liens faibles et non redondants qui permet de mettre en contact différents réseaux et à l'information de circuler plus rapidement (Granovetter 1973 ; Burt 1995 ; Degenne & Forsé 2004 ; Merklé 2004). Or, la plupart du temps, c'est par cette ouverture du réseau que s'effectuera la rencontre avec la langue du pays d'accueil ; d'ailleurs, si l'on renverse la vapeur, « c'est donc l'exclusion qui […] produit le manque de maîtrise de la langue » (Lucchini 2012 : 96). De plus, si connaître le français est utile pour initier le processus d'insertion, ce n'est pas une condition *sine qua non* ; surtout lorsque « la maîtrise de la langue est de plus en plus largement utilisée comme instrument supplémentaire de sélection » (Arditi 2013 : 23). Donc, en matière d'intégration, l'actuel « tout linguistique » m'apparaît souvent infondé voire contreproductif parfois et, si connaître la langue a son importance, il me paraît fondamental « de ne pas l'ériger comme le locus par excellence de l'intégration sociale » (Duchêne 2012 : 183).

Cette étude confirme également que, sur un continuum intégrationnel entre marginalisation et assimilation (Biichlé 2007), le bi(multi)linguisme correspond à la position centrale : l'intégration. On peut d'ailleurs relever les exemples de 14E4 ou 14E9 pour le monolinguisme en langue d'origine, donc la marginalisation, le monolinguisme en français correspondant à l'assimilation (exemple : 14E1). Plus globalement, on peut donc dire que c'est la pluralité linguistique, identitaire et représentationnelle qui correspond à l'intégration mais que la structure du réseau social conditionne l'ensemble du processus. Toutefois, comme nous l'avons vu, le sentiment d'intégration est représentationnel et ne correspond pas toujours à la réalité des parcours ni aux pratiques langagières (Biichlé 2007).

Cette étude confirme en outre que, contrairement à certains discours politiques actuels, quelle que soit la langue et l'origine, les processus intégrationnels semblent assez similaires chez tous les humains et largement tributaires de la restructuration des réseaux sociaux des personnes ; ce que ne favorise pas du tout la ségrégation urbaine et le chômage de masse (Goux & Maurin 2004 ; Gobillon & Harris 2006) qui vont d'ailleurs de pair avec la ségrégation scolaire (Lucchini 2012).

Références bibliographiques

Arditty J. & Blanchet P. (2008), « La "mauvaise langue" des "ghettos linguistiques" : la glottophobie française, une xénophobie qui s'ignore », *Asylon(s)* 4. En ligne : <www.reseau-terra.eu/article748.html>.

Beacco J.-C. (2008), « Les langues dans les politiques d'intégration des adultes migrants », présentation du document d'orientation au séminaire international « L'intégration linguistique des migrants adultes », Strasbourg, 26-27 juin.

Biichlé L. (2015), « Ces familles bilingues qui nous entourent : des pratiques langagières et de la transmission des langues et identités dans des familles "mixtes" plurilingues de France », *Cahiers internationaux de sociolinguistique* 7, p. 43-63.

Biichlé L. (2014a), « Des effets du genre sur la transmission des langues dans le processus migratoire entre Maghreb et France », *Cahiers de linguistique* 40(1), p. 73-91.

Biichlé L. (2014b), « L'"arabe français" ou comment se dessine en France les contours d'une variété locale d'arabe maghrébin », *Revue européenne des migrations internationales* 30(3-4), p. 201-217.

Biichlé L. (2012), « La transmission des langues et identités en contexte migratoire. Le cas de deux familles de France d'origine berbère », *Hommes et migrations* 1295, p. 66-76.

Biichlé L. (2011), « Insécurité linguistique et réseaux sociaux denses ou isolants : le cas de femmes maghrébines dans la tourmente », *Lidil* 44, p. 13-25.

Biichlé L. (2009), « Le plurilinguisme c'est l'intégration », *Savoir et formation* 73, p. 32-35.

Biichlé L. (2008), « Intégration, langues et réseaux sociaux : parcours de femmes maghrébines », dans Cadet L., Goes J. & Mangiante J.-M. (dirs), *Langue et intégration. Dimensions institutionnelle, socio-professionnelle et universitaire*, Bern, Peter Lang, p. 53-63.

Biichlé L. (2007), *Langues et parcours d'intégration de migrants maghrébins en France*, thèse de doctorat sous la direction de Jacqueline Billiez, université Stendhal-Grenoble 3.

Billiez J. (1990) «Le "parler véhiculaire interethnique" de groupes d'adolescent en milieu urbain », *Actes du colloque international «Des langues et des villes» à Dakar*, Paris, Didier Érudition, p. 117-126.

Billiez J., Costa Galligani S., Lucci V., Masperi M., Millet A. & Trimaille C. (2002), «Représentations sociales, pratiques langagières et questions identitaires chez les sujets plurilingues», *Cahiers de l'institut de linguistique de Louvain* 28(3-4), p. 59-78.

Bortoni-Ricardo S. M. (1985), *The Urbanization of Rural Dialect Speakers: A Sociolinguistic Study in Brazil*, Cambridge, Cambridge University Press.

Bourdieu P. (1980), «Le capital social», *Actes de la recherche en sciences sociales* 31(1), p. 2-3.

Bourdieu P. (1979), *La Distinction. Critique sociale du jugement*, Paris, Éditions de Minuit.

Burt S. R. (1995), «Analyses de réseaux et structures relationnelles», *Revue française de sociologie* 36(4), p. 599-628.

Chamberland C. (2005), «Intégration linguistique des immigrants et intervention en milieu de travail», Conti V. & Pietro de J.-F. (dirs), *L'intégration des migrants en terre francophone. Aspects linguistiques et sociaux. Actes du séminaire de Neuchâtel, Suisse, 4-5 décembre 2001*, Le Mont-sur-Lausanne, Éditions Loisirs et pédagogie, p. 173-180.

Canut C. (2007), *Une langue sans qualité*, Limoges, Lambert-Lucas.

Degenne A. & Forse M. (2004), *Les réseaux sociaux*, Paris, Armand Colin.

Deprez C., Varro G. & Collet B. (2014), «Introduction», *Langage & Société* 147, p. 7-22.

Deprez C. (1994), *Les enfants bilingues : langues et familles*, Paris, Didier.

Duchêne A. (2012), «Cohésion sociale? Le paradoxe de la langue», *Langue et cohésion sociale : enjeux politiques et réponses de terrain*, Neuchâtel, Délégation à la langue française, p. 179-184.

Gadet F. (2003), *La variation sociale en français*, Paris, Ophrys.

Gobillon L. & Harris S. (2006), *Ségrégation résidentielle, accessibilité aux emplois, et chômage : le cas de l'Île-de-France*, Paris, INRA.

Goux D. & Maurin E. (2004), «Composition sociale du voisinage et échec scolaire : une évaluation sur données françaises», *Revue économique* 56, p. 349-361.

Granovetter M. (1973), "The strength of weak ties", *American Journal of Sociology* 78, p. 1360-1380.

Grosjean F. (1982), *Life with Two Languages. An Introduction to Bilingualism*, Cambridge, Harvard University Press.

Gumperz J. J. ([1982] 1989), *Sociolinguistique interactionnelle, une approche interprétative*, Cambridge, Cambridge University Press.

Gumperz J. J. (1971), *Language in Social Groups*, Standford, Standford University Press.

Hambye Ph. (2014), «Intégration : "Arrêtons de nous raconter des histoires"», *Levif.be*. En ligne : <www.levif.be>.

Jamin M., Trimaille C. & Gasquet-Cyrus M. (2006), «De la convergence dans la divergence : le cas des quartiers pluri-ethniques en France», *French Language Studies* 16, p. 335–356.

Labov W. (1976), *Sociolinguistique*, Paris, Éditions de Minuit.

Lambert P. (2005), *Les répertoires plurilectaux de jeunes filles d'un lycée professionnel. Une approche sociolinguistique ethnographique*, thèse de doctorat sous la direction de Jacqueline Billiez, université Stendhal-Grenoble 3.

Lucchini S. (2012), «De la langue à la cohésion sociale ou de la cohésion sociale à la langue?», dans Conti M. & Pietro de J.-F. (dirs), *Langue et cohésion sociale : enjeux politiques et réponses de terrain*, Neuchâtel, Délégation à la langue française, p. 87-110.

Lüdi G. & Py B. ([1986] 2003), *Être bilingue*, Berne, Peter Lang.

Mackey W. F. (1968), «The Description of Bilingualism», in Fishman J. (ed.), *Readings in the Sociology of Language*, The Hague, Mouton, p. 554-584.

Manço A. (2002), *Compétences interculturelles des jeunes issus de l'immigration, perspectives théoriques et pratiques*, Paris, L'Harmattan.

Manço A. & Alen P. (2012), «La culture, espace d'appropriation du français par les migrants. Analyses en Belgique francophone», dans Conti M. & Pietro de J.-F. (dirs), *Langue et cohésion sociale : enjeux politiques et réponses de terrain*, Neuchâtel, Délégation à la langue française, p. 29-146.

Matthey M. & Py B. (1995), «Introduction», *Changement de langage et langage du changement. Aspect linguistique de la migration en interne Suisse*, Lausanne, L'Âge d'homme, p. 11-28.

Mercklé P. (2004), *Sociologie des réseaux sociaux*, Paris, La Découverte.

Milroy L. (2002), "Social networks", in Chambers J. K., Trudgill P. & Schilling-Estes N. (eds), *Handbook of Language Variation and Change*, Malden, Oxford Blackwell, p. 549-572.

Milroy L. (1987), *Language and Social Network*, Oxford, Basil Blackwell.

Pietro de J.-F. (1995), «Des pratiques quotidiennes à l'intégration», dans Lüdi G. & Py B. (dirs), *Changement de langage et langage du changement : aspects linguistiques de la migration interne en Suisse*, Lausanne, L'Âge d'homme, p. 173-202.

Tap P. (1988), *La société Pygmalion? Intégration sociale et réalisation de la personne*, Paris, Dunod/Bordas.

Vandermeulen K. (2013), «Langue et intégration en contexte migratoire. Quelle dialectique dans la politique d'intégration linguistique française?», dans Castellotti V. (dir.), *Le(s) français dans la mondialisation*, Paris, EME Éditions, p. 125-145.

Varro G. (2010), «Regards contradictoires sur la mixité», dans Muller L. & Tapia de S. (dirs), *Migrations et culture de l'entre-deux*, Paris, L'Harmattan, p. 211-226.

Varro G. (2003), *Sociologie de la mixité. De la mixité amoureuse aux mixités sociales et culturelles*, Paris, Belin.

Article reçu en mai 2016. Dernière révision acceptée en décembre 2016.

Annexes

1. Les étudiants qui ont recueilli les données

Promo 2013: Clerc Julie, Giroud Lucile, Interdonato Marzia, Pichot Géraldine, Saulichova Marketa, Soret Natacha et Villa Karine. *Promo 2014*: Bendjilali Leïla, Bernard Viviane, Capparelli Jennifer, Conrad Chloé, Dugand Nathalie, Duran Leonardo, Le Gall Astrid, Lescure Johanna, Mestraletti David, Robinel Julien, Walpot Elisabeth et Zein Rola.

2. Conventions de dénomination des personnes

N°famille, statut, sexe, n°fratrie /ami
X = ego; C = conjoint; E = enfant, n° fratrie; P = parent; F = frère ou sœur; BF = beau frère/sœur; G ou B = gendre/bru; PE = petits-enfants; A = ami, n° ami; T = relation travail; h et f = sexe : homme/femme (n° du père ou de la mère dans la fratrie) entre parenthèse
Exemples :
1Xf = famille 1, Ego, femme
6Ff3 = famille 6, frère ou sœur, fille, troisième de la fratrie
3PEh2(2) = famille 3, petit-fils, homme, deuxième (fils du 2e enfant)

3. Conventions graphiques

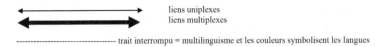

liens uniplexes
liens multiplexes

-------------------------------- trait interrompu = multilinguisme et les couleurs symbolisent les langues

4. Le guide d'entretien

Nationalité : âge : sexe : profession(s) : Situation familiale : Diplôme(s)/qualification(s) :
(éventuellement) Nombre d'enfants : (éventuellement pour les migrants) Temps en France :
– langues parlées ou comprises (moyen d'apprentissage : maman, papa, école, grands-parents…) :
– (pour les migrants) Quelle est la langue que vous utilisiez, au pays, avec vos amis, votre famille, etc.?
– Pensez-vous que c'est bien de parler plusieurs langues? Pourquoi?
– (pour les migrants) Dans la vie de tous les jours, parlez-vous le français beaucoup, un peu, pas du tout? avec qui?

– Dans la vie de tous les jours, parlez-vous votre langue (d'origine ou des parents) beaucoup, un peu, pas du tout? avec qui? en quelles occasions?

– Quelles langues parlez-vous avec votre femme/mari? vos enfants/parents? vos amis?

– En quelle langue vous parlent vos amis? femme/mari? vos enfants/parents?

– (éventuellement pour les parents) Pourquoi (ne pas) transmettre la langue?

– (pour les migrants ou descendants) Vous sentez-vous plus français? l'autre nationalité? les deux?

– (pour les migrants ou descendants) Vous sentez-vous bien intégré? pourquoi?

– Commentaire (ils sont bienvenus)?

5. le continuum intégrationnel

En général, les sciences humaines considèrent que l'intégration s'oppose d'une part à toute forme d'exclusion, de ségrégation ou de marginalisation mais également, d'autre part, à toute forme de dissolution, de fusion ou d'assimilation (Tap 1988; de Pietro 1995). Il est donc possible de dégager trois cas de figure généraux que l'on pourrait situer sur un continuum dont les extrêmes seraient respectivement la ségrégation et l'assimilation, avec au centre, l'intégration. À chaque situation coïncident différents types de réseaux sociaux qui dessinent des sociabilités diverses ainsi que des pratiques langagières correspondantes. Le positionnement sur ce continuum est un indicateur conceptuel à un temps T du parcours migratoire d'une personne mais ne révèle en aucun cas une capacité intrinsèque de l'individu, sachant que de surcroît, les phénomènes intégrationnels sont extrêmement dynamiques (Biichlé 2012) et ne doivent en aucun cas faire oublier la diversité et l'unicité des situations humaines.

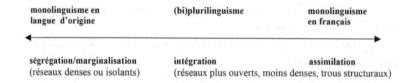

monolinguisme en langue d'origine	(bi)plurilinguisme	monolinguisme en français
ségrégation/marginalisation (réseaux denses ou isolants)	intégration	assimilation (réseaux plus ouverts, moins denses, trous structuraux)

Promotions, déclassements et reclassements. À propos du repositionnement symbolique lié aux lapsus politiques

David Descamps
Professeur agrégé de sciences sociales, doctorant en sociologie,
université Lille 1 (CLERSE)
daviddescamps@hotmail.com

Agathe Foudi
Professeur agrégé de sciences sociales, doctorante en sociologie,
université Lille 1 (CLERSE)
agathe.foudi@hotmail.fr

Introduction

Assimilés communément à l'expression de désirs cachés, à un retour du refoulé ou à une erreur d'élocution, les modalités de production des lapsus sont généralement affranchies de tout lien avec le monde social. Lorsqu'ils s'intéressent aux lapsus commis dans le champ politique, politistes et sociologues se focalisent surtout sur leur usage social par les professionnels du champ et les conséquences que cela implique sur le fonctionnement du champ et ses acteurs (Champagne 1990 : 29 ; Le Bart & Teillet 2004). Pourtant, comme Bourdieu l'avait déjà souligné à l'égard d'une forme particulière de lapsus – les oscillations du « vous » au « tu » –, on peut considérer que ces phénomènes ne sont pas sans dépendre de logiques de production ou de déterminants sociaux (Bourdieu 2001 : 119). Lorsqu'ils mettent en jeu les statuts des personnalités politiques, les lapsus présentent en effet des régularités sociales qu'on peut facilement constater. Et, il peut sembler pertinent de concevoir cet objet comme un phénomène dépendant, dans sa production et dans ses formes, de conditions sociales particulières et donc de lui appliquer les méthodes d'analyse propres à ce type de phénomène.

Parce que les représentations du champ politique et des statuts de ceux qui y évoluent sont liées aux propriétés structurelles du champ et aux carrières qui y sont poursuivies et parce que le contexte dans lequel évoluent les individus peut activer chez eux un ensemble intériorisé de manières de concevoir et de dire, les lapsus statutaires commis par les personnalités politiques sont, pour nous, toujours susceptibles de refléter tout à la fois certaines de leurs représentations, les éléments sur lesquelles elles reposent ainsi que les spécificités contextuelles qui contribuent à leur activation. Nous avons considéré qu'un «lapsus statutaire» était commis à l'encontre d'une ou de plusieurs personnalité(s) politique(s) lorsque son auteur emploie involontairement pour la ou les désigner une qualification statutaire inadaptée au regard du statut politique que cette ou ces personnalité(s) occupe(nt) dans le champ politique; et ce alors même qu'il connaît le statut que cette ou ces personnalité(s) occupe(nt) et la qualification adéquate (adaptée au statut).

Notre étude s'appuie sur un corpus de 174 lapsus commis par des membres du personnel politique et mettant en jeu les statuts de personnalités politiques; 23 cas relevant de la IIIe République, 2 de la IVe et 149 de la Ve. Pour constituer notre corpus, nous avons recouru aux moteurs de recherche associés aux bases[1] archivant des journaux de la presse (officielle ou non) ou d'autres documents rapportant des propos tenus par des personnalités politiques. Puis, de manière générale, nous avons formulé des requêtes à partir des mots clefs souvent utilisés lorsque des lapsus sont commis («lapsus», «pardon», «voulais-je dire», «excusez-moi», etc.). La constitution de ce corpus a été menée avec un réel souci d'exhaustivité. Il s'agissait ainsi de faire émerger les «grandes» logiques de production des lapsus statutaires, c'est à dire celles dont on a pu appréhender les effets par les régularités qu'elles produisent, et d'éviter au maximum d'exclure de notre analyse les logiques plus «résiduelles».

---

1. Il s'agit essentiellement des bases constituées par l'Assemblée nationale, le Sénat, la Bibliothèque nationale de France (gallica.bnf.fr), l'Institut national de l'audiovisuel, la Direction de l'information légale et administrative (vie-publique.fr), ainsi que de la base de presse Europresse.

Afin de saisir le sens des lapsus commis dans le champ politique, il nous a semblé indispensable de recourir à un instrument permettant de refléter la hiérarchie qui le caractérise ainsi que les conceptions communément partagées par les personnalités politiques de celle-ci. Structuré suivant une attribution inégale de ressources de nature diverse (prestige, pouvoirs politiques, ressources économiques), ce champ apparaît sous la forme d'un système ordonné de positions au sein duquel les statuts politiques sont plus ou moins dotés dans chacune de ces ressources. Si, pour construire un espace fin des positions politiques, il aurait idéalement fallu appréhender séparément les différentes ressources structurantes de ce champ, il nous a semblé qu'il pouvait être suffisamment pertinent ici d'observer la hiérarchie qui gouverne cet espace essentiellement à partir de l'ordre de préséance[2] qui vise à l'organisation du protocole dans les cérémonies officielles et qui traduit assez largement l'inégalité de prestige entre statuts politiques. Il existe en effet une homologie assez forte dans la distribution des différentes ressources stratifiantes de sorte que, même si l'ordre de préséance n'est pas en tant que tel un indicateur de pouvoir politique et de ressources économiques, il rend assez bien compte du niveau inégal de leur distribution entre statuts dans le champ politique. À partir de cet instrument et de l'application de la logique qui en est au fondement à un ensemble élargi de statuts politiques, nous avons pu appréhender le passage d'un statut politique à un autre comme une ascension, un déclassement voire un reclassement. Dans la mesure où notre outil est construit à partir d'un ordre institutionnalisé de la hiérarchie politique et de sa logique, il correspond probablement peu ou prou aux représentations communes de cet ordre qu'en ont les personnalités politiques et permet donc de décrire de manière généralement conforme à ces représentations les trajectoires politiques qui s'y déroulent.

De manière générale, les lapsus mettant en jeu les statuts politiques ont un sens bien marqué. En effet, dans la plupart des cas que nous avons recensés, la promotion dans l'ordre symbolique des rangs protocolaires était de mise ; les individus qui en étaient les « victimes » accédant alors à un statut hiérarchiquement supérieur à celui qu'ils occupaient.

---

2. Décret du 16 juin 1907 relatif aux cérémonies publiques, préséances, honneurs civils et militaires dans la métropole et décret n° 89-655 du 13 septembre 1989 relatif aux cérémonies publiques, préséances, honneurs civils et militaires.

Tableau 1 : Répartition des lapsus politiques statutaires en fonction
de leur sens

	Déclassement	Reclassement	Promotion	Total	N=
Ensemble (individuels et collectifs)	13,9 %	21,9 %	64,2 %	100 %	151
Dont contribution des lapsus collectifs	33,3 %	6,1 %	13,4 %		
Individuels	10,9 %	24 %	65,1 %	85,4 %	129
Collectifs	31,8 %	9,1 %	59,1 %	14,6 %	22

Source : base de données et calculs personnels

Lecture : En moyenne, sur une période couvrant la IIIe, la IVe et la Ve République, 64,2 % des lapsus commis par des personnalités politiques à l'égard d'autres personnalités politiques se sont traduits par l'application d'un statut plus valorisé que celui que celle(s)-ci occupe(nt).

En première analyse, il est possible d'attribuer l'inégalité de cette répartition aux effets exercés par un principe intériorisé de « réussite sociale » auquel les comportements des personnalités politiques tendraient à se conformer. Les lapsus commis seraient alors en phase avec l'orthodoxie sociale qui consiste à faire valoir le succès professionnel des individus plutôt que leur échec. Au-delà des effets liés à l'intériorisation des principes propres à une société démocratique (Tocqueville 1840 : 346-347) où domine une idéologie de la méritocratie, notre analyse amène à penser que les lapsus politiques statutaires ont pour ressort une pluralité de logiques liées tant aux propriétés du champ politique qu'aux pratiques effectives et aux représentations de ses acteurs ; ces logiques devant par ailleurs souvent être convoquées ensemble pour saisir correctement les conditions de production de ces lapsus.

1. Une logique de prestige

Associés à un certain degré de prestige, de pouvoir ou de ressources dans les représentations des personnalités politiques, les statuts politiques bénéficient d'une puissance symbolique inégale d'imposition. En lien avec celle-ci, les lapsus statutaires suivent ce qu'on appellera ici une *logique de prestige* selon laquelle la forme prise par les lapsus est liée au prestige relatif associé aux différents statuts politiques ; les statuts inspirant l'admiration ou la « considération sociale » (Weber 1922 : 395)[3] , c'est à dire

---

3. Cette logique nous semble en effet disposer d'affinités significatives avec la manière dont Max Weber envisage les « groupes de statut » définis à partir d'« un privilège positif ou négatif de considération sociale » (Weber 1922 : 395).

en pratique les statuts situés les plus en haut de la hiérarchie politique, tendant à s'imposer sur ceux qui leur sont inférieurs dans le champ.

Tableau 2 : Part des lapsus relevant d'une substitution statutaire engageant exclusivement les pouvoirs exécutif et législatif

L'individu qui commet le lapsus confond le statut d'un détenteur du pouvoir...	... avec celui d'un détenteur du pouvoir exécutif.	... avec celui d'un détenteur du pouvoir législatif.	Total des lapsus
...exécutif...	39,8 %	–	39,8 %
...législatif...	30,6 %	29,6 % (19,4 %)	60,2 % (19,4 %)
Total	70,4 %	29,6 % (19,4 %)	N = 98 (collectifs = 19)

Source : base de données et calculs personnels

Lecture : En moyenne, sur une période couvrant la IIIᵉ, la IVᵉ et la Vᵉ République, parmi les lapsus mettant en jeu une substitution statutaire engageant exclusivement les pouvoirs exécutifs et législatifs, 39,8 % des lapsus commis par des personnalités politiques à l'égard de personnalités politiques occupant un statut de l'exécutif se sont traduits par l'application d'un autre statut de l'exécutif.
Entre parenthèses, la part des lapsus qui concernent des «collectifs» (les «sénateurs» que l'on appelle «députés», par exemple).

Comme l'ordre des rangs protocolaires permet de le mettre en évidence, la hiérarchie des statuts politiques est marquée en France, de la IIIᵉ à la Vᵉ République, par la moindre valorisation des statuts du pouvoir législatif vis-à-vis de ceux du pouvoir exécutif. La domination symbolique de l'exécutif sur le législatif s'inscrit dans notre corpus dans l'absence de lapsus se traduisant par la substitution d'un statut législatif à un statut de l'exécutif. Incarnée dans l'ordre des rangs protocolaires, l'inégalité de prestige des statuts de l'exécutif et du législatif fait que ces seconds ne sont pas ou peu appliqués aux détenteurs de fonctions exécutives. Ces derniers paraissent ainsi «immunisés» contre toute forme de remise en cause symbolique de cette fonction dans le cadre des lapsus statutaires. Cette domination symbolique s'inscrit également dans l'octroi, relativement fréquent cette fois (30 cas sur 40), de statuts relevant de l'exécutif à des individus occupant un statut législatif. Si cela témoigne de l'inégale force symbolique dont jouissent les fonctions exécutives et législatives, une telle attribution invite aussi à penser que les «barrières» à franchir pour appartenir au pouvoir exécutif ne sont pas infranchissables pour certains détenteurs de statuts législatifs. Accéder aux statuts de l'exécutif suppose certes, pour eux, qu'ils atteignent un autre «niveau» mais un niveau qu'ils sont symboliquement susceptibles d'atteindre, au point qu'on puisse d'ailleurs confondre les statuts qu'ils occupent avec ceux de l'exécutif[4].

La puissance symbolique dont bénéficient certaines institutions politiques dans les représentations des personnalités politiques semble au cœur de nombreux lapsus. L'intrusion du statut « présidentiel » apparaît ainsi relativement fréquente dans leurs propos. Favorisée par la déclinaison de ce statut à de nombreux échelons de l'ordre politique, cette intrusion semble surtout devoir au fait que, depuis la IIIe République, les plus hautes fonctions politiques françaises relèvent d'une présidence et que, dominant la hiérarchie des statuts politiques, le « président » apparaît au sommet du pouvoir politique.

L'analyse des lapsus mettant en jeu les statuts politiques dits « présidentiels » depuis le début de la IIIe République permet d'observer le rôle des caractéristiques institutionnelles propres aux différents régimes politiques dans la forme que prennent ces lapsus. Ainsi, parmi les lapsus qui se traduisent par la substitution d'un statut présidentiel à un autre statut politique, ceux commis sous la IIIe République apparaissent assez largement caractérisés par la domination du « président du Conseil » tandis que, sous la Ve, c'est bien plus largement celle du « président de la République » qui ressort.

On peut alors considérer que la domination du président du Conseil sous le régime parlementaire de la IIIe République et celle du président de la République sous le régime semi-présidentiel de la Ve ont, dans une certaine mesure, présidé à l'émergence inégale de formes différenciées de lapsus mettant en cause le statut présidentiel. À régime politique distinct, « le » président qui s'impose dans les lapsus se distingue aussi. Les lapsus réalisés respectivement par les députés Acide Delmont en 1929 et Jean-Paul Planchou en 1983 en témoignent d'ailleurs largement. Dans un cas, le député s'adresse à l'ancien président du Conseil, Aristide Briand, en l'appelant au travers d'un statut qu'il ne porte plus depuis juillet 1926. Dans l'autre, il est commis à l'égard de Philippe Séguin qui, lui, ne l'a jamais porté.

> Il est nécessaire que je remercie M. le président du Conseil... (rires). Pardon! M. le ministre des Affaires étrangères[5].

---

4. Ce passage est bien évidemment inspiré du titre de l'ouvrage d'Edmond Goblot (Goblot 1925).
5. Delmont Alcide, « Propos adressé à Aristide Briand », *Journal Officiel*, 18 janvier 1929, Chambre des députés 14e législature, session ordinaire de 1929, séance du 17 janvier 1929, p. 133.

Enfin, je vous remercie et vous salue, monsieur le président de la République (rires et exclamations sur les bancs du Rassemblement pour la République...) [...] Je vous prie, monsieur le président [de l'Assemblée nationale], de bien vouloir excuser ce lapsus[6].

Plus précisément, une homologie se dessine entre l'inégale puissance symbolique dont bénéficient les statuts présidentiels sous la IIIᵉ et la Vᵉ République et l'inégale émergence de ces statuts dans les lapsus qui voient le jour sous ces différents régimes. Parce que, sous la IIIᵉ République, la fonction présidentielle était symboliquement incarnée au sommet de l'État par le président de la République et le président du Conseil – le second primant dans l'ordre du pouvoir politique et donc dans les représentations des personnalités politiques – et que, sous la Vᵉ, la fonction présidentielle n'est plus incarnée que par le président de la République, les lapsus se traduisant par le « président de la République » comme statut substitut ont eu tendance à prendre le pas sur ceux se traduisant par l'imposition du « président du Conseil »; substitut ayant quasiment disparu d'ailleurs parmi ceux de la Vᵉ.

Tableau 3 : Nombre et part des lapsus se traduisant par la substitution d'un statut présidentiel à un autre statut politique

	Président...	Président de la République	Président du Conseil	Autre statut présidentiel	Nombre total de lapsus mettant en cause un statut présidentiel
IIIᵉ République	–	15 %	85 %	–	13
Vᵉ République	36,2 %	51,1 %	2,1 %	17,0 %	47
IIIᵉ et Vᵉ République	23,3 %	43,3 %	20 %	13,3 %	60

Source : base de données et calculs personnels

Lecture : En moyenne, au cours de la Vᵉ République, parmi les lapsus se traduisant par la substitution d'un statut présidentiel à un autre statut politique, 51,1 % des lapsus commis par des personnalités politiques se sont traduits par l'utilisation du statut de « président de la République ».

Les effets liés à l'inégale puissance symbolique des statuts politiques s'observent assez facilement lorsqu'on met en regard un certain nombre de lapsus commis à l'égard d'individus occupant des statuts politiques inégalement valorisés. Alors que les statuts de « ministre » ou de « Premier

---

6. Planchou J.-P., « Propos adressé à Philippe Séguin, vice-président de l'Assemblée nationale en charge de la présidence», *Journal Officiel*, 1ᵉʳ décembre 1983, Assemblée nationale, Constitution du 4 octobre 1958, 7ᵉ législature, session ordinaire de 1983-1984, séance du 30 novembre 1983, p. 5861.

ministre» apparaissent souvent comme substituts dans notre corpus (respectivement dans 25 cas – dont 10 reclassements – et 16 cas), c'est bien moins le cas pour ceux de «président de Chambre[7]» ou de «secrétaire» et «sous-secrétaire d'État» (respectivement 1 et 2 cas).

Situé en bas de la hiérarchie gouvernementale, le statut de «secrétaire d'État» s'impose peut être d'autant moins qu'il apparaît comme symboliquement et juridiquement dominé par le «ministre»[8]. Situés en haut de la hiérarchie législative et bien qu'ils figurent devant certains des statuts associés à l'exécutif dans l'ordre protocolaire, les «présidents de Chambre» pâtissent en revanche pour leur part de la domination symbolique des statuts associés au pouvoir exécutif.

De même, il est intéressant d'observer que lorsque des lapsus sont commis à l'égard d'une personnalité politique en lui attribuant un statut parlementaire qu'il n'a pas, c'est, sous la Ve République, plus souvent le statut de «député» (7 cas) qui semble s'imposer que celui de «sénateur» (2 cas), conformément cette fois à l'ordre protocolaire qui prévaut dans ce régime.

2. Une logique de carrière

Dans la mesure où tous les lapsus statutaires commis dans le champ politique ne se réduisent pas à des substitutions en faveur des statuts les plus prestigieux, il semble difficile de réduire l'analyse de leur production aux effets de la seule *logique de prestige*. La mise en relation des statuts adaptés et des statuts substituts au travers d'une «table de destinée politique» permet de voir immédiatement que cette logique n'est effectivement pas la seule à influencer la production des lapsus.

L'analyse de cette table permet en effet de mettre en évidence qu'une partie importante des lapsus se ressemblent par la promotion très «douce» qu'ils dessinent pour celles et ceux qui en sont les victimes.

Ainsi, comme pour les déplacements que l'on observe dans l'espace social entre groupes socioprofessionnels et qui se reflètent très bien dans

---

7. On parlera ici de président de Chambre pour désigner les statuts de Président du Sénat/du Conseil de la République et de président de l'Assemblée nationale/de la Chambre des députés.

8. Nommés par le président de la République dans le cadre du décret relatif à la composition du gouvernement après les ministres, les secrétaires d'État figurent à ce titre à un rang inférieur à celui des ministres dans l'ordre de préséance. Subordonnés aux ministres, les secrétaires d'État ne peuvent participer au Conseil des ministres que pour les affaires relevant de leurs attributions.

les tables de mobilité sociale, « les trajets courts l'emportent sur les trajets longs » (Bihr & Pfefferkorn 2008 : 92).

Tableau 4 : Table de destinée des statuts politiques résultant de lapsus commis par des personnalités politiques (données exprimées en pourcentage sauf la dernière colonne)

		Statut substitut								
		Président de la République	Premier ministre, président du Conseil	Président du Sénat, de l'Assemblée nationale, président du Conseil de la République, président de la Chambre des députés	Ministre	Secrétaire d'État, sous-secrétaire d'État	Député	Sénateur	Total	N=
Statut adapté	Président de la République	■	66,7	0	33,3	0	0	0	100	3
	Premier ministre, président du Conseil	100	■	0	0	0	0	0	100	7
	Président du Sénat, de l'Assemblée nationale, etc.	73,3	13,3	0	13,3	0	0	0	100	15
	Ministre	0	52,2	0	43,5	4,3	0	0	100	23
	Secrétaire d'État, Sous-secrétaire d'État	0	0	0	100	0	0	0	100	3
	Député	0	30,4	0	30,4	4,3	■	34,8	100	23
	Sénateur	0	0	5	5	0	90	■	100	20
	Total	19,1	24,5	1,1	25,5	2,1	19,1	8,5	100	94

Source : base de données et calculs personnels

> Lecture : En moyenne, sur une période couvrant la IIIe, la IVe et la Ve République, 30,4 % des lapsus commis par des personnalités politiques à l'égard d'individus devant être qualifiés de « député » se sont traduits par une qualification de « ministre ».

De fait, la plupart des cas que nous avons étudiés sont loin de constituer des aberrations sociales : le statut alloué aux personnalités politiques ne semble généralement pas leur être inaccessible eu égard à la position qu'ils occupent dans la hiérarchie des statuts politiques et aux carrières politiques « normales » (tant du point de vue statistique que du point de vue des représentations) qui se déroulent dans le champ politique. C'est donc vraisemblablement parce que « l'écart » entre le statut alloué et le statut occupé est souvent faible que la projection statutaire peut être réalisée et donc le lapsus commis.

Ainsi, l'origine d'une grande partie des lapsus que nous avons observés et qui conduisent, pour ceux qui en sont victimes, à une ascension politique symbolique semble pouvoir être mise en relation avec l'existence d'une *logique de carrière* qui prend appui tant sur la structure objective du champ politique et les évolutions de carrière qui s'y déroulent que sur du champ politique et les évolutions de carrière qui s'y déroulent que sur les représentations inscrites dans le *cursus honorum* (Tardieu 1937 : 35-36) qu'ont les acteurs politiques de la trajectoire politique.

Si la table de destinée que nous avons présentée peut laisser à penser, notamment pour les députés, que les lapsus peuvent assez souvent transgresser le caractère progressif de l'ascension statutaire, il faut bien avoir conscience que cette table masque d'une certaine manière l'existence de trajectoires courtes d'une autre nature mais qui s'inscrivent elles aussi dans cette *logique de carrière*. Conformément à la filière d'accès au pouvoir «par les assemblées», notre corpus contient en effet plusieurs lapsus mettant en jeu des personnalités qui, s'illustrant dans des fonctions distinctives au sein des assemblées ou prenant la tête de groupes parlementaires puissants, apparaissent particulièrement à même d'occuper des fonctions exécutives et, parmi celles-ci, des fonctions prestigieuses.

Sans entrer en rupture avec la logique du *cursus honorum*, ces lapsus ne font alors que traduire l'existence d'un *cursus* (parallèle) fondé sur la hiérarchie qui peut exister entre parlementaires exerçant leurs fonctions dans la même assemblée législative et sur le fait que certaines carrières politiques réalisées par le biais d'une ascension au sein des assemblées législatives donnent accès aux statuts les plus valorisés du champ (de Monzie 1920 : 239; Gaxie 1986). Caractérisant surtout des lapsus produits sous la IIIe République, où le caractère «parlementaire» du régime faisait de la filière d'accès au pouvoir «par les assemblées» la principale voie d'accès aux fonctions exécutives (Dogan 1986), ces lapsus se traduisent de fait par la substitution du «sous-secrétaire d'État», du «ministre» ou du «président du Conseil» au «membre de la commission» ou au «président de la commission»[9]. Les lapsus réalisés par Edouard Lockroy et Georges Clémenceau à la Chambre des députés respectivement en 1882 et 1919 sont assez caractéristiques de ces lapsus auxquels nous venons de faire référence.

> Messieurs, je viens demander à la Chambre toute sa bienveillante attention, car j'ai l'intention de combattre à la fois et le projet du gouvernement et les conclusions de l'honorable sous-secrétaire d'État qui descend de cette tribune. (Rires et exclamations sur un grand nombre des bancs.) Oh je vous demande pardon. [...] Je vous demande pardon! C'est purement et

---

9. Parmi les 10 «promotions symboliques» mettant en jeu des parlementaires sous la IIIᵉ République, 4 concernent des présidents de Commission et, parmi eux, 3 font l'objet de lapsus qui les propulsent au statut de Président du Conseil.

simplement un lapsus linguæ... (sourires) je voulais dire : le membre de la commission des trente-trois qui descend de cette tribune[10].

Or, qu'est-il arrivé? Qu'à l'exception de M. le président du Conseil... (Interruptions.) Pardon! De M. le président de la commission – ce n'est qu'un lapsus, ce n'est pas une insulte (sourires)[11].

Exercé juste avant la formation d'un nouveau gouvernement, le lapsus d'Edouard Lockroy est réalisé dans un contexte où Louis Legrand peut apparaître comme un représentant promouvable au statut de ministre. Quant au lapsus de Georges Clémenceau, alors président du Conseil, il peut être relié bien évidemment au fait que René Viviani l'a lui-même d'ores et déjà été, mais aussi au fait que son accession à la présidence du Conseil relève de l'ordre du représentable en cette fin d'année 1919, comme en témoigne d'ailleurs le propos – «Peut-être une prophétie» – alors tenu par le rapporteur général Louis Barthou.

Même si, sous la IIIᵉ République, le fait d'occuper un statut distinctif dans les formations politiques joue déjà un rôle dans l'accès aux postes de pouvoir, c'est encore plus vrai avec la Vᵉ République. Seuls instruments permettant de faire campagne à l'échelle nationale, c'est à dire de mobiliser des moyens financiers et humains conséquents, les partis politiques sont en effet devenus le lieu où peuvent se dessiner les carrières de certaines personnalités politiques, et notamment de celles qui aspirent aux plus hautes fonctions. Dans ce cadre, la progression de carrière dans les partis est devenue une manière d'accéder aux plus hautes fonctions largement complémentaire (ou concurrente)[12] à celles qui peuvent se construire dans l'exécutif ou le législatif. En ce sens, les lapsus qui peuvent apparaître comme des «raccourcis» vis-à-vis d'un *cursus* se traduisant par une élévation progressive au sein de l'exécutif ou du législatif peuvent simplement refléter l'existence d'une voie d'accès au pouvoir passant «par le parti» (Jospin 2007 : 118). Conformément à cette filière d'accès au pouvoir, un certain nombre de lapsus mettent

---

10. Lockroy E., «Propos adressé à Louis Legrand», *Journal Officiel*, 27 janvier 1882, Chambre des députés, session ordinaire de 1882, séance du 26 janvier 1882, p. 41.

11. Clémenceau G., «Propos adressé à René Viviani», *Journal Officiel*, 26 septembre 1919, Chambre des députés, 11ᵉ législature – session ordinaire de 1919, séance du 25 septembre 1919, p. 4572-4573.

12. Avec l'avènement d'une Vᵉ République rapidement caractérisée par l'élection du président de la République au suffrage universel direct et par l'affaiblissement de la puissance du Parlement face au Gouvernement, l'accès à la présidence de la République ne se joue plus tant dans les couloirs du Parlement que dans l'appareil du parti.

ainsi en jeu des personnalités politiques qui figurent en «tête» des partis en position de remporter des victoires électorales. Caractérisant surtout des lapsus produits sous la Vᵉ République, ces lapsus se traduisent généralement par la substitution du «président de la République» ou du «Premier ministre» au «président» ou au «premier secrétaire» de parti. De manière symbolique, le «candidat naturel» du parti bénéficie alors d'une promotion liée à sa victoire électorale ou à celle de son camp lors d'un éventuel scrutin.

Nos observations entrent au final assez largement en résonance avec le poids inégal dont dispose chaque filière d'ascension politique au sein des différents régimes politiques qui se sont succédé en France. Alors que l'ascension symbolique qui s'opère au travers des lapsus sous la IIIᵉ République relie très largement les statuts parlementaires aux statuts les plus prestigieux de l'exécutif, cette ascension relie davantage des statuts de leadership partisan à ces mêmes statuts sous la Vᵉ République.

Si l'émergence d'un certain nombre de lapsus statutaires ascendants semble prendre appui sur une *logique de carrière*, il en va de même pour plusieurs lapsus au travers desquels leurs auteurs «déclassent» statutairement ceux qui en sont les victimes. Dans ce cadre, un nombre relativement élevé de ce type de lapsus semble s'appuyer sur la réalité de trajectoires politiques qui constituent une forme importante des carrières que peuvent connaître les personnalités politiques disposant de tel ou tel statut. C'est le cas, notamment, des lapsus qui, sous la Vᵉ République, se traduisent par la substitution du statut de «sénateur» au statut de «député»[13]. Dans notre corpus, 34,8 % des lapsus commis à l'égard d'un ou de plusieurs députés se traduisent ainsi par l'application du statut de sénateur(s); ce qui fait de cette transgression statutaire la forme globalement dominante des lapsus auxquels sont confrontés les députés lorsque leur statut est mis en cause.

3. Des lapsus contextualisés

Même si les *logiques de prestige* et *de carrière* fournissent des éléments explicatifs importants à la production des lapsus statutaires, il convient de ne pas négliger non plus le rôle joué par le contexte et les circonstances dans lesquels les lapsus sont produits. Un certain nombre d'entre-eux sont

---

13. Notre utilisation du terme «déclassement» renvoie bien ici à la hiérarchie qui se dessine dans l'ordre protocolaire de la Vᵉ République où le statut de sénateur est placé derrière celui de député. La proximité de ces deux statuts invite néanmoins à penser que ce terme peut ne pas être adapté au principe de classement de ceux qui ont commis de tels lapsus.

d'ailleurs caractérisés par leur hyper-contextualité. Suscitant l'attention voire la sur-attention des personnalités politiques lorsqu'elles parlent, des éléments contextuels tendent en effet à s'imposer dans leur discours, et ce de manière inadéquate eu égard au propos qu'elles sont en train de tenir. Dans ce cadre, l'inégale présence d'éléments extérieurs aux acteurs politiques et, corollairement, leur inégale puissance d'imposition jouent un rôle important dans la production du phénomène.

Le poids du contexte ne s'observe peut-être jamais aussi bien que lorsque le lapsus constitue formellement une rémanence du discours produit jusqu'alors. Un certain nombre de lapsus statutaires commis par les personnalités politiques font en effet suite à l'imposition d'une «thématique» ou à l'utilisation intensive d'expressions qui, s'imposant dans la réalité à laquelle elles font face, tendent *a priori* à être «répétées» alors qu'elles ne le devraient pas. Appliqué à notre objet, le phénomène se traduit par des repositionnements symboliques qui, pouvant apparaître «improbables» au regard des *logiques de carrière* et *de prestige* que nous avons décrites, ne le sont pas lorsqu'on se focalise sur les éléments contextuels auxquels a été confronté l'auteur du lapsus. Le lapsus commis par Pierre Lang – qui substitue au mot «députés» le mot «chasseurs» – le 24 juin 1994 semble ainsi reposer en grande partie sur l'utilisation répétée du terme «chasseurs» dans le cadre d'une séance parlementaire consacrée à la chasse des oiseaux migrateurs. Produit après la discussion générale, au moment des explications de vote, le lapsus est en effet consécutif à la mobilisation du mot «chasseurs» à 90 reprises, Pierre Lang l'ayant lui-même utilisé à 22 reprises.

> Monsieur le ministre, le groupe UDF vous a exprimé sa grande satisfaction de voir cette proposition de loi inscrite à l'ordre du jour. Certes, il s'agit comme toujours d'un compromis, mais la très grande majorité des chasseurs devraient s'y retrouver et s'en satisfaire. Et la très grande majorité des opposants à la chasse – c'est mon vœu le plus cher – devraient reconnaître que les chasseurs ont légiféré raisonnablement (rires et exclamations) pardon, je voulais dire, bien sûr, les députés![14]

S'il semble nécessaire d'appréhender le contexte langagier pour rendre raison d'un tel lapsus, il convient de ne pas sombrer dans un linguistico-centrisme consistant à réduire le rôle joué par le contexte dans

---

14. Lapsus rapporté dans : *Journal Officiel,* 25 juin 1994, Assemblée nationale, Constitution du 4 octobre 1958, 10ᵉ législature – session ordinaire de 1993-1994, séance du 24 juin 1994, p. 3541.

la production des lapsus au seul contexte. Au-delà des effets liés à la répétition ou à l'agencement des mots, des syllabes ou des sonorités propres aux discours réalisés ou entendus, il paraît nécessaire de considérer l'existence et le rôle joué par une diversité de déterminants contextuels, relevant ou non du champ politique. Cela étant, parce qu'ils mettent en jeu les statuts politiques, les lapsus que nous avons analysés semblent surtout devoir être mis en relation avec les propriétés et les particularités du contexte politique dans lesquelles ils sont réalisés : l'évolution du rapport de force entre les partis ou celle du poids d'une figure politique, le caractère original de la répartition des pouvoirs (cohabitation par exemple), etc. peuvent faciliter ou au contraire freiner l'émergence de lapsus statutaires en ce qu'ils influencent les représentations de l'identité de celles et ceux qui incarnent le pouvoir politique et qui sont susceptibles d'accéder ou non à tel ou tel statut politique. C'est, de fait, dans un contexte politique marqué tout à la fois par la victoire de la droite aux élections législatives de 1993, par la période de cohabitation qui en découle et par la montée en puissance d'Édouard Balladur que ce dernier, alors Premier ministre depuis quelques mois, est appelé « M. Le Président » par son ministre de l'Intérieur, Charles Pasqua[15]. Il faut ajouter par ailleurs que la popularité de l'homme politique est à ce moment très forte : selon un sondage réalisé par la Sofres, plus des deux tiers des Français interrogés lui font alors confiance pour résoudre les problèmes existants en France.

En fait, le contexte politique semble de manière générale d'autant plus favorable à la production de lapsus statutaires qu'il engage fortement les statuts des personnalités politiques. Parce que l'élection est précisément le moment de la mise en jeu d'un statut politique que l'on peut gagner, perdre ou conserver, elle constitue aussi un moment d'intense fragilisation des attributions statutaires et donc un temps propice à l'émergence de ce type de lapsus.

La période pré-électorale favorise ainsi la production de lapsus impliquant les statuts de « candidat » et d'« élu ». Conformément à une *logique de prestige* qui donne, dans le cadre des représentations politiques, la primauté de l'élu sur le candidat, nous avons pu observer que, durant cette période, le statut de « candidat » a tendance à s'effacer devant celui d'« élu ». Ainsi, parlant de son père qui entendait candidater aux élections régionales de 2004, Marine Le Pen pouvait-elle affirmer, le 12 février :

---

15. Lapsus rapporté dans : Montvallon (de) D., « Manège », *L'express*, jeudi 23 septembre 1993, p. 11.

[…] je crois qu'il a dit très clairement que si on l'empêchait d'être président de PACA - c'est le lapsus révélateur, je suis tellement persuadée ! –, d'être candidat, il n'irait pas chercher un mandat dans une autre région.[16]

A contrario, parce que le «candidat» n'est pas une figure prestigieuse comme peut l'être celle de l'«élu», les périodes post-électorales ne sont pas des périodes où le statut d'élu semble pouvoir être remis en cause au profit du statut de candidat. D'une certaine manière, il semble donc que, dans l'univers symbolique des personnalités politiques, l'élection puisse être jouée d'avance, permettant à ceux qui y participent d'endosser précocement le statut politique qu'ils convoitent et que, une fois jouée, l'élection évacue le statut précaire du «candidat» de leurs représentations.

Dans la mesure où les élections sont aussi le moment pendant lequel se détermine l'attribution des statuts et au cours duquel les parcours politiques des participants à la compétition électorale sont susceptibles de connaître des évolutions notables, la production des lapsus est parfois liée aux résultats mêmes de ces élections. Commis lors de ces moments d'intense réévaluation des statuts auxquels les individus peuvent accéder ou prétendre, les lapsus prennent alors souvent une forme qui révèle les représentations des potentialités de succès ou d'échec électoral voire, plus largement, de succès ou d'échec politique de la part de ceux qui s'expriment. Ainsi, c'est suite à l'élection de François Hollande à la présidence du conseil général de Corrèze (victoire qui lui entrouvre un brillant avenir politique) que Bernadette Chirac parle de lui en tant que «président de la République»[17].

4. Habitudes langagières et hystérèse des représentations

Alors que, conformément à une *logique de situation*, de nombreux lapsus peuvent être rattachés aux éléments contextuels dans lesquels ils sont produits, d'autres semblent caractérisés par une relative indépendance par rapport à ceux-ci. Si tel est le cas, c'est parce que leur ressort n'est pas d'abord contextuel mais bien plutôt lié à des *habitudes* ou à des représentations dont les individus sont porteurs. Partant, il est possible de considérer que les lapsus les moins en lien avec la situation dans laquelle

---

16. Lapsus rapporté dans : «Interview de Mme Marine Le Pen, vice-présidente du Front national, à "LCI" le 12 février 2004, sur la ligne politique du FN en vue des prochaines élections régionales». Source : Premier ministre, service d'information du Gouvernement, 13 février 2004. En ligne : <discours.vie-publique.fr>.
17. Lapsus produit auprès d'un journaliste de *BFMTV*. Rapporté dans : Tubiana N., «Lapsus de Bernadette Chirac : elle voit François Hollande président de la République». En ligne : <www.planet.fr>, vendredi 01 avril 2011.

les individus évoluent peuvent avoir pour ressort un passé incorporé sous forme de dispositions à dire ou à se représenter «ce qui est».

L'intériorisation d'un langage institutionnel – c'est à dire d'une manière de dire spécifique – composé notamment d'«expressions politiques» ou de syntagmes mettant en jeu les statuts des personnalités politiques semble ainsi de nature à favoriser l'émergence de lapsus lorsque, sans rompre avec les règles du langage, les personnalités politiques usent d'éléments relatifs à ces expressions. Dans le cadre d'un propos, le lapsus repose alors sur l'utilisation d'une partie qui emporte le tout – sur le principe du *pars pro toto* –, mais un «tout» qui, de fait, apparaît inadapté au statut occupé par la personne qu'il s'agit de désigner. Ce sont alors les *habitudes langagières*, souvent incarnées dans les locutions figées du parler ordinaire et intériorisées sous forme de dispositions à dire qui, dotées d'une force liée à leur répétition, tendent à s'exprimer et se perçoivent dans les difficultés des individus à adopter des syntagmes ou expressions en rupture avec des formes consacrées du langage. Ainsi, c'est bien parce que, sous la IIIe République, on a coutume de désigner le «président de la République» en disant de lui «l'illustre président de la République» que Joseph Garnier semble avoir pu commettre un lapsus le 12 octobre 1877 en voulant désigner le président de la Chambre des députés, Jules Grévy, par le biais de cet adjectif[18].

Les *habitudes langagières* ne sont pas la seule forme du passé incorporé susceptible de susciter la production de lapsus statutaires. Si on considère, avec Bourdieu, que le caractère durable des dispositions est à l'origine d'effets d'hystérésis se traduisant sous la forme de retards et de décalages (Bourdieu 1978b : 135), on est amené à penser que nombre de lapsus statutaires peuvent trouver leur origine dans l'*hystérésis de représentations* (Lafarge 1983; Lordon 2013 : 294)[19] intériorisées du lien entre individus et statuts[20]. Parce que le contexte politique présent est, dans certaines de ses formes, trop récent pour que les personnalités politiques aient pu ajuster leurs manières d'appréhender la réalité à la nouvelle réalité dans laquelle elles évoluent, un certain nombre de lapsus semblent liés à un

---

18. Lapsus rapporté dans : «Réunion du gymnase PAZ», *Le Rappel,* 14 octobre 1877, p. 2.
19. Pierre Bourdieu, chez qui nous n'avons pas trouvé l'expression, avait assez largement invité ses lecteurs à penser l'expression qu'on retrouve notamment chez Lafarge ou Lordon. En 1978, dans l'article «Classement, déclassement, reclassement», il faisait valoir l'existence du phénomène d'«hysteresis des catégories de perception et d'appréciation». (Bourdieu 1978a : 9)
20. Au sein de notre corpus, plus d'1/5 (précisément 21,6 %) des lapsus se traduisaient par l'application d'un statut politique que l'individu avait déjà occupé. Cette proportion étant calculée à partir de 125 cas de notre corpus.

passé «encore» incorporé, c'est à dire à des manières de percevoir la réalité du contexte présent – en l'occurrence les statuts politiques des individus –, qui, n'ayant pas bénéficié d'un travail d'actualisation, correspondent à celles du passé. C'est à cette aune qu'on peut comprendre par exemple pourquoi Jules Méline, qui venait juste d'accéder à la présidence du Conseil en succédant à Léon Bourgeois a pu s'adresser, le 30 avril 1896, devant la Chambre des députés à celui qui était désormais «député» en le désignant par le titre de «président du Conseil»[21].

La réalisation de lapsus mettant en jeu des dispositions à percevoir du lien entre individus et statuts n'est toutefois pas liée exclusivement au caractère récent de représentations peu solidifiées et donc peu puissantes vis-à-vis de représentations plus anciennes. Parce que l'exercice de certaines fonctions politiques a profondément marqué les représentations associées à certaines des personnalités politiques qui les ont occupées, ou parce que ces dernières ont particulièrement marqué les représentations associées à certaines fonctions politiques, personnalités et fonctions politiques tendent parfois à «faire corps». La mise en œuvre de nouvelles associations entre ces acteurs et les autres statuts politiques qu'ils peuvent être amenés à occuper ne relève alors pas de l'évidence en ce qu'elle est contraire à la force d'inertie du passé incorporé. Si les lapsus qui relèvent de ce principe peuvent ainsi prendre des formes diverses du point de vue des repositionnements symboliques opérés, à l'image de la diversité des trajectoires professionnelles que les individus victimes ont connu et de la diversité des statuts au travers desquels ils ont pu «se distinguer», ces lapsus se traduisent surtout par des promotions symboliques[22]. Il faut certainement voir là un effet lié à l'intériorisation inégale d'un lien entre les individus et les statuts qu'ils ont pu occuper et donc lié à l'inégale puissance symbolique de ces statuts conformément à la *logique de prestige*. C'est ainsi qu'en 1997, devant les sénateurs, le «secrétaire d'État à la santé», Bernard Kouchner, a pu parler de lui comme «ministre de la Santé», statut qu'il avait occupé un peu plus de quatre années plus tôt.

[...] Je répondrai maintenant à quelques-uns des arguments développés par M. Autain. L'évaluation médicale est une question très précise. Vous avez demandé, monsieur le sénateur, si l'Agence nationale d'accréditation

---

21. Lapsus rapporté dans : Mitchell R., «Gazette parlementaire», *Le Gaulois*, vendredi 1er mai 1896, p. 2.

22. Parmi les 26 lapsus de notre corpus qui concernent des lapsus où l'individu désigné a occupé le statut par lequel il est désigné, 16 concernent des promotions, 3 des déclassements et 5 des reclassements.

et d'évaluation en santé serait dotée des moyens et des compétences néces-saires. Ce sera fait le 14 octobre. Le ministre de la Santé ou, plutôt, le secré-taire d'Etat à la santé que je suis – ce lapsus va m'être reproché! – dispose en effet d'un droit de proposition[23].

La force de l'*hystérèse de représentations* intériorisées sous forme d'association entre individus et statuts semble d'un certain point de vue à même d'aller à l'encontre des effets liés à une logique d'ascension et peut contribuer de ce fait à la production de lapsus reclassants voire déclassants. On peut se référer par exemple au lapsus commis par le ministre de l'Intérieur Christian Bonnet à l'égard du député Frédéric Gabriel, dont l'essentiel de la carrière avait commencé au sein des préfectures et qui sera désigné, dans le cadre d'une réponse à une question orale à l'Assemblée nationale sur l'honorariat des préfets, comme «préfet» et non comme «député».

> Je comprends les soucis de M. le préfet Gabriel – pardon, monsieur le dépu-té (sourires) – concernant l'honorariat des membres du corps préfectoral. Aucun événement nouveau n'est intervenu, qui ait été de nature à amener le Gouvernement à réviser la position dont vous avez déjà fait part à mon prédécesseur et qui, à ce que vous m'apprenez, a été reprise, il y a quelque temps, par le secrétaire d'État responsable de la fonction publique[24].

Cela étant, parce qu'ils entrent en contradiction avec la *logique de prestige*, les déclassements statutaires apparaissent relativement rares et semblent plus souvent devoir reposer sur une conjonction d'éléments exceptionnels pour permettre une transgression de la logique ascensionnelle caractéristique de la majorité des lapsus. Ainsi, la production du lapsus commis en juin 2014 par Daniel Cambier, maire de Pont-à-Marcq, lors de l'inauguration du contournement de la commune à l'égard de Patrick Kanner, qualifié de «vice-président» au lieu de «président» du conseil général, devait reposer assez largement sur l'importance de la durée du mandat exercée par celui-ci en tant que vice-président, sur l'importance de celle exercée par Bernard Derosier en tant que président mais aussi, élément beaucoup plus circonstanciel, sur la présence simultanée, lors de cette inauguration, des deux hommes[25].

---

23. Lapsus rapporté dans : *Journal Officiel*, 25 septembre 1997, Sénat, Constitution du 4 octobre 1958, séance du 24 septembre 1997.
24. Lapsus rapporté dans : *Journal Officiel*, 18 juin 1977, Assemblée nationale, Constitution du 4 octobre 1958, 5e législature, seconde session ordinaire de 1976-1977, séance du 17 juin 1977, p. 3964.
25. Lapsus rapporté dans : «Dans le creux de l'oreille», *La Voix du Nord*, lundi 9 juin 2014, p. 1225.

Pour conclure

Les régularités observées dans la forme prise par les lapsus statutaires invitent à penser que ceux-ci relèvent de différentes logiques. Dans le cadre de cet article, nous avons montré qu'il était possible de les relier à des *logiques de prestige, de carrière* et *de situation* ainsi qu'à des *habitudes langagières* ou à un *hystérésis des représentations*. Au final, notre analyse s'inscrit donc en rupture avec le préjugé de la cause unique qui domine les jugements sociaux naïvement portés sur le phénomène. Quoique reposant sur un corpus somme toute restreint, notre travail amène à penser qu'un certain nombre d'éléments sociaux absents des approches linguistiques et psychanalytiques jouent manifestement un rôle clef dans la production des lapsus. D'une certaine manière, ce travail constitue donc une invitation non seulement à discuter plus en profondeur des limites de ces approches mais aussi à élargir les manières d'appréhender le phénomène du lapsus en posant les bases de sa sociologie.

Références bibliographiques

Bihr A. & Pfefferkorn R. (2008), *Le système des inégalités*, Paris, La Découverte.

Bourdieu P. (2001), *Langage et pouvoir symbolique*, Paris, Seuil.

Bourdieu P. (1978a), «Classement, déclassement, reclassement», *Actes de la recherche en sciences sociales* 24 (1), p. 2-22.

Bourdieu P. (1978b), «Le marché linguistique», dans Bourdieu P., *Questions de sociologie*, Paris, Éditions de Minuit, p. 121-137.

Champagne P. (1990), *Faire l'opinion. Le nouveau jeu politique*, Paris, Éditions de Minuit.

Dogan M. (1986), «Filières pour devenir ministre de Thiers à Mitterrand», *Pouvoirs* 36, p. 43-60.

Gaxie D. (1986), «Immuables et changeants : les ministres de la Ve République», *Pouvoirs* 36, p. 61-78.

Goblot E. (1925), *La barrière et le niveau. Étude sociologique sur la bourgeoisie française moderne*, Paris, Librairie Felix Alcan.

Jospin L. (2007), *L'impasse*, Paris, Flammarion.

Lafarge C. (1983), *La valeur littéraire. Figuration littéraire et usages sociaux des fictions*, Paris, Fayard.

Le Bart C. & Teillet P. (2004), «Erreur, lapsus, gaffes, fautes... Le discours politique comme genre», dans Ringoot R. & Robert-Demontrond P. (dirs), *L'analyse de discours*, Rennes, Apogée, p. 53-85.

Lordon F. (2013), *Les quadratures de la politique économique : Les infortunes de la vertu*, Paris, Albin-Michel.

Monzie de A. (1920), *L'entrée au forum : vingt ans avant*, Paris, Albin-Michel.

Tardieu A. (1937), *La révolution à refaire. La profession parlementaire*, Paris, Flammarion, tome 2.

Tocqueville de A. ([1840] 1961), *De la démocratie en Amérique*, Paris, Gallimard, tome 2.

Weber M. ([1922] 1995), *Économie et société. Les catégories de la sociologie*, Paris, Pocket, tome 1.

Article reçu en septembre 2016. Révision acceptée en janvier 2017.

Comment parle-t-on aux animaux ? Formes et effets pragmatiques de l'adresse aux animaux de compagnie

Chloé Mondémé
University of Southern Denmark
chloe.mondeme@gmail.com

Introduction

Quoi de plus ordinaire que de s'adresser à son animal de compagnie, dans la sphère privée ? Si peu consentent à l'admettre, c'est toutefois une pratique, à bien y regarder, extrêmement commune, partagée autant par les propriétaires que par l'ensemble des personnes au contact régulier d'animaux (éleveurs, chasseurs, soigneurs, etc.). Mais précisément en raison du caractère privé – et ose-t-on dire peu assumé – de ces pratiques, peu de données sont disponibles à ce jour pour qualifier précisément les formes et les effets de l'adresse verbale aux animaux. Une telle enquête, loin de trancher dans l'épineux débat de l'intentionnalité animale ou dans celui, non moins houleux, de l'anthropomorphisme, serait pourtant de nature à éclairer certains aspects les plus ordinaires de la vie quotidienne et domestique – dont bon nombre d'interactionnistes nous ont rappelé à quel point ils étaient éclairants pour la compréhension des conduites sociales dans leur ensemble (Goffman 1991 ; Garfinkel 2007). Une telle étude permet en outre de spécifier, à l'aide d'un travail empirique précis, les modalités concrètes par lesquelles on interpelle, s'adresse à, ou même entretient des formes strictement *conversationnelles* avec un animal de compagnie. Celles-ci sont parfois semblables aux modalités (prosodiques, intonatives, séquentielles) utilisées avec de très jeunes enfants, et parfois absolument inédites. Surtout, elles apportent un témoignage décisif sur les types de liens sociaux qui nous unissent aux animaux domestiques, et fournissent, en creux, des arguments nouveaux pour élargir les questionnements sur la socialité à nos interactions avec le vivant non-humain (Mondémé, sous presse).

Il n'y a pourtant aucune évidence à considérer qu'il puisse y avoir des formes de communications langagières, et encore plus verbales, entre un humain et un animal. La question même d'un «langage animal», quand elle a été posée, et ce depuis l'Antiquité grecque, recouvrait l'idée d'un système de signes propre à une espèce – et n'était donc pas pensée comme pouvant se déployer de manière *inter*spécifique. Dans les différents traités zoologiques d'Aristote, ou encore dans le célèbre passage de *Politique* (I, 2)[1], la question du langage animal est tranchée ainsi :

> Seul entre les animaux, l'homme a l'usage de la parole; d'autres ont, comme lui, le développement de la voix pour manifester la douleur et le plaisir. La nature, en leur donnant des sensations agréables ou pénibles, les a pourvus d'un organe propre à les communiquer aux individus de leur espèce. Elle a borné là leur langage.

S'ils peuvent émettre des sons (*phonê*) pour manifester la douleur ou le plaisir, et parfois même articuler ces sons au moyen de la langue (*dialektos*)[2], les animaux ne sont toutefois pas en mesure de produire du *logos*[3]. Très vite, dans la pensée scolastique autant que dans la tradition cartésienne moderne, le langage s'est donc imposé comme un des lieux majeurs de la différence anthropologique. L'idée qu'il puisse exister un langage animal, conçu comme forme organisée et systématique de transmission et de réception de messages, possédant un contenu sémantique informatif, a pourtant joui d'un certain succès dans la première moitié du xxe siècle, comme en témoigne le débat qui a opposé Von Frisch à Benveniste. Dans un article d'abord publié dans la revue *Diogène* (1953) et republié dans ses *Problèmes de linguistique générale*, ce dernier s'attache à démontrer en quoi la «danse des abeilles» identifiée par l'entomologiste Von Frisch n'a rien de commun avec le langage humain. Si les abeilles parviennent minimalement à symboliser (la distance et la localisation de la nourriture par leur «danse»), et qu'il y a bien une dimension collective

---

1. C'est le fameux passage qui définit l'homme comme *zoon politikon* (*cf.* Aristote 1995 : I, 2, 1253a).
2. Aristote gratifie certains oiseaux, comme le rossignol et la perdrix par exemple, d'un «*dialektos*» (*cf.* Aristote 1986 : IV, 9, 535a, 536b).
3. Qui correspond au discours raisonné.

de la compréhension des messages[4], il n'y a ni vocalisation, ni dialogue, ni métadiscours possibles. Enfin, on ne peut pas à proprement parler d'unités linguistiques (sémantiques ou syntaxiques) discrètes, qui autoriseraient une dimension combinatoire ou générative. On le voit, l'idée d'un « langage animal » a une longue histoire conceptuelle[5]. Mais elle sert moins à décrire les pratiques communicatives réelles qu'à servir d'appui à des discussions spéculatives – que celles-ci soient métaphysiques et relatives aux critères d'humanité, ou conceptuelles et portant sur la nature de ce que nous nommons normativement « langage ».

Quant aux pratiques communicatives *entre hommes et animaux*, justement parce qu'elles se situent en-deçà ou au-delà des codes propres à une espèce (fussent-ils des codes langagiers, ou simplement des codes de signaux), elles semblent avoir jusque-là grandement échappé à la description scientifique. Nous identifions deux raisons essentielles à cela. L'une tient au fait que l'éthologie scientifique, qui est pourtant intuitivement convoquée sur ce thème, s'est montrée jusqu'à récemment fort démunie avec le paradigme *inter*spécifique (les éthogrammes sont en effet construits pour répondre aux besoins descriptifs propre à une espèce). Une autre raison réside dans le fait que ces données sont assez délicates à obtenir, précisément parce qu'elles apparaissent spontanément dans les interactions domestiques, privées et ordinaires – et qu'elles sont de ce fait souvent soustraites à l'analyse scientifique, en particulier à la démarche expérimentale.

Un premier temps du cheminement sera donc consacré à cette question de la communication inter-espèce, jusqu'ici essentiellement appréhendée par la biologie et l'éthologie (1). L'argument de cet article, qui sera développé dans la seconde partie, est qu'une approche linguistique, d'orientation interactionniste, est pourtant à même de remplir cette mission – à condition, comme c'est le cas ici, de disposer d'un corpus de données naturelles d'interactions verbales entre hommes et animaux (2). Examiner précisément les modalités de l'adresse à l'animal fait un peu plus que décrire une pratique parmi d'autres : cela permet de voir en quel sens et de quelle manière on peut parler, comme nous enjoignent une frange des sciences sociales actuelles à le faire (Latour 1994 ;

---

4. Comme le dit Benveniste lui-même : « La situation et la fonction sont celles d'un langage, en ce sens que le système est valable à l'intérieur d'une communauté donnée et que chaque membre de cette communauté est apte à l'employer ou à le comprendre dans les mêmes termes. » (1966 : 60)

5. Voir également Gaborieau et Beaud (2016), pour une discussion sur les différentes conceptions du langage et ce qu'elles engagent en termes de réflexions sur l'origine du langage humain.

Haraway 2007), d'animal «acteur» ou d'animal «participant». Au-delà, cela montre comment se déploient certaines formes très ordinaires, très anodines, mais tout à fait fondamentales, de la socialité inter-espèces.

1. Quelle discipline pour étudier la communication interspécifique ?

La communication interspécifique désigne les formes communicatives qui se déploient entre deux ou plusieurs espèces différentes. Sous ce vocable, elle a surtout été étudiée dans le champ de l'écologie comportementale ou de l'éthologie scientifique (ou cognition sociale[6]). Revenir sur la manière dont ces disciplines ont pensé la communication entre individus d'espèces différentes permet d'expliquer pourquoi le paysage scientifique actuel se retrouve démuni, et justifie dès lors d'avancer un argument en faveur d'une prise en compte linguistique de ce phénomène.

En écologie comportementale, la communication n'apparaît pas vraiment comme un thème spécifique de recherche, mais plutôt comme un macro-phénomène qui chapeaute l'ensemble des comportements alimentaires, reproductifs, conflictuels, etc. Quand elle est envisagée *per se*, c'est souvent à travers la notion de signal (dont on interroge la forme et la fonction). Il y a évidemment une abondante littérature sur les signaux déployés par chaque espèce, en revanche, la dimension interspécifique elle, est toujours envisagée sur la base de relations fonctionnelles type proie/prédateur, ou encore hôte/parasite – et semble-t-il jamais quand elle se joue entre deux espèces qui ne cherchent rien d'autre qu'une forme de socialité plus ou moins gratuite[7], comme c'est le cas entre hommes et chiens par exemple. De manière générale, l'écologie comportementale s'intéresse très peu à l'interaction communicative homme/animal (Campan & Scapini 2002).

Dans les domaines de l'éthologie et de la cognition sociale, il semble que le problème se pose de manière relativement différente. Telle qu'elle est menée actuellement, cette discipline s'ancre profondément dans une démarche comparatiste – si bien que quand on observe les phénomènes communicatifs, à travers par exemple l'outil de l'éthogramme, c'est forcément de manière espèce-spécifique. Il semble que cela a des conséquences fortes sur la manière dont on peut (ou plutôt dont on ne peut pas) décrire

---

6. Contrairement aux débuts de la discipline, d'inspiration clairement naturaliste et «de terrain», l'éthologie actuelle telle que pratiquée dans les unités de recherche semble s'approprier les paradigmes de la psychologie expérimentale et relever davantage du champ de la «cognition sociale» (voir Mondémé, sous presse).

7. Par «gratuite» ici nous nous référons à Jerolmack (2009), sur le jeu interspécifique, qui appuie sa démonstration sur la définition simmelienne de la socialité.

la communication *inter-espèce*. Ainsi, au risque de le dire radicalement, et de l'aveu même des éthologues, l'éthologie et la cognition sociale peinent à rendre compte de la dimension interspécifique de la communication. Notons toutefois qu'il y a depuis une vingtaine d'années de plus en plus de travaux, dans ce champ, qui s'intéressent spécifiquement aux interactions homme/chien (Miklosi 2007 ; Hare & Tomasello 2005 ; Schwab & Huber 2006 ; Kaminski & Marshall-Pescini 2014 ; *inter alia*). L'ensemble de ces programmes de recherche est toutefois toujours marqué par une forte dimension comparatiste, annexant les capacités socio-cognitives du chien à celles de l'humain. Cela a pour conséquence que la question de la communication interspécifique est en fait recouverte par une autre question, selon nous très différente, et qui est « quelles sont les compétences communicatives du chien ? Dans quelle mesure sont-elles *human-like* ? » (Hare & Tomasello 2005). Autrement dit, on cherche à isoler des compétences, capacités ou habilités qui seraient propres à une espèce (en l'occurrence, le *canis familiaris*), mais ces compétences sont identifiées et rendues comptables sur la base de celles qui ont été mises au jour dans la cognition et le comportement humains[8].

Sans rentrer dans les détails, il semble que cela révèle une sorte de problème logique dans la manière de poser les questions : on ne s'intéresse qu'aux capacités *« human-like »* dans la communication, donc on part de l'idée que l'efficace et l'intelligibilité d'une situation doit émerger *depuis* la compétence développée par l'animal *vers* les capacités propres à l'homme. Dans le cadre d'une pensée évolutive, cela soulève des questions car tout un pan est laissé dans l'ombre : (i) celui des facultés que l'humain aurait pu développer lui, à être au contact du chien (Guillo 2009), ou au-delà de ça, (ii) celui des phénomènes communicatifs globaux qui peuvent se déployer de manière interspécifique entre individus sociaux.

En outre, si les analyses menées en contexte expérimental renseignent avec acuité sur les formes acoustiques choisies par les protagonistes humains pour s'adresser à leur animal (Burnham *et alii* 2002 ; Jeannin, Gilbert & Leboucher 2017), elles peinent à rendre compte de toute la richesse des différentes situations d'interaction qui peuvent se produire en contexte domestique, et qui ne seraient pas *a priori* cadrées par le protocole expérimental. Sans rentrer dans le débat, parfois caricatural,

---

8. Pour ne prendre qu'un exemple, les protocoles qui sont mis au point pour enquêter sur l'attachement (affectif) du chien à son maître (Topál, Miklósi, Csányi & Dóka 1998 ou Prato-Previde *et alii* 2003) sont calqués sur ceux qui ont été menés dans les années 1960 en psychologie expérimentale (le *« strange situation test »* de Mary Ainsworth par exemple) basé sur l'attachement mère/enfant.

qui oppose «données naturelles» et «données contraintes» (Speer 2002), au moins pouvons-nous dire qu'elles manquent peut-être justement la dimension privée que les données authentiques en contexte domestique permettent de saisir.

Nous aimerions donc désormais examiner la manière dont une partie des sciences sociales, en particulier dans sa frange interactionniste, et notamment la linguistique interactionniste, pourrait contribuer à prendre en charge cette question – et au prix de quels réaménagements.

2. Contribution linguistique à l'analyse des interactions interspécifiques

Notons à titre de préambule que la prise en charge de la communication animale par des disciplines liées à la linguistique n'est pas exactement neuve, même si elle s'est posée de manière très différente par le passé.

Dès les années 1960 en effet, émergeait une discipline «à l'intersection de la sémiotique, théorie générale des signes, et de l'éthologie, l'étude biologique du comportement» (Sebeok 1969 : 200), baptisée la zoosémiotique. De manière contemporaine à d'autres programmes naturalistes réductionnistes (c'est la pleine période de la sociobiologie d'un Wilson), la zoosémiotique se proposait de s'intéresser aux comportements communicatifs animaux avec le prisme de l'analyse linguistique, en observant les propriétés syntaxiques, sémantiques et pragmatiques des modalités communicationnelles propres à chaque espèce.

Notre proposition n'a rien de commun avec un tel programme. Ce dernier vise essentiellement à calquer un modèle analytique – celui de la linguistique structurale – à l'étude du comportement. Une fois encore, il s'applique à l'échelle d'une espèce et d'une seule à la fois, sans souci pour la communication interspécifique. Les mécanismes structuraux priment sur la signification, et l'idée qu'il puisse exister un code systématique l'emporte sur la dimension pratique des échanges communicationnels situés.

L'approche interactionniste que nous aimerions défendre ici est attentive à la manière dont les actions (fussent-elles des actions *verbales* comme le sont les tours de parole) des uns sont produites dans un rapport conséquentiel avec les actions des autres. En observant comment les unes et les autres se configurent mutuellement, une telle démarche est à même de prendre en charge la description d'échanges communicatifs entre hommes et animaux[9]. Elle peut le faire avec un degré de finesse qui dépasse les

---

9. Voir également Beaud (1998) pour des analyses approfondies de situations d'échanges dits «exosémiques», entre un locuteur linguistiquement compétent, et un partenaire mutique (enfant en très bas âge, animal domestique).

discours très généraux sur la relation homme/animal, et qui permet de mettre en évidence des formats conversationnels précis. Nous en avons identifié trois principaux, que nous détaillons ci-dessous, après avoir rapidement évoqué les données utilisées et la méthode pour les traiter.

2. 1. Données et méthode

Les données qui servent de base à cette analyse reposent sur plusieurs corpus d'interactions entre hommes et chiens domestiques dans divers contextes, et recueillies sur plusieurs années d'enquête de terrain. Il s'agit d'interactions mettant en présence, dans chacun des cas :
– des personnes non-voyantes et leurs chiens-guides d'aveugle (Corpus ECGA1) ;
– des éducateurs canins et les chiots (futurs chiens-guide) en éducation (Corpus ECGA2) ;
– des propriétaires et leur chien en contexte de stages d'éducation canine (Corpus CLICKER) ;
– des propriétaires et leur chien, au cours d'interactions ordinaires en contexte domestique (Corpus DOMUS).

Ces données ont toutes été enregistrées à l'aide d'une ou plusieurs caméras vidéo et de micros, et ont été transcrites avec précision, en suivant les conventions usuelles de l'Analyse Conversationnelle (Sacks, Schegloff & Jefferson 1974 ; voir Mondada 2008 pour les conventions multimodales).

Le choix d'une telle méthode relève d'un parti pris théorique et analytique qui s'origine dans la volonté de porter le regard sur l'interaction, et non sur les supposées propriétés ontologiques des participants en présence (Goode 2007 ; Mondémé, sous presse). En observant attentivement comment un tour fait suite à un autre, ou dans quels rapports conséquentiels les actions des uns s'inscrivent vis-à-vis des actions des autres, un tel cadre permet de rendre compte de la manière dont le sens émerge en interaction, et dont l'intelligibilité d'une situation est construite à toutes fins pratiques, sans présupposer des capacités cognitives des participants, ou sans avoir à convoquer des notions glissantes telles que celles d'intentionnalité animale. Observer les conduites signifiantes des hommes et des animaux quand ils mènent un cours d'action conjoint semble de toute façon une preuve en soi des riches formes de communication sociale qui s'y déploient.

De ce point de vue, les récents apports sur l'étude de la multimodalité (Goodwin 2000, 2013 ; Mondada 2009, 2016 ; voir Deppermann 2013 pour un panorama) servent de point d'appui capital. C'est la raison pour laquelle les données sont transcrites avec une attention particulière aux actions non-verbales, aux gestes, aux postures et aux échanges de regards, afin de garantir à l'animal une visibilité dans le dispositif même d'analyse. Nous reprenons donc le format de base de la transcription verbale, en l'adaptant pour pouvoir intégrer, au moment de leur occurrence, les actions du chien au même titre que celles d'un participant humain. Plus qu'un geste méthodologique, ce parti-pris analytique fort semble être un prérequis pour voir les rapports signifiants et configurants dans lesquels s'insèrent les actions animales – autant que pour rendre visible la manière dont elles sont traitées comme telles par les participants humains[10].

Dans chacun de ces terrains d'enquête, très différents, et menés en contextes domestiques autant qu'institutionnels, les données enregistrées ont immédiatement rendu visible un phénomène assez saillant : les moments *d'adresse directe à l'animal*, ou *à travers la voix fictive de l'animal*.

Nous avons isolé trois modalités principales : l'une, déjà documentée dans la littérature, fait une analogie entre l'adresse à l'animal et l'adresse au jeune enfant, ou « *baby talk* » (2. 2.), la seconde montre des phénomènes de ventriloquie : on parle à la place de l'animal (2. 3.), la dernière, qui relève de phénomènes que nous avons qualifié de « morphismes » consiste à s'adresser à l'animal sous des modalités d'expressions supposées être pertinentes pour son écologie (2. 4.).

2. 2. « *Animal directed talk* » et « *baby talk* »

Quelques rares travaux, inscrits disciplinairement dans le champ de la psychologie ou de la psycholinguistique, ont fait du discours adressé à l'animal leur objet d'étude, essentiellement à travers les notions de « *Pet directed Speech* » ou « *Pet directed Talk* » (Hirsh-Pasek & Treinman 1982 ; Mitchell 2001 ; Burnham *et alii* 2002). Pour résumer l'argument en quelques mots, ces travaux réalisés en contexte expérimental comparent les modalités d'adresse à l'animal de compagnie avec celles documentées dans les interactions avec de très jeunes enfants (« *Infant directed Speech* » et « *Baby Talk* »). Ce sont alors surtout les aspects intonatifs, sémantiques et syntaxiques, déployés par un adulte compétent à l'adresse à un enfant en bas âge, qui sont examinés.

Des hypothèses comparatistes ont été testées pour voir dans quelle mesure l'« *infant directed speech* » pouvait avoir quelques analogies ou différences avec le discours adressé à l'animal domestique. Un certain nombre d'éléments identiques ont été retrouvés (usage d'une voix aiguë ;

---

10. Pour un développement plus extensif sur ce traitement, voir Mondémé (sous presse).

choix d'une syntaxe et d'un lexique relativement simple; usage du présent (temps verbal); répétitions; nombreux procédés d'*attention-getting*), mais également quelques petites différences (plus d'impératifs; moins de phrases syntaxiquement complexes vers les animaux). Ces différences sont interprétées comme suit : l'adresse à l'enfant manifeste une orientation vers son futur état de locuteur compétent, ce qui n'est évidemment pas présupposable dans le cas de l'animal domestique (Mitchell 2001).

Dans nos données, enregistrées en contexte naturel et avec des locuteurs français, des phénomènes de cette nature se font jour également. Observons les extraits suivants.

Exemple 1 : DOMUS tu veux faire de l'internet[11]

Lisa (LIS) et Dimitri (DIM), un couple d'amis, sont sur le canapé en train de boire une bière et de regarder l'ordinateur. La chienne de DIM, Hourra (HOU) est assise à côté d'eux sur le canapé.

```
1    HOU    ((met museau au goulot de la bouteille))

2    LIS    ah c'est bon la bière/

3    DIM    ah oui elle adore hein

4           (1.0)

5    DIM    °tu veux faire de l'internet/°

6    LIS    julia rully euh: [elle est dans ta classe ou pas//]

7    DIM                     [tu veux faire de l'internet mon

8           chouchou/] ((embrasse le chien))
```

Dans cette courte séquence, le chien co-présent est adressé à plusieurs reprises. D'abord, ligne 2, avec une question de Lisa posée à la chienne «ah c'est bon la bière/», pour laquelle Dimitri, le maître du chien, se désigne comme récipiendaire et produit une réponse, en délocutant le chien à travers un pronom de troisième personne «ah oui elle adore» (ligne 3). Prenant acte du rapprochement du chien tout près d'eux sur le canapé, Dimitri s'adresse à nouveau directement à la chienne ligne 5 «tu veux faire de l'internet/», repris en ligne 7, en chevauchement avec un tour de Lisa, lui, relatif à leur activité en cours sur l'ordinateur.

---

11. Pour l'ensemble des conventions de transcription adoptées dans cet extrait et dans le suivant, voir l'annexe reproduit à la fin du présent article. Nous reproduisons en police courrier, sur des lignes numérotées, les paroles des participants. En *italiques* figurent les actions non-verbales. Nous avons marqué par du gras les phénomènes sur lesquels nous souhaitons attirer l'attention du lecteur.

Dans ces adresses directes, on trouve à la fois des modifications séman-tiques «"de" l'internet», des répétitions, et une figure fréquente dans l'adresse à l'animal : le terme hypocoristique («mon chouchou»). L'extrait suivant exhibe des phénomènes analogues.

Exemple 2 : DOMUS on l'a eue

Les mêmes protagonistes sont sur le canapé, comme dans l'extrait pré-cédent. En caressant la chienne, Dimitri identifie une tique dans son pelage et en informe Lisa, paniqué, pour que celle-ci la retire.

```
1 DIM    euh:: #lisa j'crois qu'y a un tique là#
                #regarde LIS               #
2        #(3.0)      #
   DIM    #montre à LIS#
3 LIS    mais vous avez des tiques +à c't'époque/
                                    +se penche vers le poitrail
4        +(6.0)                 +
   LIS    +retire la tique du chien+
5 DIM    ((voix aigue)) c'est: bien: mon toutou
6 LIS    voilà/ mon ch(h)éri\
7 DIM    on l'a #enlevée: (.) on l'a #TUEE (.) on l'a EUE#
                #se penche        #colle tête        #embrasse
   LIS    ((se lève jeter la tique à la poubelle))
8        (0.4)
9 DIM    on l'a eue on l'a eue (.) oo::h on l'a eue/
```

En gras dans la séquence précédente, sont mis en évidence les moments d'adresse qui se conforment avec ce qui a pu être documenté jusqu'à présent dans la littérature sur l'«*animal directed speech*» : nom-breux allongements syllabiques (ligne 5, 7, 9), amples courbes intona-tives et emphases (ligne 6 et 7), répétitions (lignes 7 et 9), modifications consonantiques (ligne 6 «ch(h)éri»). Observons en particulier les actions des participants, et notamment ligne 7 l'attitude de Dimitri envers sa chienne : il se penche vers elle, colle sa tête contre son poil, et l'embrasse. On remarque que les unités qui composent son tour verbal, produites en répétition, servent à scander l'activité de «félicitation», qui s'accomplit aussi de manière incarnée. Cette remarque sert du reste d'appui pour revendiquer l'intérêt d'une approche multimodale, et non strictement logocentrée, de l'adresse à l'animal. L'adresse ne consiste pas seulement dans les formes verbales et para-verbales utilisées à son endroit, mais tient également à l'ensemble des manifestations proxémiques, posturales et gestuelles qui accompagnent le discours.

En contexte institutionnel, on retrouve des éléments analogues, alors même que les interactions y sont supposément moins intimes, et donc moins sujettes à ces formes d'adresse.

Les deux extraits suivants sont issus du corpus réalisé auprès de l'École des chiens guides (Corpus ECGA1). Une personne non-voyante (CAT) s'adresse à sa chienne au cours d'un parcours dans l'espace urbain.

Exemple 3_ECGA1_allez ma fifille

```
1   CAT    TOUT DROIT/ FIFILLE
2          (0.8)
3   CAT    allez ma belle
4          (1.8)
5   CAT    allez: on y va:/ (.) allez/ ma fifille
6          (1.3)
7   CAT    on y va/ ma bébelle
```

Exemple 4_ECGA1_allez la babelle

```
1   CAT    c'est: bien
2          (0.6)
3   CAT    °voilà ma belle/° tout droit
4          (2.2)
5   CAT    tout droit/ (0.6) allez la babelle
6          (0.9)
7   CAT    .h ALlez ma babelle (0.7) allez/ on y va/
8          (1.3)
9   CAT    <allez ma bébelle> (.) tout droit
```

Les données sont évidemment très différentes des cas précédents puisqu'ici, le chien est « au travail » et les répétitions produites par la propriétaire non-voyante sont autant de sollicitations pour enjoindre le chien à se concentrer sur sa tâche. En ce sens, elles sont dotées d'une fonction pragmatique identifiable, et ont une vraie fonction d'*attention getting devices*. Les premières remarques que l'on peut faire ont trait aux termes d'adresse usités, et aux formats grammaticaux dans lesquels ils s'insèrent. On note en effet de nombreux hypocoristiques (« ma fille », « ma belle » et leurs dérivés respectifs « ma fifille », « ma bébelle », parfois en variation avec « ma babelle »). Ces formules sont prononcées dans des tours au format impératif, souvent après la forme « allez », fonctionnant ainsi comme des encouragements à l'adresse du chien. En s'appuyant sur les analyses de Mitchell (2001), on retrouve dans ces occurrences des traits lexicaux (vocabulaire de l'action, impératifs, occurrences courtes, répétitions nombreuses) et prosodiques (voix haut placée, accentuations marquées) caractéristiques des adresses aux chiens. Mitchell identifie quatre fonctions principales communes au « *baby talk* » et au « *talk to dogs* » :

– contrôler l'attention de l'adressé, en lien avec un objet ou une activité (2001 : 202) ;

– communiquer avec un adressé inattentif, qui a une compréhension limitée (2001 : 202) ;

– manifester des formes d'affection (2001 : 203) ;

– prétendre que l'adressé est un conversant, même s'il ne l'est pas (2001 : 203).

Des phénomènes similaires se donnent à voir, quels que soient les contextes. Il y a donc un caractère relativement systématique de l'adresse à l'animal par altération des formes normées d'interlocution. Ces variations sont identifiables en termes intonatifs, prosodiques, sémantiques et syntaxiques, et sont utilisés avec récurrence et systémacité par différents locuteurs, dans des contextes domestiques ou institutionnels, et quelle que soit la langue[12].

2. 3. La ventriloquie

Un second phénomène apparaît de manière saillante, quand on observe les formes d'adresse à l'animal, ou plutôt ici devrait-on dire, *en présence* de l'animal. Il s'agit de phénomènes de « ventriloquie ». Déjà documenté en contexte anglo-saxon par Tannen (2004), le procédé de ventriloquie consiste en une forme de discours rapporté fictif, dans lequel les participants humains incarnent littéralement la voix de l'animal pour le faire parler.

Ce procédé a été observé avec attention au cours d'interactions domestiques mettant en scène un animal, dans une famille (Tannen 2004), et en contexte vétérinaire (Roberts 2004). Il a essentiellement été interprété au regard du rôle qu'il joue dans la gestion des relations interpersonnelles humaines : atténuer des reproches à adresser à un autre membre

---

12. Nous manquons de données comparatives, mais cela est documenté en tous cas pour l'anglais américain (Hirsh-Pasek & Treinman 1982), l'anglais australien (Mitchell 2001), l'anglais britannique (Ringrose 2015), et le français (voir Jeannin, Leboucher & Gilbert 2017 pour une analyse acoustique et prosodique fine dans l'adresse au chien domestique).

de la famille par exemple, en l'exprimant à travers la bouche de l'animal (Tannen 2004 : 408).

De manière significative, on en trouve également un nombre assez conséquent dans nos corpus, en particulier, sans surprise, celui réalisé en contexte domestique.

Exemple 5_DOMUS_maman vite

Éva la propriétaire du chien et maîtresse des lieux (ci-dessous EVA), son amie Lisa (LIS), et la chienne Hourra (HOU) sont sur le canapé. EVA et LIS parlent du gâteau qui vient d'être mis au four. La chienne sollicite soudainement l'attention de sa propriétaire (qui vient de cesser de la caresser) en collant sa tête contre elle.

```
1 EVA    ((caresse sa chienne)) le crumble du coup c'est bon/
2 LIS    ouais\ (.) une demi- fin: euh j'avoue qu'j'ai pas
         surveillé l` timing [de manière très préci:se mais:
3 EVA                        [nan mais @ a priori:        @
                              @stop caresses à HOU@
4 LIS    *j'ai rajouté [deux] ptites pommes
5 EVA                  [oh  ]@
  HOU    *retourne tête vers EVA->
  EVA                        @enlace HOU
6 EVA    *maman (.) maman vite (1.2) °vite° (.) vite
  HOU    *s'allonge sur EVA-->
```

Il serait difficile d'analyser cet extrait si on ne prenait en compte qu'un cadre participatif restreint aux interactions entre les deux participants humains. LIS et EVA parlent en effet ensemble de la cuisson du gâteau que l'une d'elle vient d'enfourner. Mais concomitamment à cela, EVA est également engagée dans une interaction focalisée avec sa chienne. Elle la caresse avec une relative inattention en début d'extrait (lignes 1 à 3). Le chien est alors un *bystander* (Goffman 1991) discret, co-présent dans la scène, sans être vraiment un participant actif. Ce n'est qu'au moment où EVA cesse de le caresser qu'il resollicite son attention en retournant sa tête et son buste (le chien est allongé) vers sa maîtresse. Celle-ci produit alors une marque de surprise ou d'attendrissement («oh»), et enlace sa chienne (ligne 5). Immédiatement après, EVA ventriloquise sa chienne «maman, vite, vite» (ligne 6), s'autodésignant comme «maman» et attribuant à sa chienne la volonté de reprendre au plus vite l'activité affective dans laquelle elles étaient engagées.

Il n'est pas rare que les procédés de ventriloquies aient lieu à des moments où la famille s'accomplit et se constitue discursivement. Comme le note également Tannen dans ses données : «I believe that ventriloquizing the dog in this context serves another interactive purpose as well: linguistically constituting the interactants as a family.» (2004 : 410)

C'est aussi ce qui se donne à voir dans l'extrait suivant.

Exemple 6_DOMUS_j'aime mieux quand on fait ça papa

Dimitri (DIM) et sa chienne Hourra (HOU) viennent de jouer à faire du «mordant», DIM excitant la chienne pour la forcer à le mordre. Finalement, il l'appelle pour clore la séquence sur un échange de caresses.

```
1 DIM    #°viens°
         #met mains sur les genoux-->
2        *(0.9)                                               *
  HOU    *vient vers DIM en s'aplatissant et en remuant la queue*
3        *(0.3)              *
  HOU    *s'asseoit devant DIM*
4 DIM    oh oui/ j'aime mieux papa/ quand on fait ç(h)a
5        quand même hein\
6        #(2.5)             #
  DIM    #caresse le chien#
7 DIM    elle préfère/ quand même la t(h)endresse
8        mhh: ((sourit))
```

Ici le propriétaire de la chienne incarne ses paroles supposées après une séance de jeu un peu musclée, dans laquelle les deux participants jouaient à s'agresser et se mordre doucement. DIM rappelle sa chienne (ligne 1), qui accourt immédiatement en remuant la queue (ligne 2). DIM propose alors une forme de traduction, en langage vernaculaire humain, de ce qu'il interprète des pensées et intentions de sa chienne : «Oh oui, j'aime mieux papa quand on fait ça quand même hein.» Il lui attribue non seulement la parole, mais aussi des préférences et des volontés (celle d'être plutôt encline aux caresses qu'au combat, «elle préfère quand même la tendresse», ligne 7). Dans le même temps, il s'autoqualifie, comme dans l'extrait précédent comme «papa» (ligne 4).

Dans les deux extraits en effet, les propriétaires attribuent la parole au chien du couple, en s'autoqualifiant comme parents (papa, maman)[13]. Généralement, les phénomènes de ventriloquie sont significativement associés à des modifications intonatives (incarnant véritablement la voix supposée du chien).

Plusieurs cadres participatifs sont imbriqués, et plusieurs régimes discursifs sont imbriqués. Une fois encore, un regard sur les phénomènes multimodaux se révèle tout à fait éclairant. Les moments de ventriloquie sont étroitement liés aux actions des animaux et ne se produisent pas n'importe quand : dans le premier extrait la « ventriloquie » se produit synchroniquement avec l'allongement de la chienne sur les genoux de sa maîtresse. De même dans le second extrait, c'est concomitamment à des manifestations corporelles nettes du chien (s'approcher en courant, s'aplatir, remuer de la queue) que DIM parle à la place de son chien. La ventriloquie, de ce point de vue, opère comme processus de traduction d'une manifestation corporelle visible.

2. 4. Morphisme

Les cas précédent (« *Pet Directed Talk* » et ventriloquie) ont déjà été documentés dans la littérature, anglo-saxone notamment. Ce n'est pas le cas des occurrences, fréquentes dans nos corpus, de « morphisme ». Par ce terme, nous désignons des cas où l'adresse au chien ne se fait pas sur les modalités de l'adresse entre humains, comme dans les cas précédents avec l'usage du verbal langage articulé, mais au contraire en mimant les modalités communicatives supposées être celles de l'animal. À notre connaissance, ces phénomènes n'ont pas du tout été investigués dans la littérature, alors qu'il y a de bonnes raisons de penser qu'ils ne sont pas du tout anecdotiques dans les modalités ordinaires de communication entre hommes et animaux domestiques[14].

Ces cas de « morphisme » qualifient des moments où l'adresse au chien se fait dans les « termes » – ou tout du moins sous les modalités d'expression – susceptibles d'être pertinents pour *son* écologie, par exemple sous forme de grognements. À l'inverse des cas documentés jusqu'à présent, l'ajustement de l'homme aux modalités communicatives supposées de l'animal se fait par le recours à des vocalisations ou à des mimiques qui s'accomplissent « en miroir » avec les attitudes du chien.

---

13. Voir également Poresky et Daniels (1998) sur ce point.
14. Dans une certaine mesure on peut considérer que les modifications intonatives propres à la « ventriloquie » participent de ce morphisme et s'insèrent dans un continuum.

Exemple 7_DOMUS_Grrr

Dans l'extrait qui suit, DIM et la chienne HOU jouent ensemble au combat. La chienne mordille son maître, parfois en grognant, et celui-ci produit également des grognements dans le cours du jeu.

```
1 DIM    ((imite grognements et tend son avant bras pour se faire
         mordre))NNa::ha:harr::[har:ha:r har: wrarhar:

2 EVA                         [on va p`t`être mettre tes affaires

3        dans la chambre euh: lisa/

4 DIM    rha: rha:

5 LIS    ouais oh

6 DIM    #rr[h: rha: rha            #           ]
         #tend ses bras pour mordant#

7 EVA      [p`t`être j`vais les mettre sur le lit]

8 DIM    #whra:wrha          # rrh:                #
         #mains autour museau#main en forme de gueule#
```

La difficulté qu'il y a à faire figurer à l'écrit ces interactions vocales, mais non verbales, est réelle. Elle est prise en charge ici par le choix de reproduire les «grognements» du participant humain, transcrits au moment de leur production, et en lien avec d'autres actions multi-modales (tendre son avant-bras, ligne 6; serrer la gueule du chien avec ses propres mains, ligne 8).

On voit que dans une telle interaction, tout concourt à une expression des actions et intentions humaines dans les termes supposés de l'intelligibilité canine : les tours de paroles sont émis en grognement, et les membres humains sont mis au service d'une corporéité qui rend le combat réalisable. Cette fois encore, s'intéresser aux formes d'adresse à l'animal, en tant qu'elles sont produites vocalement, n'est ni pleinement suffisant ni pleinement satisfaisant, et nécessite d'englober plus généralement l'ensemble des actions *incarnées* des participants (Mondada 2014).

L'exemple suivant, issu d'un autre corpus, va encore plus loin dans l'adresse à l'animal par «morphisme».

Exemple 8_CLICKER_niark

Jacques et sa chienne participent à un stage d'éducation canine. Ils sont assis dans un coin de la pièce, et assistent à un topo explicatif de l'éducatrice sur le dressage canin. Chaque couple de participants (les propriétaires et leur chien) font de même, et le chien est assis au pied du maître durant l'audition des consignes.

Puisque cette séquence présente une série d'actions entièrement non-verbales, nous ne proposerons pas de transcription. Voici toutefois l'enchainement des actions, telles qu'elles se déploient séquentiellement, l'une à la suite de l'autre :

Image 1. La chienne Lana relève le museau en direction de son maître, dont le regard est également orienté vers elle.

Image 2. Jacques se met à retrousser les lèvres, montrer les dents, et produire un léger bruit avec sa bouche (« niak niak niak niak ») en claquant des dents, à proximité immédiate de la gueule de la chienne.

Image 3. La chienne redescend légèrement le museau, et Jacques cesse son claquement de dents durant quelques secondes, en cessant sa mimique.

Image 4. Jacques reproduit à nouveau sa mimique et le son qui lui est associé. La chienne relève son museau dans sa direction, et lui lèche le visage.

La difficulté est grande de rendre compte de cette courte séquence d'interaction. Pourtant, elle exhibe des phénomènes riches, tant sur le plan de la relation interpersonnelle que sur celui qui nous intéresse ici : l'examen de la manière dont les actions humaines et animales sont séquentiellement ajustées et signifiantes les unes pour les autres.

Alors que le couple est assis dans un coin de la salle, Lana sollicite l'attention de son maître en levant son museau vers lui (image 1). Si nous parlons de sollicitation ici, c'est moins pour qualifier l'intention du chien, qui nous est profondément opaque, que pour signifier que, pragmatiquement, c'est-à-dire du point de vue des effets qu'il produit, un tel geste fonctionne en tous cas comme sollicitation. Son maître s'oriente vers elle (image 2) et produit une «réponse», sous une forme incarnée (Cekaite 2010). En retroussant ses lèvres, en claquant des dents, et en produisant un son caractéristique, il configure une interaction focalisée avec sa chienne, sous une forme ludique. Le fait d'utiliser le retroussement des lèvres, comme si c'étaient des babines, et de faire claquer ses dents pour rentrer en interaction avec le chien n'est pas inintéressant à commenter : ici le participant humain semble s'orienter vers ce qui pourrait être une forme de code sémiotique animal. Après une très courte pause, cette séquence se reproduit (image 4), et la chienne s'approche de la face de son maître pour lui lécher le visage. Si l'on ne peut rien conclure de cette dernière action, l'attitude de la chienne nous renseigne tout du moins sur son engagement dans «l'interaction focalisée» (Goffman 1973)[15] et sur sa participation active à celle-ci.

La «forme d'adresse» qui se donne à voir ici mérite-t-elle vraiment une telle qualification? Pas d'interlocution au sens strict, pas d'interpellation verbale, mais une faible émission de son, essentiellement produite par une mimique de bouche – voilà ce que nous avons. Pourtant, force est d'admettre que pragmatiquement, un tel «jeu» (certainement ordinaire et routinisé) entre les participants met en lumière des formes d'ajustement mutuel évidentes, et plus encore, instancie des liens sociaux forts entre l'animal et son maître.

Comme dans l'extrait précédent, le participant humain communique donc avec son/un animal selon les modalités supposées les plus proches de l'écologie. En grognant, en retroussant les lèvres et en montrant les dents, ils instaurent un cadre participatif proximal, qui initie (ou prolonge) une interaction, généralement ludique. Ces cas sont bien évidemment des cas limites pour le linguiste, mais ils sont d'intérêt pour le chercheur en sciences sociales soucieux de rendre compte des modalités précises du déroulement de l'action pratique, indépendamment des statuts ontologiques des participants concernés.

---

15. «Par l'interaction (*ie* interaction de face-à-face), on entend à peu près l'influence réciproque que les participants exercent sur leurs actions respectives lorsqu'ils sont en présence physique immédiate les uns des autres» (Goffman 1973 : 23).

Conclusion

Reparcourons le cheminement d'ensemble. Notre corpus a permis d'identifier diverses formes d'adresse dans l'interaction avec l'animal. Certaines sont consistantes avec la littérature préexistante sur le «*Pet Directed Talk*», et montrent des phénomènes similaires : on s'adresse à l'animal avec des formes syntaxiques peu complexes, des intonations accentuées, des sonorités plus aiguës, davantage de termes d'adresse et de répétitions. En cela, les analyses grammaticales et acoustiques montrent des proximités avec la manière qu'ont les adultes de s'adresser aux jeunes enfants. Cette analogie avec le statut d'enfant, évoquée également par plusieurs auteurs en psychologie sociale, est renforcée par la tendance qu'ont certains propriétaires de s'auto-qualifier comme «parents» de leurs animaux de compagnie. Ceci est d'autant plus visible dans les cas de «ventriloquie», qui constituent le second format investigué. En parlant à la place du chien, le propriétaire ne fait pas que rapporter un discours fictif, il l'incarne aussi minimalement, en modifiant les courbes intonatives et en produisant de légères modulations consonantiques dans sa prise de parole. C'est le langage supposé du chien, *s'il était un locuteur compétent*, qui est retraduit de cette manière. L'animal est ainsi traité *comme* un agent intentionnel de plein droit, disposant de volontés, de désirs, d'affects et de croyances. Dans ces cas de «ventriloquie», on dote le chien du langage verbal articulé humain. À l'inverse, il existe des cas où c'est le participant humain qui va se conformer aux modalités d'expression supposées propres à l'animal. C'est le troisième cas, dit de «morphisme», que nous avons observé. Dans de nombreux cas en effet, nous n'utilisons pas le langage sous sa forme articulée pour communiquer avec les animaux domestiques, mais produisons des sons, des vocalisations, ou des mimiques – qui sont rarement documentées en linguistique (ce ne sont pas des productions verbales) et qui sont difficile à saisir sur le vif. Corrélativement, c'est l'ensemble du corps qui concourt dans le processus communicatif – comme c'est vrai, du reste, dans les interactions entre humains (Mondada 2016). Cela conduit à plusieurs remarques.

D'une part, si l'on veut rendre compte avec justesse de l'ensemble des phénomènes signifiants qui se déploient dans l'interaction interspécifique, nous sommes conduits à prendre en compte les actions du participant animal – et à rendre compte de celles-ci au même titre que celles du participant humain, donc à les traiter, à l'instar des tours de parole, comme des unités pragmatiques propres. Pour le dire autrement, n'observer que les productions verbales, ou en tous cas que les productions faites par le participant humain, ne renseigne que partiellement sur la communication interspécifique. En ce sens, on assiste à l'écueil inverse de celui mentionné précédemment avec le paradigme éthologique : l'usage d'outil dédiés en première instance à l'observation du comportement verbal ne permet pas de mettre en lumière la complexité et les richesses des modalités communicationnelles interspécifiques. De tels réaménagements épistémologiques donnent alors accès à la complexité avec laquelle se noue l'agir-ensemble entre hommes et animaux. Les données obtenues, qui nécessiteraient toutefois d'être confrontées à d'autres corpus, offrent alors des prises empiriques pour adresser des questions fondamentales aux sciences humaines comme aux sciences de la vie : celles des attributions d'attention, des formes fondamentales de la communication, de l'agir-ensemble et de la socialité inter-espèce.

Conventions de transcription

Les conventions adoptées sont inspirées des conventions ICOR mises au point au laboratoire ICAR[16] et des conventions de transcription multimodales élaborées par Mondada (2009).

La police courier simple est utilisée pour la transcription des paroles. Les symboles « [» et «] » marquent le début et la fin d'un chevauchement, les « : » marquent un allongement syllabique, et le symbole « / » marque une intonation montante et « \ » une intonation descendante. Les pauses sont chronométrées en secondes et dixièmes de secondes et figurent entre parenthèses.

En *italique*, figurent les actions non-verbales, parfois entre parenthèses, parfois entre balises (comme *...* ou +...+), quand elles sont synchronisée par rapport aux tours verbaux ou aux mesures temporelles. L'identité du participant qui accomplit le geste ou l'action est rappelée en début de ligne par les initiales de son pseudonyme.

---

16. Voir en ligne : <http://icar.univ-lyon2.fr/projets/corinte/bandeau_droit/convention_icor.htm>.

Références bibliographiques

Aristote (1995), *La politique*, Paris, Vrin, traduction Jules Tricot.

Aristote (1986), *Histoire des animaux*, Paris, Vrin, traduction Jules Tricot.

Beaud L. (1998), *Analyse des interactions monolocutives. À la recherche du dialogisme*, Villeneuve d'Ascq, Presses universitaires du Septentrion.

Benveniste E. (1966), *Problèmes de linguistique générale*, Paris, Gallimard, tome 1.

Burnham D., Kitamura C. & Vollmer-Conna U. (2002), "What's new pussycat? On talking to babies and animals", *Science* 296, p. 1435.

Campan R. & Scapini F. (2002), *Ethologie : approche systémique du comportement*, Bruxelles, De Boeck.

Cekaite A., (2010), "Shepherding the child: Embodied directive sequences in parent-child interactions", *Text & Talk* 30(1), p. 1-25.

Deppermann A. (2013), "Multimodal interaction from a conversation analytic perspective", *Journal of Pragmatics* 46, p. 1-7.

Gaborieau P. & Beaud L. (2016), « La question de l'origine du langage, ou l'arbre qui cache la forêt », *Tétralogiques* 21.

Garfinkel H. ([1967] 2007), *Recherches en ethnométhodologie*, Paris, PUF.

Goffman E. ([1974] 1991), *Les cadres de l'expérience*, Paris, Éditions de Minuit.

Goffman E. (1973), *La mise en scène de la vie quotidienne. La présentation de soi*, Paris, Éditions de Minuit, tome 1.

Goode D. (2007), *Playing with my Dog Katie. An Ethnomethodological Study of Dog-Human Interaction*, West Lafayette, Purdue University Press.

Goodwin C. (2013), "The co-operative, transformative organization of human action and knowledge", *Journal of Pragmatics* 46(1), p. 8-23.

Goodwin C. (2000), "Action and embodiment within situated human interaction", *Journal of Pragmatics* 32, p. 1489-1522.

Haraway D. (2007), *When Species Meet*, Minneapolis, University of Minnesota Press.

Hare B. & Tomasello M. (2005), "Human-like social skills in dogs?", *Trends in Cognitive Sciences* 9, p. 439-444.

Hirsh-Pasek K. & Treiman R. (1982), "Doggerel: Motherese in a new context", *Journal of Child Language* 9, p. 229-237.

Jeannin S., Gilbert C. & Leboucher G. (2017), "Effect of interaction type on the characteristics of pet-directed speech in female dog owners", *Animal Cognition* 20, p. 499-509.

Jerolmack C. (2009), "Humans, animals, and play: Theorizing interaction when intersubjectivity is problematic", *Sociological Theory* 27(4), p. 371-389.

Kaminski J. & Marshall-Pescini S. (eds) (2014), *The Social Dog. Behaviour and Cognition*, Londres, Academic Press.

Latour B. (1994), « Une sociologie sans objet ? Note théorique sur l'interobjectivité », *Sociologie du travail* 4, p. 587-607.

Miklosi A. (2007), *Dog Behaviour, Evolution, and Cognition*, Oxford, Oxford University Press.

Mitchell R. (2001), "Americans' talk to dogs: Similarities and differences with talk to infants", *Research on Language and Social Interaction* 34, p. 183-210.

Mondada L. (2016), "Challenges of multimodality: Language and the body in social interaction", *Journal of Sociolinguistics* 20, p. 336-366.

Mondada L. (dir.) (2014), *Corps en interaction : participation, spatialité, mobilité*, Lyon, ENS Éditions.

Mondada L. (2009), "The embodied and negotiated production of assessments in instructed actions", *Research in Language and Social Interaction* 42, p. 329-361.

Mondémé C. (sous presse), *La socialité interspécifique. Pour une analyse multimodale des interactions hommes-chiens*, Limoges, Lambert-Lucas.

Poresky R. & Daniels A. (1998), "Demographics of pet presence and attachment", *Anthrozoös* 11, p. 236-241.

Prato-Previde E., Custance D. M., Spiezio C. & Sabatini F. (2003), "Is the dog-human relationship an attachment bond? An observational study using Ainsworth's strange situation", *Behaviour* 140, p. 225-254.

Ringrose C., (2015), "Pitch change in dog-directed speech", *Lifespans & Styles* 1. En ligne : <https://doi.org/10.2218/ls.v1i0.2015.1181>.

Roberts F. (2004), "Speaking to and for animals in a veterinary clinic: A practice for managing interpersonal interaction", *Research on Language and Social Interaction* 37(4), p. 421-446.

Sacks H., Schegloff E. & Jefferson G. (1974), "A simplest systematics for the organization of turn-taking for conversation", *Language* 50, p. 696-735.

Schwab C. & Huber L. (2006), "Obey or not obey? Dogs (*Canis familiaris*) behave differently in response to attentional states of their owners», *Journal of Comparative Psychology* 120(3), p. 169-175.

Sebeok T. (1969), "Semiotics and ethology", in Sebeok T. & Ramsay A. (eds), *Approaches to Animal Communication*, La Hague, Mouton & Co Publishers, p. 200-231.

Speer S. (2002), " 'Natural' and 'contrived' data: A sustainable distinction?", *Discourse Studies* 4, p. 511-525.

Tannen D. (2004), "Talking the dog: Framing pets as interaction resources in family discourses", *Research on Language and Social Interaction* 37(4), p. 399-420.

Topál J., Miklósi A., Csányi V. & Dóka A. (1998), "Attachment behavior in dogs (*Canis familiaris*): A new application of Ainsworth's (1969) strange situation test", *Journal of Comparative Psychology* 112, p. 219-229.

Von Frisch K. (1955), *Vie et mœurs des abeilles*, Paris, Albin Michel.

Article reçu en février 2017. Révision acceptée en juin 2017.

L'être et le nom :
éthique de la nomination dans le cadre du deuil périnatal

Catherine Ruchon
Université Paul-Valéry-Montpellier III, laboratoire Pléiade
catherinev@club-internet.fr

Introduction

L'éthique s'applique aujourd'hui à des domaines aussi variés que la procréation et l'euthanasie, l'environnement ou les affaires. Les récents débats sur le deuil périnatal ont posé la question de la nomination d'enfants mort-nés. Cette question éthique qui interroge la notion même d'«humain», amène à redéfinir des mots tels que *bébé, enfant, personne* et leurs emplois. Avec en corollaire une réflexion sur les conditions d'attribution de noms propres. En effet, il n'est pas toujours possible pour les parents endeuillés de nommer civilement leur enfant décédé précocement. Je souhaite ici ouvrir un questionnement sur la dimension éthique dans les actes de nomination, dans un contexte circonscrit, le deuil périnatal. Je m'appuie sur un large corpus, croisant les textes juridiques et les discours médicaux avec ceux des personnes concernées par ce deuil, soit une vingtaine d'ouvrages de témoignages de parents endeuillés, des documents édités par une dizaine d'associations sur le deuil d'enfant, des lettres de parents endeuillés, des articles de presse sur le deuil périnatal, ainsi que des extraits de blogs et de forums de l'internet. Ces documents portent sur une période allant de 1994 (les années 1990 marquant un tournant dans la législation du deuil périnatal) à 2011.

1. L'éthique de la nomination

On distingue aujourd'hui différents modèles éthiques : la théorie de la justice (John Rawls), l'éthique des vertus (Aristote, Paul Ricoeur), l'éthique de conviction, de responsabilité (Emmanuel Levinas, Max Weber, Hans Jonas), l'utilitarisme et le conséquentialisme (John Stuart Mill), l'éthique de la discussion (Karl-Otto Apel, Jürgen Habermas), le déontologisme (Emmanuel Kant), l'éthique de la sollicitude ou du *care* (Carol Gilligan, Annette-Claire Baier, Pascale Molinier). Aucun de ces modèles ne peut s'imposer en toute circonstance : «L'éthique est une réflexion qui vise à déterminer le bien agir en tenant compte des contraintes relatives à des situations déterminées.» Inspirée des travaux d'Alain Badiou et de Ricoeur, cette définition de Jean-Jacques Nillès est extraite d'un recueil professionnel édité par l'Agence nationale de l'évaluation des services médico-sociaux (ANESM 2010). Cette définition place l'éthique dans un domaine d'application, et c'est ainsi que j'entends travailler cette notion. Elle renvoie à une distinction d'usage morale/éthique, qui fait de la morale un domaine abstrait où règneraient les valeurs (amont des normes chez Ricoeur ; guide du comportement avec les relations ténues chez Avishai Margalit) et de l'éthique un domaine d'application de ces valeurs (aval des normes et relations denses). L'éthique attend un complément (de + X) alors que la morale serait absolue. Cependant mon objet n'est pas d'entrer dans ce débat mais d'amorcer une réflexion sur une éthique de la nomination ancrée, selon la méthodologie chère aux discursivistes, à une situation déterminée, en l'occurrence le deuil des nouveaux-nés.

1. 1. Règles et enjeux de la nomination

Le nom n'est pas seulement un outil commode de désignation. Il a une importance clé dans la société française. Le nom est un don («donner un prénom») et une possession qui permet la transmission des biens. L'immutabilité fait du nom une institution étatique (Mellet 2000 : 12) qui garantit à l'individu l'inscription dans une généalogie et une immortalité généalogique. Si le nom survit, l'essence survivra (Margalit 2006 : 33). Le principe d'immutabilité est indissociable de celui d'imprescriptibilité : l'acte de nommer ne peut s'exercer librement. Ce principe, rappelle Jean-François Mellet, est inhérent à toutes les sociétés : «le nom scelle la non-folie du rapport au corps et aux choses» (Mellet 2000 : 20). Le locuteur ne peut appeler *chien* un chat. Les noms propres aussi se «donnent» en fonction de règles sociétales, juridiques et éthiques. Grâce à l'immutabilité, la nomination apporte une preuve d'existence.

Le nom remplit donc différentes fonctions fondamentales. La différenciation des composantes de toute société, et par conséquent des individus, s'opère principalement par le nom (Ginzburg 1989 : 171). Enfin, point fondamental dans la réflexion engagée ici, le nom porte métonymiquement l'individu (Margalit 2006 : 30). En assurant une place généalogique et en portant métonymiquement l'individu, la nomination permet le travail mnémonique et la commémoration.

La nomination des morts-nés joue un rôle essentiel dans le processus de deuil des parents concernés : la reconnaissance du statut de parent passe en effet par la reconnaissance de l'existence de l'enfant décédé, et donc par sa nomination et son inscription dans le registre d'état civil.

Cette question de la nomination des enfants rejoint celle de la désignation des parents endeuillés. La reconnaissance du statut de parent en situation de deuil périnatal passe aussi par l'instauration d'un terme permettant aux parents de s'auto-désigner en tant que parent endeuillé (Ruchon 2015). En effet, depuis la disparition des lexies grecque et latine désignant le parent ou la mère endeuillé.e (*orphaneia, mater orba, mater dolorosa,*), il n'existe pas à l'heure actuelle de mot en français pour désigner la personne dont l'enfant est décédé. Le mot d'origine grecque *orphelin* a perdu le sens général de *privé de* qui permettait de l'employer dans différents contextes. Il s'est spécialisé et désigne exclusivement l'enfant privé de ses parents. L'Église, mais aussi l'État, pourraient avoir eu intérêt à endiguer les débordements pathétiques relatifs à la mort de l'enfant. C'est l'une des interprétations sur cette lacune lexicale proposées par Yvonne Cazal, spécialiste en linguistique médiévale (Cazal 2009a, 2009b). Il faut aujourd'hui recourir à des périphrases chargées de prédicats et de compléments pour définir le parent *privé de son enfant, qui a perdu son enfant, dont l'enfant est mort.*

Aujourd'hui, dans les forums de discussion, les parents internautes recourent à de nombreuses auto-désignations souvent néologiques (telles que *parange*, «parent d'un ange») et à des pseudonymes numériques qui comportent le prénom de leur enfant décédé, qui, bien au-delà d'une fonction désignative, leur permettent de faire leur deuil en ligne en disant quelque chose de soi («j'ai perdu un enfant», «il s'appelle X») (Ruchon 2017, à paraître).

Plus encore, les parents multiplient les initiatives pour la création d'un terme officiel permettant de les désigner en tant que parents endeuillés. Les nombreux écrits sur ces questions, webnatifs ou publiés sur des supports éditoriaux traditionnels, comptent une pétition citoyenne lancée en mai 2014 par une mère endeuillée, s'intitulant «ça ne se dit pas»[1]. Cette pétition a pour objectif de saisir le Conseil économique, social et environnemental afin de lancer une réflexion sur l'absence de mot permettant de désigner les parents endeuillés de leur enfant. En 2007, une autre mère endeuillée avait proposé à l'Académie française de faire entrer le terme *désenfanté* dans le dictionnaire ; en 2014, elle ajoute l'entrée sur WikiLF. La question est souvent soulevée dans les discours des parents endeuillés qui cherchent le terme adéquat. Le qualificatif *désenfanté* ne remporte pas les suffrages : les parents qui pratiquent fréquemment une linguistique profane relèvent l'oxymore dans l'expression *parent désenfanté*, celle-ci rompant le lien entre enfant et parents que ces derniers cherchent justement à préserver.

On voit que la question de la nomination des enfants décédés s'associe à un ensemble de pratiques discursives de deuil aux fortes retombées sociales.

1. 2. Fondements d'une éthique de la nomination

L'expression «éthique de la nomination» a été employée par Sophie Moirand en 2008 dans son article sur l'emploi du mot *otage* (Moirand & Porquier 2008 : 139-154). La *nomination*, autrement dit l'acte de nommer les objets du monde, engage la «responsabilité énonciative» du locuteur (notamment du journaliste) ou ce que Marie-Anne Paveau appelle la «vertu discursive» (Paveau 2013 : 139-170[2]). Dans le cadre de cette recherche, j'ai restreint son emploi aux désignations données aux êtres vivants (noms propres et désignations catégorisantes de l'espèce humaine). Une inscription à l'état civil, un baptême, permettent la reconnaissance d'une personne comme membre de la communauté. *A contrario*, l'absence de nomination peut révéler l'absence de considération pour certaines formes de vie. J'appelle *éthique de la nomination* les normes et principes étayant les réglementations, pratiques religieuses ou rituelles, individuelles, en matière de nomination. Sur quoi repose et de quoi dépend le droit de nommer, renommer, débaptiser ? C'est une question d'actualité en France : la circulaire du 28 octobre 2011 porte sur les prénoms et noms de famille, et notamment sur la liberté de choix du prénom, sa contestation, son changement, sa francisation, la transmission du nom de famille, sa traduction, son changement (adéquation,

---

1. Voir en ligne : <http://caneseditpas.wesign.it/fr>.
2. Marie-Anne Paveau a développé cette notion dès 2012 dans son séminaire de doctorat, «Théories du texte et du discours 2 – Discours, éthique, droit. La question des normes», université de Paris 13-Villetaneuse.

connotation, débaptême), le double nom[3]. Différentes franges de la population peuvent être concernées : les enfants non reconnus (à qui l'on donne par exemple le prénom du «père inconnu»), les enfants adoptés (avec ou non le maintien du prénom d'origine), les immigrés (avec la francisation du nom), la famille dans sa globalité (avec la question du nom de famille qui aujourd'hui n'est plus seulement le patronyme). Il faut ajouter à cette liste les enfants mort-nés, dont la nomination a suscité de nombreux débats.

L'éthique de la nomination telle que je la conçois repose sur deux fondements principaux. Un consensus voudrait que l'éthique repose sur la valeur du «Bien». Il me semble préférable de remplacer ce concept abstrait et relatif par celui de sollicitude, employé par Ricœur (Canto-Sperber 2004 : 695) à propos de l'éthique médicale, ou de souci d'autrui, suivant en cela Margalit. Afin de dessiner les contours d'une éthique de la nomination, j'ajoute à la notion du souci la valeur accordée à l'être humain en tant qu'individu unique.

2. Un nouveau deuil : le *deuil périnatal*

Le deuil périnatal est une «nouveauté» dans notre expérience de la mort (Dreyer 2009). Il concerne environ 14 000 familles par an en France. L'entrée dans le lexique de l'adjectif *périnatal* est relativement récente : 1952. Au sens strict, le terme médical *périnatal* situe une période allant de la 28e semaine de gestation au 7e jour après la naissance[4]. Il faut l'opposer au deuil néonatal où l'adjectif *néonatal* pose lexicalement comme acquis qu'il s'agit d'un nouveau-né, avec les traits / vivant/ ou /formé/. L'éthique de la nomination dans le cadre du deuil périnatal rencontre les éthiques appliquées du médical et du juridique, avec notamment le premier DEA d'éthique en 1994, *Le mort-né est-il considéré comme une personne humaine ?*, par le Docteur Dumoulin.

Une découverte est à l'origine de la médiatisation du deuil périnatal et de l'interrogation éthique sur ces fœtus. En 2005, 351 fœtus ont été retrouvés à Saint-Vincent-de-Paul, conservés au formol.

---

3. La circulaire du 28 octobre 2011 relative aux règles particulières à divers actes de l'état civil relatifs à la naissance et à la filiation est consultable en ligne : <http://www.textes. justice.gouv.fr/art_pix/JUSC1119808C.pdf>.

4. En réalité les définitions divergent. Celle-ci est tirée du *Nouveau Petit Robert* 2007. C'est aussi celle de Robinson, Baker et Nackerud (1999). Cette période peut s'étendre de la 20e semaine au 1er mois de vie (Delaisi de Parseval G. 1997). Malacrida dans Robinson *et al.* (1999) inclut les fausses couches. Les décès plus tardifs sont qualifiés de «décès pédiatriques».

L'émoi et l'indignation morale provoqués par cette découverte en ont fait un événement de parole ou, selon l'expression de Foucault (1968), un événement discursif. Il s'agit ici d'un *événement discursif moral* tel que Marie-Anne Paveau le définit, à savoir des productions discursives qui ont déclenché des commentaires métadiscursifs de nature morale (Paveau 2012 : 108), ici dû au respect de la vie. La découverte de ces fœtus a suscité nombre de ces réactions indignées. Tandis que Xavier Bertrand fait part «de sa "profonde émotion" et de son "indignation" face à une telle découverte», Bertrand Delanoë se dit quant à lui «"profondément" choqué par l'annonce "stupéfiante" de la découverte des 351 fœtus»[5]. En 2011, un article de *Libération* met en mention par un italique doublé de guillemets, les mots *fœtus, nouveaux-nés, bébés*, révélant l'hésitation du journaliste qui ne sait que choisir dans le paradigme des désignations :

[1] Plus tard, en juillet 2005, Caroline entend à la radio que 350 corps de *«fœtus»*, *«nouveaux nés»*, *«bébés»* sont conservés dans des conditions indignes à Saint-Vincent-de-Paul, le scandale éclate. («À la mémoire des enfants qui n'auront pas vécu», *Libération*, 04.01.11).

Les discours sur le deuil périnatal montrent ainsi fréquemment une non-coïncidence entre le mot et la chose (Authier Revuz 1988).

2. 1. Nomination et normes juridiques

La nécessité d'archiver les identités était motivée à l'origine par des raisons de sécurité publique. Cependant les premières dispositions (ordonnance de Villers-Cotterêt en 1539 qui assigne aux curés l'obligation des registres des décès et baptêmes, fichiers d'état civil post-révolutionnaires, livret de famille) ne concernent que les enfants nés vivants. Les mort-nés n'étaient pas déclarés. Il faut attendre 1806 et le Code Napoléon (art. 55 du code civil) pour que puisse être dressé un «acte de déclaration d'enfant présentement sans vie» (pour un «vrai mort-né», c'est-à-dire mort à la naissance ou un «faux mort-né», décédé avant la déclaration). La nomination dépendait alors de la viabilité (180 jours de gestation) et de la vitalité à la naissance et à la déclaration à l'état civil. Sans quoi l'enfant était un «rien», un «produit innomé», comme le rappelle le docteur Dumoulin dans son DEA d'éthique (Dumoulin 1998 : 1, 5). La

---

5. *genethique.org*, revue de presse août 2005, *Le Monde, La Croix, Le Figaro, Le Nouvel Observateur, CNN*.

première occurrence du terme *innomé* se trouve dans l'arrêt de la Cour de cassation du 7 août 1874 :

> [2] [...] l'être qui vient au monde avant ce terme [de 180 jours], privé non seulement de la vie, mais des conditions organiques indispensables à l'existence, ne constitue qu'un produit innomé et non un «enfant», dans le sens que le législateur a attaché à cette expression [...]. (arrêt de la Cour de cassation du 7 août 1874)

Avec la loi de janvier 1993, la viabilité prime sur la vitalité : peut être déclaré un enfant de plus de 22 semaines ou de 500 gr. Ce seuil a été retenu sur les recommandations de l'OMS pour distinguer une naissance d'un avortement tardif.

Le décret d'août 2008 laisse l'établissement de l'acte à l'initiative des familles : il est désormais possible d'inscrire le prénom dans le livret de famille (partie décès) sous réserve d'un certificat d'accouchement qui suppose le «recueil d'un corps formé et sexué». Ce nouveau dispositif n'est donc plus fondé sur le seuil de viabilité défini par l'OMS.

La circulaire interministérielle du 19 juin 2009 précise que l'acte d'enfant sans vie peut comporter les noms et prénoms des parents, mais que l'enfant sans vie ne peut avoir de nom de famille[6]. Dans cette circulaire, les corps sont assimilés à des *pièces anatomiques d'origine humaine* avec lesquels ils peuvent être transportés et incinérés en cas d'absence de certificat d'accouchement[7].

2. 2. Commentaires méta-discursifs sur les désignations catégorielles

L'abondance de commentaires métadiscursifs souligne la difficulté à délimiter ce que j'appellerai faute de mieux les frontières des «stades de vie». Les gloses sur les mots *embryon*, *enfant*, *fœtus* ou *personne*, en attestent :

> [3] L'embryon, dans les hôpitaux, on ne sait pas très bien ce que c'est : tantôt une cellule, tantôt une potentialité d'enfant. (propos d'une psychologue, dans Soland 2012)
>
> [4] L'Igas n'a pas découvert sur place de corps d'«enfants», au sens légal du terme, c'est-à-dire de bébés disposant de certificats de naissance et de

---

6. La circulaire du 19 juin 2006 est consultable en ligne : <https://www.legifrance.gouv.fr/affichTexte.do?cidTexte=JORFTEXT000000425866&dateTexte=&categorieLien=id>.
7. Sur ces questions, on pourra lire l'article de Maryse Dumoulin, «Des morts sans souvenir la mort des tout-petits» (Dumoulin 2008).

décès. (*L'Express*, 31 octobre 2006, à propos de l'affaire de l'hôpital de Saint-Antoine)

[5] Le mot fœtus n'existe pas dans les textes juridiques : on y trouve les termes d'enfant en cas de déclaration à l'état civil ou d'embryon, de produit innomé, sinon. (Dumoulin 1998 : 1)

[6] Même mort, le bébé est une personne. (*La Voix du Nord*, 14 février 1995)

[7] Si certains êtres humains ne sont plus des personnes, ou à moitié, on change de civilisation ! C'est le retour à l'époque romaine, quand l'embryon n'était que la *pars viscerum matris*, un morceau des entrailles de la mère. (propos d'A. Mirkovic, professeur de droit à l'université d'Evry, Soland 2012)

[8] Christelle s'insurge de la non reconnaissance de son fils Benjamin : « Il est inscrit sur le livret de famille, mais je n'ai pas pu lui donner de nom de famille, car il est appelé « enfant sans vie », donc il n'a pas droit à un nom. Je trouve ça injuste ! Pourquoi mon fils n'existerait pas ! Il a vécu quand même ! C'est la moindre des choses de pouvoir le faire reconnaître. » (propos d'une mère endeuillée, Nathalie Z 2008 : 149)

En [3], l'énonciatrice tente d'assigner un référent au terme *embryon* dans le discours médical. En [4], des guillemets marquent la non-coïncidence entre la référence usuelle du mot *enfant* et celle du mot en discours. De plus, le commentaire métalinguistique *au sens légal du terme* apporte une restriction de sens à *enfant*. Le commentaire sur le mot *fœtus* en [5] porte aussi sur les emplois du terme dans les textes juridiques. Dans l'énoncé [6], l'emploi du restrictif *même* dans ce titre de presse a pour implicite qu'il ne va pas de soi que l'enfant décédé soit une personne. L'énoncé [7] met en opposition les désignations *êtres humains* et *personnes* par la copule *sont* en modalité négative. Dans l'énoncé [8], c'est l'expression *enfant sans vie* qui fait réagir l'énonciatrice : l'émotion due à l'indignation morale est perceptible par les marques de modalisation exclamative (phrases courtes ponctuées d'un point d'exclamation) et par la locution adverbiale de concession (*quand même*) qui révèle l'opposition de l'énonciatrice. Les exemples [7] et [8] montrent qu'en situation de deuil périnatal, le mot *personne* perd son statut d'hyperonyme ; sa référence est restreinte par des considérations médico-légales. Tous ces énoncés posent une question éthique de nomination et de référence. Ils soulignent ce que j'appelle l'*impuissance référentielle* d'un certain type de désignateurs portant lexicalement le trait /humain/ (*bébé, fœtus, enfant, personne*).

2. 3. La nomination par les parents, un acte spontané

Les modalisations d'hésitation ou de reprécision comme celles étu-diées plus haut sont rares dans les discours des parents qui recourent à la fois à des désignations catégorielles et au nom propre pour dési-gner leur enfant. Ils le catégorisent comme *enfant* ou *bébé*, sans guille-mets, même lorsqu'il n'est pas né, comme dans ces termes d'adresse de lettres d'une femme enceinte à son enfant : *Mon cher enfant, Cher bébé, Mon petit bébé qui n'arrête pas de bouger* (dans Martineau 2008 : 14, 18, 22-23). Que l'enfant soit décédé avant terme ou après la naissance, les parents le désignent fréquemment par son prénom accompagné de termes hypocoristiques :

[9] Mon enfant, Henri mon bébé je pense à tous ces petits mots doux, à ceux qui t'auraient bercé. (propos de parent endeuillé, Adep 56 2009 : 35)

[10] Chère Madame, nous tenons encore à vous remercier pour toute l'aide que vous nous avez apportée quand nous avons perdu notre bébé Alain[8]. (lettre de parent endeuillé, 1997, Dumoulin 1998)

[11] Chère madame Dumoulin, Bientôt deux mois que nous vivons avec le souvenir de notre cher petit Laurent. (lettre de parent endeuillé, 1996, Dumoulin 1998)

Dans les lettres de remerciement adressées au docteur Dumoulin, l'enfant est généralement nommé dès le début comme en [10] et en [11]. Le prénom permet d'installer le thème dans l'échange parent-médecin, sans besoin d'explications douloureuses. En [9], le prénom permet d'instaurer une situation interlocutive avec l'enfant décédé. Très fréquents dans les témoignages de parents endeuillés, ces discours prosopopiques apparaissent comme des pratiques discursives de deuil (Ruchon 2015).

Les parents ont conscience que le terme *enfant* a pour propriétés sémantiques le fait d'avoir un prénom, comme l'exprime ce nom d'association, « L'enfant sans nom – Parents endeuillés », où le mot *enfant* est accolé à un qualificatif restrictif. La nomination permet d'apaiser la douleur des parents, de rendre réel ce non-événement, d'humaniser une entité biologique qui aurait dû être leur enfant. On touche ici à ce que Margalit appelle le « souci d'autrui » :

[12] Nommer ce bébé, notre premier, l'a rendue plus humain à nos yeux. Des premiers instants après l'annonce d'une mort fœtale *in utero* où l'on imagine un monstre dont on veut se débarrasser, notre bébé redevient une personne. Il est nommé. (Martineau 2008 : 65)

---

8. Les prénoms ont été modifiés.

L'importance de la nomination est soulignée ici par la répétition du verbe *nommer* et par sa position syntaxique de sujet grammatical dans la première occurrence. La nomination modifie la représentation que les parents ont de leurs enfants décédés *in utero*.

Dans le contexte d'un forum sur le deuil périnatal, un prénom est en soi la narration d'une vie non advenue, et de celle de ses parents. Par sa fonction métonymique, le prénom permet une synthèse narrative en ouvrant un récit de forme minimaliste. Le prénom est ainsi utilisé dans ce but, en titre d'ouvrage (*Marie-Kerguelen, Philippe*) mais aussi et surtout dans les noms d'association (*Clara, Jonathan Pierres Vivantes, Couleur Jade, le ciel de Justine*, etc.). Qu'il soit ou non le prénom de l'enfant décédé qui a suscité la création d'une association, le recours métonymique au prénom permet l'incarnation de toutes les vies non advenues, ce qui autorise l'association à parler au nom de tous les parents endeuillés.

2. 4. Peut-on parler d'arbitraire du prénom ?

Les différentes théories font du nom propre soit une catégorie grammaticale (*Grammaire de Port-Royal*), soit un désignateur rigide, vide de sens, d'un référent auquel il est lié par un acte de baptême originel (Kripke, Mill), soit au contraire un désignateur doté d'une signification (Frege), soit encore un prédicat d'existence dont l'emploi présuppose l'existence du porteur de nom (Kleiber). Les prénoms d'enfants décédés précocement sont-ils immotivés et vides de sens ? Les énoncés métadiscursifs suivants permettent d'en douter :

[13] « Loanne » est un prénom dérivé du breton, et signifie « Lumière ». (Trichard-Gautier 2001 : 91)

[14] Christelle[9] n'oubliera jamais ce 15 juin 2002 : « Le jour où j'ai perdu Tao. En taoïsme, cela signifie : sur le chemin de la vie éternelle. » (propos de mère endeuillée sur *planete-elea.com*, 2011)

[15] Nous avons appelé notre fille « Raphaëlle », d'après l'archange. Notre bébé mort avait enfin un prénom et il fallait le déclarer en mairie. (Martineau 2008 : 36)

[16] [...] mon bébé s'appel Maël(le) qui veut dire « prince guerrier », car mon bébé s'est battu pour grandir malgré sa malformation. (propos de parent endeuillé sur *lenfantsansnom.free*, 2006)

---

9. Le nom de famille a été supprimé.

Ces énoncés présentent une justification sémantique du choix des prénoms, qu'ils aient été sélectionnés en début de conception comme en [13] ou *post mortem* comme en [15] et [16].

Ces observations rejoignent les conclusions de Jean-Paul Honoré sur les changements de nom : le nom de famille est un outil linguistique «qui cristallise la relation à soi, la relation à l'autre, et la relation à l'État», il est «à la fois psychologique, social et politique» (Honoré 2000 : 37).

2. 5. Une non-coïncidence des visions du monde

Pour les parents, le fœtus est déjà un enfant. Mais cette vision n'est pas partagée :

[17] Son premier enfant, comme elle l'appelle, est mort, alors que cette rayonnante jeune femme était enceinte de six mois... (*Tribune de Genève*, 19 mai 2011)

La glose méta-énonciative *comme elle l'appelle* dans l'énoncé ci-dessus marque la réticence du journaliste-énonciateur à s'approprier le mot *enfant*. Les commentaires méta-discursifs révèlent les divergences des visions du monde.

[18] C'étaient de vrais bébés. C'étaient mes filles. (propos de parent endeuillé dans «Les anges ont un prénom», *La Vie*, 25 septembre 1997)

En [18], l'emploi de l'adjectif évaluatif axiologique *vrai* est argumentatif et pose une vision du monde. Le parallélisme syntaxique (présentatif *c'étaient* + *de vrais bébés/mes filles*) met en apposition les termes *bébés* et *filles*, avec dans la seconde proposition une désignation genrée déterminée par un possessif, double marqueur d'existence. L'énonciatrice construit ainsi en discours sa vision du monde, qui s'oppose à celle véhiculée par le discours juridique où le trait [humain] n'est accordé que sous certaines conditions (*cf.* les circulaires présentées plus haut).

2. 6. Abus des mots, indignation morale et ajustement interdiscursif

Certains termes du discours médico-légal ont provoqué l'indignation morale des parents endeuillés qui les reformulent différemment :

[19] Je ne voulais pas qu'on l'incinère avec des débris anatomiques, ça non, c'était un bébé complet (lettre d'un parent endeuillé dans les années 1990, Dumoulin 1998)

Les parents opèrent une resignification des éléments du discours juridique qui les ont choqués. Ci-dessus, la désignation *débris anatomique* est contestée par l'adverbe de négation *non* et resignifiée par le segment *bébé complet* où l'idée de complétude induite par l'adjectif *complet* s'oppose sémantiquement à *débris*.

Les catégories médicales telles que celle d'embryon sont aussi réfutées :

[20] [...] je n'avais pas perdu un embryon de 25 centimètres, j'avais perdu un bébé, c'était la fin d'un rêve, d'un projet, de tout un pan de vie. (propos d'une mère endeuillée sur marie-kerguelen.over-blog.com, 2007)

Dans l'énoncé [20], la symétrie syntaxique (*je n'avais pas perdu/j'avais perdu, embryon/bébé*) met en opposition deux discours, celui du corps médical qui recourt au mot *embryon* et celui de la mère qui revendique le mot *bébé*. Là aussi, la mère endeuillée opère une resignification rendue manifeste par ce parallélisme des structures syntaxiques où seul le complément varie, créant un effet de focalisation sur la distinction embryon/bébé.

[21] J'ose à peine te dire la manière dont tu es décrit par ces textes de notre République qui œuvre soi-disant pour le bien-être de l'Homme : «débris humains», «produit innomé», «rien». [...] Comment, pour les temps à venir, pourrai-je prétendre vivre sereinement en entendant au fond de moi cet indigne qualificatif de «produit innomé»! (Haussaire-Niquet 1998 : 194)

[22] Le téléphone a sonné : c'était la secrétaire du bloc accouchement qui me prévenait de son arrivée imminente car elle ne pouvait pas garder ça longtemps. Ce CA, c'était mon BÉBÉ!!!! NON!!!! (lettre de parent endeuillé, 1998, Dumoulin 1998)

Les désignations *débris humains, produit innomé, rien*, mises en mention dans l'énoncé [20] afin de marquer leur provenance extérieure, et l'emploi en [21] du démonstratif *ça* qui réfère à la classe des inanimés soulèvent l'indignation morale des parents.

On peut aussi s'interroger sur le terme *mort-né*, qui focalise sur la mort et s'applique à un enfant qui est en fait *né-mort*. Les énoncés précédents mettent en lumière le besoin d'un ajustement lexical entre les discours médical, juridique et celui des familles endeuillées. En cela, il s'agirait d'une éthique du «juste mot» qui rejoindrait ce que dit John Locke de l'«abus des mots» et de leur adéquation avec la réalité (Locke 1690 : 330, 359) : il y a abus en cas d'incompréhension du co-locuteur (notamment face à un langage médico-juridique hermétique) et lorsque les mots ne sont pas ajustés à la réalité.

3. L'éthique de la nomination dans le deuil périnatal

Je souhaite introduire un quatrième élément, le deuil, dans la relation nomination-souci. Le deuil, le port du deuil, marquent une volonté de souvenir, question souvent évoquée par les auteur.e.s et les internautes impliqué.e.s dans le deuil périnatal :

> [23] Si le bébé n'a pas eu le temps de vivre hors du ventre, il nous quitte sans aucun souvenir concret auquel on peut se rattacher pour «faire son deuil». En effet, le travail de deuil passe toujours par la remémoration de souvenirs. (propos d'une mère endeuillée sur le blog mariekerguelen.free.fr, 2007)

Porter le deuil témoigne de l'attention que l'on avait pour la personne. Le mot anglais *to care* signifiait d'ailleurs «porter le deuil» (Margalit 2006 : 42). Depuis les années 1990, les parents réclament le droit de nommer civilement ces embryons, demande relayée par les associations comme celle justement nommée *L'enfant sans nom*. Que peut-on en penser d'un point de vue éthique? Nommer un embryon, ne serait-ce que par un prénom, inscrit cette trace de vie dans l'histoire individuelle et collective. De la même façon que Margalit interroge le devoir de mémoire, je souhaite questionner la demande de reconnaissance de ces formes de vie éphémères. Nous avons vu que la législation ne rendait possible l'attribution d'un prénom qu'en cas de «corps formé». Ce qui soulève la question éthique de la valeur de la vie : à quel stade l'embryon peut-il être considéré comme un être humain ? Comment concilier sa nomination avec les fondements éthiques des lois sur l'avortement?

3. 1. Devoir de mémoire, pragmatique et éthique

Le mot *souvenir* appelle son antonyme, *oubli*. L'oubli est difficilement compatible avec le préconstruit de la dimension sacrée de l'individu. La psychanalyste Marie-José Soubieux parle d'un «devoir de mémoire» (Soubieux 2010 : 14). Le nom est sépulture, d'autant plus s'il n'y a pas eu de corps tangible :

> [24] Oublie, oublie!, me servent ceux qui n'ont suivi notre histoire que de loin. (dans Brunetaud 2009 : 113)
>
> [25] Je voudrais pouvoir vous crier, vous qui êtes persuadés que la guérison ne peut se faire que par l'oubli, que la vérité pour nous est toute inverse.

[...] Employer le mot oubli est la pire des expressions. (lettre de parent endeuillé des années 1990, Dumoulin 1998)

Des énoncés comme [24] et [25] sont fréquents dans le discours des parents ayant perdu un enfant. Ces derniers remettent en question les paroles de consolation de l'entourage, qui prône les vertus de l'oubli tandis que les parents manifestent une volonté de souvenir, de non-oubli. En [24], l'auteure endeuillée représente le discours de l'entourage par un seul mot (*oubli*) modalisé par l'impératif et l'exclamation qui renforce le mode injonctif, manifestant par ailleurs sa réprobation par le verbe évaluatif subjectif *servir* et la structure restrictive *que de loin*. En [25], l'énonciateur répond dans une adresse directe marquée par le verbe locutoire *crier* et l'apostrophe pronominale (*vous qui êtes persuadés*) à ces discours de consolation en focalisant sur l'un des mots employés dans ces discours, *oubli*. Le *vous* générique souligne la fréquence de cet emploi. Les pronoms personnels *nous* et *vous* posent dialogiquement une situation d'interlocution entre endeuillés (*nous*) et non-endeuillés (vous), interlocution néanmoins présentée comme difficile par le conditionnel (*voudrais*) et le modal *pouvoir*. Les discours des parents sur les discours de l'entourage mettent souvent en avant l'aspect prescriptif des discours de consolation. Ce corpus comprend ainsi de nombreux discours rapportés assortis de commentaires évaluatifs.

[26] j'ai espoir d'avoir un autre enfant, qui ressemblera à ma petite, mais une chose est sûr jamais je n'oublierai ma MARINA. (lettre de parent endeuillé de 1998, Dumoulin 1998)

D'un point de vue pragmatique[10], le verbe *oublier* à la forme néga-tive, renforcé par l'adverbe *jamais* comme en [26], permet d'accom-plir un acte illocutoire, la promesse du souvenir. Le souvenir exige un effort de volonté. Le verbe *souvenir* est d'ailleurs en français un verbe à la forme pronominale. En cela une éthique du souvenir se démarque d'une éthique de la mémoire dans le sens où le souvenir a pour actant l'énonciateur et n'émane pas d'une volonté extérieure.

3. 2. Le nom, support du souvenir : métonymie et mémoire discursive

Je souhaite démontrer le lien entre nomination et souvenir afin de reve-nir sur mon hypothèse d'une dimension éthique dans le paradigme

---

10. Au sens d'Austin (1962).

souvenir/souci d'autrui. Si l'on envisage, à l'instar de Margalit, une éthique du souvenir, on peut se demander si une éthique de la nomination n'en serait pas une part constitutive.

Dans nos sociétés, le nom porte métonymiquement l'individu qu'il désigne. Les monuments aux morts entretiennent le souvenir de personnes par la seule mention de leur nom. Margalit illustre son propos avec l'anecdote d'un colonel qui avait oublié le nom d'un de ses soldats tué et qui fut l'objet d'une lourde condamnation morale dans la presse. Se souvenir du nom, c'est se souvenir du soldat lui-même. La crainte que le nom ne soit oublié pose le nom comme prémisse. Le problème est encore plus aigu dans le deuil périnatal puisque le nom est presque l'unique soutien de la mémoire.

Le culte des morts est un devoir éthique que s'imposent de nombreuses sociétés. Dans les sociétés chrétiennes et occidentales, le nom est partie intégrante du culte, que ce soit sur les plaques funéraires ou dans les discours (religieux et laïcs) des célébrations funèbres. Il favorise une mémoire discursive et la constitution d'une communauté du souvenir. Dans une société traditionnelle, la construction d'un «souvenir partagé» se fait par l'intermédiaire des prêtres, conteurs, chamans. Dans les sociétés modernes, c'est aux institutions de prendre en charge ce travail mnémonique (Margalit 2006 : 24 et 65). L'acte de naissance permet pragmatiquement aux parents des échanges discursifs avec leurs proches, contraints d'entériner cette existence.

3. 3. L'éthique du souvenir

Margalit établit une dimension triangulaire entre souvenir, souci d'autrui et éthique (Margalit 2006 : 37-42) : les relations souvenir/souci et souci/éthique permettent une troisième relation, éthique/souvenir.

Le souvenir en soi n'a rien d'éthique. On peut se souvenir de détails insignifiants. C'est le souvenir volontaire (Margalit 2006 : 66) d'autrui qui revêt une dimension éthique en manifestant la volonté du souci de l'autre et une conception d'une valeur élevée de la vie.

Souci d'autrui

Souvenir <--------> Éthique

3. 4. Quelle dimension éthique dans la relation souvenir/nomination?

Selon moi, ainsi que je l'ai représenté sur le schéma ci-dessous, la nomination s'inscrit dans la relation en tant que soutien discursif de la mémoire (outil du souvenir) et manifestation discursive du souci pour autrui :

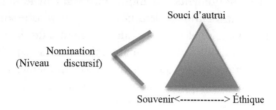

Le souci d'autrui s'exprime sur deux plans :
– la micro-éthique : relation parents-enfant, parents-entourage proche, parents-personnel médical ;
– la macro-éthique : relation parents-communauté.

En effet, le deuil d'enfant n'est la préoccupation que de ceux qui y sont confrontés : « en aucune façon nous ne nous soucions de chaque individu » (Margalit 2006 : 43). Seuls la famille, le personnel médical, les pompes funèbres, touchés dans leur affect par les ondes du choc, peuvent avoir la volonté de souvenir. C'est l'empathie qui permet par différents échanges discursifs le passage de la micro-éthique à la macro-éthique, du souvenir individuel au souvenir partagé et préservé.

Conclusion

Une éthique de la nomination permettrait de statuer sur ces questions douloureuses, notamment sur les désignatifs des enfants décédés prématurément. La nomination des enfants décédés semble jouer un rôle antalgique (le prénom jouant métonymiquement le rôle de garant d'un statut d'humain et permettant la mise en place de discours prosopopiques). Cependant je suis consciente que je suis conditionnée par la culture chrétienne dont je suis issue et ses concepts moraux. Le projet chrétien se fonde sur une dette dont il faut préserver le souvenir. Ainsi une éthique de la nomination aurait pour fondement religieux la mort du Fils. Dans cette optique, le nom n'est plus seulement « un outil commode pour préserver la mémoire des êtres humains » (Margalit 2006 : 33), il est lié à l'essence même de l'individu. Les parents, la société, rejouent cette dette originelle en voulant préserver le souvenir d'enfants décédés précocement. Par ailleurs, l'éthique de la nomination telle que je l'ai exposée s'appuie sur le concept d'individu unique. On pourrait lui opposer une position qui récuserait ce concept, suivant en cela le projet de Julia Kristeva qui réfute les relations denses (familiales), les identités stables, le souvenir partagé (Kristeva 1988, cité par Margalit 2006 : 83-84). L'anthropologie nous a appris que certaines cultures privilégient la classe sur l'individu. Lévi-Strauss a montré par l'exemple des Penan en Malaisie que le nom personnel peut être remplacé par un nom (teknonyme et nécronyme) qui réfère à la place de l'individu dans le système de parenté (Lévi-Strauss 1990). L'anthropologue Catherine Le Grand-Sébille évoque les Venda d'Afrique du Sud où les « bébés-eau », les « nourrissons sans dents », ne sont pas reconnus par la société et restent sans nom (Le Grand-Sébille, Morel & Zonabend 1998 : 19). À l'inverse, les Japonais multiplient aujourd'hui les cérémonies commémoratives aux fœtus décédés de fausses-couches et aux mort-nés.

Faut-il entretenir la mémoire ou s'en libérer ? Pour répondre à ce problème moral, il semble pertinent de questionner le rapport souvenir-identité, le lien entre le sacré et l'individu, la pertinence des notions d'identité et de nom en tant que référence à un être unique. Dans tous les cas, il est probable qu'une éthique de la nomination ne peut être universelle et doit être située.

Références bibliographiques

ANESM (2010), « Recommandations de bonnes pratiques professionnelles. Le questionnement éthique dans les établissements et services sociaux et médico-sociaux ». En ligne : <http://www.anesm.sante.gouv.fr/IMG/pdf/reco_ethique_anesm.pdf>.

Austin J. ([1962] 1970), *Quand dire c'est faire*, Paris, Points.

Authier Revuz J. (1988), « Non-coïncidences énonciatives dans la production du sens », *Linx* 19, p. 25-28. En ligne : <http://www.persee.fr>.

Canto-Sperber M. (dir.) ([1996] 2004), *Dictionnaire d'éthique et de philosophie morale*, Paris, PUF.

Delaisi de Parseval G. (1997), « Les deuils périnataux », *Revue Études* 387(5).

Dreyer P. (2009), *Faut-il faire son deuil ?*, Paris, Autrement.

Dumoulin M. (2008), « Des morts sans souvenir la mort des tout-petits », *Études sur la mort* 133, p. 85-89.

Dumoulin M. (1998), *Respect et considération des corps des fœtus décédés. Réflexion éthique*, thèse de doctorat, université de Lille 2.

Foucault M. (1968), « Sur l'archéologie des sciences. Réponse au Cercle d'épistémologie », *Cahiers pour l'analyse* 9, p. 9-40.

Ginzburg C. (1989), *Mythes, emblèmes, traces. Morphologie et histoire*, Paris, Flammarion.

Honoré J.-P. (2000), « Entre usage et héritage. Aspects formels du changement de nom (1949-1999) », *Mots. Les langages du politique* 63, p. 19-40.

Cazal Y. (2009a), « *Nec jam modo mater* : enquête sur une dénomination disparue pour désigner "la mère qui a perdu son enfant" », *Micrologus, Natura, Scienze e Società Medievali* 17, p. 235-253.

Cazal Y. (2009b), « Une lacune qui fait parler : quand le discours spontané sur le lexique s'exerce sur la lacune lexicale "mère-qui-a-perdu-son-enfant" », *Recherches linguistiques* 30, p. 105-121.

Kristeva J. (1988), *Étrangers à nous-mêmes*, Paris, Fayard.

Lévi-Strauss C. ([1962] 1990), *La pensée sauvage*, Paris, Pocket, p. 230-259.

Le Grand-Sébille C., Morel M.-F. & Zonabend F. (dirs) (1998), *Le fœtus, le nourrisson et la mort*, Paris, L'Harmattan.

Locke J. ([1690] 1787), *Essai sur l'entendement humain*, Paris, Chez Savoye, Livre III.

Margalit A. ([2002] 2006), *L'éthique du souvenir*, Paris, Climats.

Mellet J.-F. (2000), *Le régime contemporain de l'attribution et du changement de nom au Québec : le "grand bond en avant" d'une institution de droit civil ?*, thèse de doctorat, Institut de droit comparé, McGill University.

Moirand S. & Porquier R. (2008), « De l'éthique de la nomination à l'éthique de l'interprétation : autour du mot "otage" et de quelques autres», dans Delamotte-Legrand R. & Caitucoli C. (dirs), *Morales langagières. Autour de propositions de recherche de Bernard Gardin*, Rouen, Presses universitaires de Rouen et le Havre, p. 139-154.

Nathalie Z (2008), *L'un sans l'autre*, Lulu, p. 149.

Paveau M.-A. (2013), *Langage et morale*, Paris, Lambert-Lucas.

Paveau M.-A. (2012), «Réalité et discursivité. D'autres dimensions pour la théorie du discours», *Semen 34*, p. 95-115.

Ruchon C. (2017) (à paraître), «Identité numérique de parents endeuillés. Le pseudonyme comme pratique de deuil», dans Guilbert T. & Lefort P. (dirs), *Discours et (re)constructions identitaires. Analyses interdisciplinaires*, Lille, Presses universitaires Septentrion.

Ruchon C. (2015), *Des vertus antalgiques du discours? L'expression de la douleur et de l'attachement dans les discours sur la maternité*, thèse de doctorat en sciences du langage, université Paris 13.

Soubieux M.-J. (2010), *Le berceau vide*, Toulouse, Erès.

Filmographie

Soland A. (2012), *Un bébé nommé désir*, France 2, Cinétévé, 22 février 2012.

Ouvrages de parents endeuillés

Adep 56 (coll.) (2009), *Empreinte*.

Brunetaud G. (2009), *Marie-Kerguelen*, Paris, L'Harmattan.

Haussaire-Niquet C. ([1998] 2004), *L'enfant interrompu*, Paris, Flammarion.

Martineau E. (2008), *Surmonter la mort de l'enfant attendu*, Lyon, Chronique sociale.

Trichard-Gautier B. (2001), *Congé maternité sans bébé*, Paris, auto-édition.

Article reçu en avril 2017. Révision acceptée en juin 2017.

Quelle norme de prononciation au Québec ?
Attitudes, représentations et perceptions

Marc Chalier
Institut de langues et littératures romanes,
université de Vienne, Autriche
marc.chalier@univie.ac.at

1. Introduction

En sociolinguistique et plus particulièrement dans le domaine de recherche sur le pluricentrisme des normes linguistiques, le français est traditionnellement considéré comme représentant une exception au sein des langues de grande extension comme l'anglais, l'espagnol, le portugais ou l'allemand (Le Dû & Le Berre 1997 ; Lodge 1998a ; Pöll 2005)[1]. On définit la relation entre ces centres comme étant fortement asymétrique, le « français de France » (aux niveaux lexical et grammatical) et le « français parisien » (au niveau phonético-phonologique) étant définis comme référence pour le monde francophone et cette asymétrie étant visible aussi bien au niveau de la provenance des formes prescrites que dans les représentations des locuteurs (Pöll 2005 : 27 ; pour la prononciation, *cf.* Bigot & Papen 2013). Cet état de fait ne correspond cependant pas réellement à la situation actuelle de diverses régions francophones, en particulier en ce qui concerne le Québec. Il se trouve en effet que depuis les années 1960, c'est-à-dire depuis les années de la *Révolution*

---

1. Cependant, d'autres linguistes considèrent ce qu'ils nomment le *français de référence* comme étant une norme artificielle qui, en dehors des dictionnaires de prononciation et des grammaires prescriptives, n'aurait pas de réalité dans la langue parlée (Fischer 1988 ; Tuaillon 1977 ; Martinet 1974). Morin (1987 : 819) va jusqu'à désigner le français standard par le terme de « linguistic Frankenstein ».

tranquille, la question de la norme du français au Québec et d'une potentielle codification du français québécois est vivement débattue, non seulement en linguistique, mais aussi dans les médias publics. Pöll (2008 : 99 *sqq.*) résume schématiquement cette controverse en départageant, d'une part, les « aménagistes » et, d'autre part, les « conservateurs ». Il définit les « aménagistes » comme étant des partisans de la codification de la norme sociale valorisée du français québécoise utilisée par la plupart des Québécois dans les situations de communication formelle. Les « linguistes conservateurs » sont, pour leur part, définis comme étant des opposants d'une telle codification et donc partisans de ce qu'ils nomment le « français international », un terme dont la définition reste très imprécise jusqu'à aujourd'hui et qui est souvent identifié avec le « français parisien ».

C'est dans ce contexte que s'inscrit cette étude, qui a pour objectif de répondre à la question de savoir quel modèle concret de prononciation favorisent les locuteurs québécois dans leurs représentations et attitudes[2], et ce, en utilisant les méthodes de la *linguistique perceptive des variétés*[3] (*Perzeptive Varietätenlinguistik*; *cf.* Krefeld & Pustka 2010 : 9 *sq.*). Les Québécois favorisent-ils majoritairement une norme de prononciation traditionnelle « parisienne »[4] ou, au contraire, une norme aux traits de prononciation québécois? Si ce dernier cas de figure devait s'avérer être le modèle de prédilection des

---

2. Les attitudes peuvent être définies comme étant les « évaluations et sentiments affectifs face à la variation linguistique », alors que les représentations représentent « une structuration cognitive de cette variation » (Postlep 2010 : 55 *sq.*).
3. La *linguistique perceptive des variétés* (*Perzeptive Varietätenlinguistik*) remonte à Krefeld (2005), qui la définit comme étant « la modélisation et la combinaison de la variation observable, d'une part, avec sa perception par les locuteurs, d'autre part » (Krefeld 2005 : 162, traduction M. C.). Le cadre théorique de cette sous-discipline (Krefeld & Pustka 2010 : 9 *sqq.*) repose sur les fondements théoriques de la *linguistique des variétés* de tradition germanophone (Koch & Oesterreicher 2011), la recherche sur les *attitudes* (Lambert *et al.* 1960) et la *dialectologie perceptive* (*perceptual dialectology*, *cf.* Preston 1999, 2002, 2011). Notons que le terme de *language regard* proposé récemment par Preston (2011 : 10) correspond aux *attitudes* (évaluatives) et aux *représentations* (*non-évaluatives*) du modèle de la linguistique perceptive des variétés.
4. Notons que le terme de *norme* (*de prononciation*) *parisienne* utilisé dans le présent article se réfère à la norme *prescriptive* traditionnellement localisée à Paris par les ouvrages normatifs (Léon 1966). Cette norme prescriptive est indépendante des normes *descriptives* parisiennes (*cf.* Moreau 1997 pour la différence entre normes prescriptive et descriptive, *cf.* Pustka 2008 pour un aperçu détaillé des variétés parisiennes).

Québécois, comment les traits de prononciation propres à cette norme pourraient-ils être définis précisément? Afin de pouvoir répondre à ces questions, il nous faudra, dans un premier temps, présenter brièvement l'état actuel de la recherche sur la norme de prononciation du français en général et au Québec. Par la suite, nous présenterons brièvement la méthode utilisée lors de l'étude, en expliquant principalement le choix des stimuli utilisés (*locuteurs-modèles*) et le choix des informateurs (échantillonnage par quotas). Finalement, nous nous consacrerons aux résultats de l'enquête, qui montrent qu'une prononciation québécoise faiblement marquée bénéficie à l'heure actuelle non plus seulement d'un *prestige latent*, mais d'un *prestige manifeste* au sein de la communauté linguistique québécoise.

2. État de l'art

2. 1. Normes et attitudes

Avant de pouvoir aborder la norme de prononciation de manière spécifique, il convient premièrement de définir ce que nous entendons en utilisant le terme de *norme*. En règle générale, deux types de normes sont distingués. D'une part, il existe la norme que l'on nomme *prescriptive*, une norme explicite dictant un usage linguistique précis pour la communauté linguistique en question et qui est, par ailleurs, la base de tout projet de codification (Pöll 2005 : 52 *sqq.*). Au niveau synchronique, cette norme présente trois caractéristiques fondamentales (Ostiguy & Tousignant 2008 : 24 *sq.*). Premièrement, dans la communauté linguistique, il existe une représentation d'un «bon» et d'un «mauvais» usage, c'est-à-dire la possibilité de classer hiérarchiquement les faits linguistiques selon leur degré de justesse. Deuxièmement, la norme prescriptive se fonde sur un appareil complexe de référence (qui se compose principalement des *locuteurs-modèles*, des écrivains-modèles et des ouvrages de référence). Troisièmement, cette norme est également imposée et diffusée par des autorités normatives comme l'école, les médias ou encore l'administration publique. D'autre part, il existe les *normes d'usage* (ou *normes descriptives*), normes implicites désignant les habitudes et règles linguistiques en partage dans une communauté, mais dont les locuteurs ne sont pas forcément conscients (Girard & Lyche 1997 : 8 *sq.*). La présente étude ayant pour but la description des normes présentes dans les représentations et attitudes des locuteurs québécois par le biais de l'étude de leurs perceptions, le terme de *norme* utilisé ci-dessous se référera toujours aux *normes d'usage*.

Les *attitudes linguistiques* sont, elles aussi, étroitement liées à la pro-blématique de la norme. Dans ce cadre-ci, pour ce qui est du Québec, de nombreuses études publiées entre les années 1960 et 2000 ont déjà traité de la question du prestige des différentes variétés de français dans la conscience linguistique des locuteurs québécois. Les résultats de ces études peuvent être structurés de façon schématique à l'aide des termes laboviens du *prestige latent* et *manifeste*[5] : ils indiquent, selon Pöll (2005 : 175 *sqq.*), d'une part, que le « français parisien » continue jusqu'à aujourd'hui de bénéficier d'un *prestige manifeste* au sein de la commu-nauté linguistique québécoise et, d'autre part, qu'au niveau du français québécois, une évolution peut être observée entre la période de 1960 à 1980[6] et celle de 1980 à 2000[7]. En effet, Pöll (2005 : 175 *sqq.*) constate sur la base des différentes enquêtes publiées durant ces années-ci une augmentation notable du *prestige latent* du « français québécois ». Il est cependant important de noter que toutes les études sur le sujet n'ont pas étudié la prononciation en particulier, mais la norme dans sa globa-lité, au contraire de l'enquête présentée ici, qui est la première étude sur la prononciation.

2. 2. Norme de prononciation

Jusqu'ici, la définition de la norme de prononciation prescriptive ne fait pas consensus. Ainsi, en règle générale, deux modèles peuvent être distingués. Le premier modèle correspond à la définition traditionnelle de Fouché (1959) de « la prononciation en usage dans une conversa-tion "soignée" chez les Parisiens cultivés » (Fouché 1959 : ii)[8]. Dans cette définition, trois critères distincts sont ainsi nommés implicite-ment. Cette définition comprend trois critères : l'origine géographique des locuteurs parlant cette norme (« les Parisiens »), leur origine sociale (« cultivés ») et la situation de communication (« dans les conversations

---

5. Selon les travaux de Labov (1963, 1966) et Trudgill (1974), le prestige manifeste (anglais overt prestige) peut être défini comme étant l'utilisation de traits linguistiques liés à des valeurs considérées comme appartenant à la "variété légitime" (par exemple : statut social, compétence, élégance). La norme du prestige latent (anglais covert pres-tige), pour sa part, consiste à associer certaines valeurs socio-affectives (par exemple : identité de groupe, sociabilité, culture populaire) aux variétés considérées comme non légitimes (Lafontaine 1997 : 58).
6. Voir entre autres Lambert *et al.* (1960), Lambert, Frankel et Tucker (1966), D'Anglejean et Tucker (1973).
7. Voir entre autres Genesee et Holobow (1989), Paquot (1988), Bouchard et Maurais (1999), Reinke (2004).
8. Voir également Martinon (1913), Warnant (1962), Martinet et Walter (1973).

soignées»). Le deuxième modèle (Martinet & Walter 1973 : 17 *sq.*) favorise, pour sa part, la «neutralité» de la prononciation, c'est-à-dire le fait de ne pas pouvoir catégoriser perceptivement les locuteurs selon leur origine géographique. Il s'agirait de locuteurs provenant d'une région de la France septentrionale (ancienne aire de diffusion des dialectes d'oïl), n'étant pas des *Parisiens de souche*, mais des *Parisiens d'adoption* (Lodge 1998b ; Walter 1998). Cette hypothèse a été confirmée par une étude de perception menée par Armstrong et Boughton (1998), qui observent un nivellement des différences de prononciation dans les métropoles de France septentrionale (*cf.* également Boughton 2006). Il reste cependant à noter que même cet accent semble être marqué géographiquement dans les représentations des locuteurs, car pour des locuteurs extérieurs à cette région linguistique, il est identifié en tant qu'accent du nord de la France (Pustka 2008). Ainsi, force est de constater que la norme de prononciation du français définie jusqu'ici ne fait pas consensus et qu'elle doit être considérée comme norme artificielle (Pustka 2011 : 15), ce que Morin (2000), Laks (2002) et Pustka (2008) nomment le *français de référence*.

Depuis quelques années, une nouvelle évolution peut cependant être observée au niveau de la façon d'aborder et de définir la norme de prononciation. Cette évolution touche, premièrement, à l'*autorité* sur laquelle se base la norme de prononciation et, deuxièmement, aux *personnes décidant de cette autorité*. Jusqu'ici, la norme avait en effet été considérée comme devant venir de l'usage linguistique du groupe social dominant (Morin 2000 : 92), c'est-à-dire des *élites* de la communauté linguistique en question et elle se basait ainsi, d'une certaine manière, sur les intuitions des linguistes (Morin 2000 ; Laks 2002). Mais depuis quelques années, une nouvelle tendance plus *descriptive* s'appuyant sur des études perceptives et des études de corpus semble se distinguer (*cf.* par exemple Detey & Le Gac 2008). Cette nouvelle approche de la définition de la norme de prononciation se basant sur une *majorité des locuteurs*, elle semble pouvoir être qualifiée de «démocratique». Par ailleurs, plusieurs études sociolinguistiques portant sur le concept de la norme (de prononciation) ont pu montrer que dans la conscience linguistique de cette majorité des locuteurs, la norme semble être représentée par des *locuteurs-modèles*, c'est-à-dire des locuteurs professionnels servant de référence à la communauté linguistique (*cf.* par exemple Cajolet-Laganière & Martel 1995 : 13 ; Bouchard & Maurais 2001 : 112 pour le cas du Québec).

Tableau 1 : Approche de la norme de prononciation en linguistique

	Modèle « élitiste » (Morin 2000 ; Laks 2002)	Modèle « démocratique » (Detey & Le Gac 2008)
« Représentants » de l'autorité normative	Groupe social dominant	Locuteurs-modèles
« Électeurs » de l'autorité normative	Linguistes et grammairiens (Martinet 1974 : 29)	Majorité des locuteurs
Approche	Linguistique introspective (intuitif)	Linguistique de corpus Linguistique perceptive (expérimental)

Soulignons encore une différence fondamentale touchant au fondement linguistique de ces deux modèles : le modèle «élitiste» se basant somme toute uniquement sur les *productions* des locuteurs des élites sociales, il ne prend pas en compte les *normes subjectives* des locuteurs ni les *normes descriptives* décrites par Moreau (1997 : 222-223). Le modèle «démocratique» se basant, pour sa part, entre autres sur divers types d'expériences de perception touchant aux représentations (*cf.* par exemple Krefeld & Pustka 2010) et aux attitudes (*cf.* par exemple Lambert *et al.* 1960), il ne prend, au contraire, pas uniquement les *productions* en compte (à travers les locuteurs-modèles), mais également les *perceptions* ainsi que les *représentations* et *attitudes* des locuteurs «ordinaires». Par ailleurs, un tel modèle ne contient non plus une seule instance (les locuteurs des élites sociales), mais au minimum trois : les *locuteurs*, qui fournissent la base données de la future norme, les *linguistes*, qui décrivent et interprètent ces données, et les *organismes publics*, qui prescrivent ces descriptions. Ces trois instances sont ainsi liées à trois types de normes distinctes déjà décrites par Moreau (1997 : 222 *sq.*) : les *normes subjectives* (liées aux locuteurs), les *normes objectives* (normes subjectives décrites par les linguistes) et les *normes prescriptives* (normes objectives prescrites par les organismes publics). À travers cette séparation des instances et la prise en compte des dynamismes présents entre chacune d'entre elles, le modèle ne se veut plus *linéaire*, comme c'est le cas du modèle «élitiste», mais *circulaire* : la norme codifiée dans des ouvrages de référence destinés aux locuteurs peut être adaptée à mesure des changements trouvés dans l'usage des locuteurs.

Ainsi, cette approche descriptive et «démocratique» de la norme de prononciation ouvre donc la perspective d'une redéfinition de la ou des normes de prononciation du français, ce que nous tenterons d'illustrer à travers l'exemple du français québécois dans le cadre de l'étude de perception que nous présenterons ci-dessous.

2. 3. La norme de prononciation au Québec

Avant de présenter l'étude et ses résultats, il est cependant nécessaire de présenter un bref aperçu des deux principaux modèles de prononciation qui ont été proposés au Québec entre 1960 et aujourd'hui. En 1965, l'*Office de la langue française* québécois proposait comme modèle le *français international*, l'usage devant « [...] s'aligner sur le français international, tout en faisant place à l'expression des réalités spécifiquement nord-américaines » (OLF 1965 : 6). Alors que cette norme devait s'appliquer systématiquement à la syntaxe et la morphologie, l'OLF préconisait au niveau phonétique que « [...] la marge de variation doit être minime et ne tenir compte que de très légères différences d'accent qui s'expliquent par des raisons d'ordre orthographique. » (OLF 1965 : 6). En d'autres termes, l'OLF préconisait le modèle du *français international* pour le Québec, un terme qui, comme le note Corbeil (2007 : 306), représentait et représente encore à l'heure actuelle un euphémisme utilisé par les puristes atténuant le caractère centralisateur de la norme « parisienne » (Bigot & Papen 2013 : 116 *sq.*).

Depuis une trentaine d'années cependant, un autre modèle de prononciation semble prédominer dans les représentations des locuteurs : le modèle de la prononciation des présentateurs de bulletins d'informations de Radio-Canada (appelés également *locuteurs-modèles*), un modèle reconnu officiellement (Cajolet-Laganière & Martel 1995 : 13) et valorisé par une grande majorité des québécois (Bouchard & Maurais 2001 : 112). Cependant, ce modèle proposé par la *Société Radio-Canada* (*SRC*) préconise les traits phonético-phonologiques prescrits dans le dictionnaire normatif de Léon Warnant, qui, lui-même, base son dictionnaire sur le modèle proposé par Fouché (1959), c'est-à-dire – en d'autres termes – le modèle parisien. Cependant, comme le soulignent Bigot et Papen (2013 : 118), l'usage linguistique réel des présentateurs de Radio-Canada se différencie considérablement du modèle proposé par la *Société Radio-Canada (SRC)*, ce que différentes études ont déjà pu illustrer (Cox 1998 ; Reinke 2004 ; Bigot & Papen 2013). Or, étant donnés la valorisation de la norme des locuteurs-modèles par une grande majorité des Québécois et le grand écart entre la norme préconisée officiellement dans la politique linguistique de la *Société Radio-Canada* et l'usage réel des locuteurs-modèles, c'est bien à partir de cet usage linguistique que la norme de prononciation québécoise semble devoir être définie. Il reste cependant à aborder la question de savoir quels traits de prononciation utilisés par ces locuteurs-modèles sont valorisés par les locuteurs québécois et lesquels ne le sont pas, une question à laquelle des tests perceptifs peuvent apporter des éléments de réponse. C'est justement cette manière d'aborder la norme de prononciation québécoise qui a été choisie dans le cadre de l'étude présentée ci-dessous.

3. Méthode

Dans cette section, nous présenterons la méthode sur laquelle se basent les résultats de nos analyses : nous aborderons la question des stimuli utilisés, des auditeurs ayant passé le test perceptif ainsi que des questions posées dans le questionnaire.

3. 1. Stimuli

L'étude s'est basée sur un choix de quatre stimuli : un stimulus correspondant à la prononciation du *français parisien*, un stimulus diatopiquement[9] «fortement marqué» représentant le *français québécois*, un stimulus diatopiquement «faiblement marqué» représentant le *français québécois* et un stimulus diatopiquement «fortement marqué» représentant le *français suisse romand*[10]. Tous les stimuli proviennent des archives nationales ou régionales des radios et télévisions de service public de ces trois régions francophones (*Radio-Canada, Institut national de*

---

9. Les termes *diatopique, diastratique* et *diaphasique* ont été introduits par Flydal (1952) et Coseriu (1988) pour désigner respectivement les dimensions de la variation *géographique, sociale* et *situationnelle*. Soulignons que ces termes équivalent dans beaucoup de travaux (par exemple Koch & Oesterreicher 2011 : 16) aussi bien à la covariation entre variables linguistiques et extralinguistiques (origine géographique et sociale des locuteurs, situation de communication) telle qu'elle étudiée dans la tradition anglo-américaine (Labov 1972) qu'aux représentations des locuteurs, sans qu'une distinction claire ne soit faite entre ces deux dimensions (Krefeld & Pustka 2010 : 16). Or, selon Gadet (2003 : 14 *sq.*) et Krefeld et Pustka (2010 : 16 *sq.*), l'avantage de cette terminologie réside justement dans la possibilité de distinction entre les manifestations linguistiques et l'extralinguistique. Ces termes ne devraient donc être définis qu'à travers la dimension des représentations des locuteurs (Krefeld & Pustka 2010 : 16 *sq.*).

10. La dénomination des deux stimuli représentant le français québécois comme étant "diatopiquement faiblement" ou "fortement marqués" ne doit, dans le cadre de cet article, pas être comprise comme étant *absolue*. Les désignations servent en effet simplement à différencier clairement les deux stimuli, cette distinction reposant sur une analyse linguistique des deux stimuli. La question qui se pose concerne donc plutôt le caractère diatopiquement plus marqué du deuxième stimulus *en relation* au troisième stimulus dans une situation similaire de communication formelle.

l'audiovisuel, Radio Télévision Suisse) et le choix s'est basé sur les critères suivants. Nous avons, premièrement, tenté de garder les variables de l'âge et du sexe des locuteurs, de la forme discursive ainsi que de la thématique les plus homogènes possibles, afin de pouvoir réduire l'influence de ces facteurs sur les résultats du test perceptif et, par conséquent, de garantir au mieux la validité de ces derniers. Il s'agit de monologues de journalistes et présentateurs masculins ayant entre 50 et 60 ans lors de l'enregistrement et abordant tous des questions portant sur la langue au sein de la Francophonie.

Deuxièmement, étant donné qu'il s'agit d'une enquête étudiant la norme de prononciation au Québec et que diverses études sociolinguistiques ont découvert que dans la conscience linguistique des Québécois, le modèle de la prononciation québécois semble être celui de *locuteurs-modèles* en situation de présentation, notre choix s'est porté sur des stimuli pouvant être caractérisés d'écrit oralisé. Cet écrit peut, selon le modèle de Koch et Oesterreicher (2011), être caractérisé d'écrit *médial* (graphie) et *conceptionnel* (distance communicative).

Troisièmement, la durée de chaque enregistrement est de 30 secondes et le débit de parole est relativement homogène avec une moyenne de 2,16 mots par seconde. Quatrièmement, l'objectif principal de l'enquête ayant été de savoir si les Québécois favorisent la norme traditionnelle «parisienne» du français ou une variété régionale et, dans ce cas-ci, quel degré de manifestation diatopique ils favorisent, nous n'avons pas seulement choisi des stimuli de ces deux variétés de français, mais également pris en considération deux stimuli représentant le français québécois et présentant deux degrés différents de manifestation diatopique. À cela s'est ajouté un quatrième stimulus issu de la Radio Télévision Suisse (RTS), avec l'aide duquel nous avons tenté de tester si – dans le cas où les auditeurs favoriseraient une prononciation «parisienne» – les Québécois favorisent bien une prononciation «parisienne» ou plutôt un accent aux traits de prononciation que l'on pourrait caractériser comme «paneuropéens» qu'ils associeraient simplement à l'accent «parisien» dans leurs représentations. Finalement, le choix des médias s'est, conformément au concept des locuteurs-modèles, porté sur les médias de la radio et de la télévision.

Les données perceptives devant toujours être comparées aux données de production linguistique (Sobotta 2006 : 201; Postlep 2010 : 60; Purschke 2011 : 151), il est important de préciser également les différences distinguant les deux stimuli représentant le français québécois. Il s'agit, premièrement, des diphtongaisons, présentes dans le stimulus diatopiquement fortement marqué, mais inexistantes dans le stimulus faiblement marqué. Deuxièmement, le stimulus faiblement marqué ne présente que trois voyelles nasales (/ $\tilde{\varepsilon}$/, / $\tilde{a}$/, / $\tilde{ɔ}$/), la quatrième (/œ̃/) n'apparaissant à aucune reprise, alors que le stimulus fortement marqué les présente les quatre. Pour finir, le /R/ est prononcé systématiquement de façon dorsale [ʁ] dans le stimulus faiblement marqué, alors qu'il est prononcé majoritairement de façon apicale [r] dans le stimulus fortement marqué. Au final, ce sont ces différences fondamentales qui permettront de pouvoir comparer et expliquer les résultats du test de perception avec les stimuli sur une base objective.

3. 2. Auditeurs

Au niveau des auditeurs de la réalisation de l'enquête, l'étude a été effectuée dans les villes de Montréal et de Québec auprès de 101 auditeurs, la répartition des auditeurs ayant été faite de manière proportionnelle entre les sexes et les villes, afin de pouvoir vérifier l'influence de ces deux variables sur les résultats (25 femmes et 25 hommes dans la ville de Montréal, 26 femmes et 25 hommes dans la ville de Québec). Par ailleurs, les auditeurs devaient tous y avoir vécu durant les dix dernières années au minimum et ils devaient également être nés dans la province du Québec. En outre, les auditeurs devaient tous avoir entre 20 et 40 ans et un niveau d'études comparable. Ainsi, le choix s'est porté sur des étudiants ou des employés scientifiques d'une des universités francophones de Québec ou de Montréal. Le groupe choisi s'avère donc être très homogène et garantit ainsi une validité des résultats pour ce groupe en particulier. Cependant, ce choix laisse de la même manière le soin à de futures études similaires de reproduire l'enquête en utilisant un échantillon d'auditeurs se rapprochant plus d'une certaine représentativité de la population québécoise, ce type d'étude n'ayant logistiquement pas été réalisable dans le cadre de l'étude présentée ici.

Notons finalement que le choix des auditeurs s'est fait en utilisant la méthode de *l'échantillonnage par quotas*, malgré les inconvénients que comporte cette méthode (Postlep 2010 : 99 ; *cf.* également Koolwijk 1974 ; Diekmann 2011).

3. 3. Questions

Afin de permettre une approche nuancée de la norme de prononciation, les attitudes et représentations perceptives ont été abordées sur la base de deux types de questions distincts.

La première approche utilise une question indirecte par rapport à l'enseignement du français langue étrangère (FLE) en immersion :

Selon vous, le français duquel de ces intellectuels serait le plus apte à être appris aux immigrants arrivant au Québec ? La question de la norme de référence se pose en effet particulièrement dans le cas du français langue étrangère (FLE), et les réponses ne seront pas les mêmes dans un cadre d'immersion que dans un cadre classique d'apprentissage uniquement en classe. Cette question avait pour objectif de découvrir quelle norme de prononciation est favorisée par les Québécois : la norme tradition-nelle du « français parisien », une norme régionale du français québécois ou encore une norme aux traits de prononciation « paneuropéens ». Par ailleurs, l'approche de cette question se voulait indirecte : la question ne touchait pas à la norme que les informateurs favorisent en général, mais faisait référence au phénomène de l'immigration. Ce choix d'une question portant sur le français à apprendre aux immigrants repose sur le fait que le Canada compte parmi les premiers pays d'immigration au Monde et, par conséquent, sur la familiarité prévisible de ce genre de problématiques au sein de la population québécoise.

De façon complémentaire, deux questions ont été posées dans le but de vérifier si les informateurs s'étaient bien principalement basés sur le niveau linguistique de la prononciation dans leur évaluation des stimuli. La première de ces questions (*Pourquoi avez-vous choisi cette variété de français en particulier ?*) était une question à choix simple (*vocabulaire, syntaxe, prononciation*) permettant de comparer quantitativement les résultats. La deuxième de ces questions (*Quels sont les mots particuliers, les tournures de phrase ou encore les types de prononciation de l'intellectuel en question qui vous ont poussé à choisir cette variété en particulier ?*), une question ouverte, visait à donner la possibilité aux auditeurs d'indiquer librement ce qui les avait le plus influencé dans le choix de l'une de ces variétés et, ainsi, à vérifier qualitativement les résultats de la question précédente. Notons qu'un tel choix d'une combinaison de questions fermées et ouvertes complémentaires s'est avéré fructueux dans plu-sieurs enquêtes préalables portant sur les représentations et attitudes (*cf.* entre autres les enquêtes de Pustka 2010 sur le français du Midi et de Reutner 2005 sur les Antilles).

La deuxième approche s'inspire de la technique traditionnelle *du locuteur masqué (matched guise*, Lambert *et al.* 1960) en utilisant une question explicite touchant au niveau de la « justesse » (*correct – pas cor-rect*) (Preston 1999 : xxxiv) des locuteurs entendus sur la base d'une échelle de 0 % à 100 % : *Comment évalueriez-vous la façon de parler des intellectuels de chacun de ces quatre enregistrements ? Veuillez placer votre évaluation sur l'échelle de notation suivante ?*

4. Résultats : attitudes et représentations perceptives

Gardant à l'esprit la question initiale de cette étude qui est de savoir si les Québécois favorisent majoritairement une norme de prononciation traditionnelle «parisienne» ou, au contraire, une norme aux traits de prononciation québécois, nous allons maintenant présenter les principaux résultats des tests perceptifs, tous ces résultats touchant aux attitudes (figures 1 et 3) et représentations perceptives (figure 2 et tableau 2).

Dans le cadre de la première question (*Selon vous, le français duquel de ces intellectuels serait le plus apte à être appris aux immigrants arrivant au Québec ?*)[11], les auditeurs devaient – après avoir écouté les quatre stimuli – choisir le stimulus qui correspondait le plus à leurs attentes concernant la variété de français qui devrait être apprise aux immigrants et donc indirectement la variété qu'ils favorisaient comme norme de prononciation :

Figure 1 : Réponse à la question : *Selon vous, le français duquel de ces intellectuels serait le plus apte à être appris aux immigrants arrivant au Québec ?*

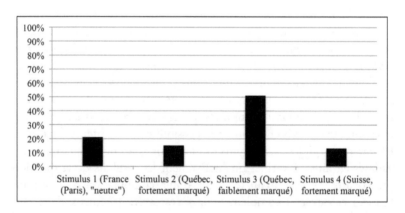

Selon les résultats de cette première question, 51 % des auditeurs québécois interrogés favoriseraient la norme de prononciation du français québécois *diatopiquement faiblement marquée*, alors que seuls 21 %

---

11. Notons que l'ambiguïté sémantique de l'adjectif «apte» pourrait avoir engendré des interprétations problématiques en ce sens que la question peut être également comprise comme faisant référence à la susceptibilité du français de ces intellectuels à être *acquis avec succès* par des immigrants. C'est la raison pour laquelle la question a été complétée par «arrivant au Québec» afin d'attirer l'attention des informateurs sur les différences régionales entre les stimuli et non sur les difficultés d'apprentissage.

des auditeurs ont choisi le *français parisien* (p<0,05)[12]. Par ailleurs, il important de constater la différence significative quelque peu inattendue entre ces 51 % et les 15% des Québécois favorisant le français québécois *diatopiquement fortement marqué* (p<0,05), ce dernier obtenant ainsi un moins bon pourcentage que la norme de prononciation «parisienne». Ceci confirme donc, pour la population considérée, l'intuition de Martel (2001 : 135), qui affirme que si la norme de prononciation faisant l'objet d'un consensus social est une norme régionale québécoise, il ne s'agit cependant pas d'une norme fortement marquée (ce qu'il entend par «position extrême»), mais une norme plus proche de la norme du centre parisien.

Les questions (2) et (3) étaient des questions visant à tester si au niveau de la conscience linguistique des locuteurs le niveau de la prononciation représentait bien le facteur décisif dans l'évaluation des stimuli (*Pourquoi avez-vous choisi cette variété de français en particulier?*; *Quels sont les mots particuliers, les tournures de phrase ou encore les types de prononciation de l'intellectuel en question qui vous ont poussé à choisir cette variété en particulier ?*). La première des deux questions était une question fermée à choix unique parmi trois possibilités de réponse. Elle a pu montrer un choix du niveau linguistique de la prononciation nettement plus fréquent (45 %) que ceux du lexique (27 %) et de la syntaxe (29 %) (p<0,05 pour chacune des comparaisons avec la prononciation).

Figure 2 : Réponse à la question : *Pourquoi avez-vous choisi cette variété de français en particulier?*

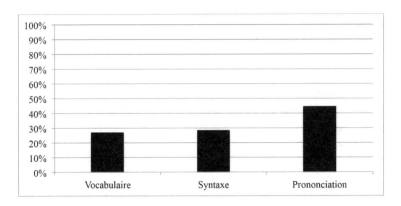

---

12. Les variables du sexe et de la répartition géographique ne montrent pas de différences significatives (p>0,05).

Ces résultats ont, par la suite, été confirmés par les résultats de la troisième question, qui se voulait complémentaire à la question 2 et dans laquelle les auditeurs pouvaient indiquer de façon libre ce qui les avait le plus influencé dans leur choix, et ce, de manière à éviter tout facteur dû au hasard comme cela aurait pu être le cas à la question 2 (*cf.* **3. 3.**).Les *résultats de* cette question sont en effet encore plus évidents que ceux de la question 2 : 18 auditeurs ont choisi une réponse ayant un rapport direct avec la prononciation, alors que seuls 6 auditeurs ont opté pour le niveau du lexique et 4 auditeurs se référant, certes, à des critères linguistiques dans leur choix, mais de façon trop générale pour pouvoir classer les réponses dans une catégorie précise. Une sélection de ces réponses est proposée ci-dessous, les chiffres indiqués entre parenthèses indiquant le nombre d'auditeurs ayant mentionné exactement le même phénomène[13] :

Tableau 2 : Réponse à la question : «Quels sont les mots particuliers, les tournures de phrase ou encore les types de prononciation de l'intellectuel en question qui vous ont poussé à choisir cette variété en particulier ?»

18 réponses avec rapport direct à la prononciation
Exemples : «l'accent» (2), «la prononciation» (2), «accent pas trop marqué» (1), «l'accent moins prononcé/fort» (2), «c'est-à-dire sans accent» (1), «français sans accent» (1), «moins de "r" roulés» (1), «un accent d'ici sans avoir une prononciation trop éloignée de l'écrit ("trop joual")» (1), «c'est une prononciation typiquement québécoise, donc différente de celle de France et de bonne qualité» (1)
6 réponses avec rapport direct au lexique
Exemples : «j'emploie le mot "fin de semaine"» (1), «il donne un exemple concret d'un anglicisme» (1)
4 réponses ne pouvant pas être catégorisées
Exemples : «français universel» (1), «on sait que c'est un québécois qui parle» (1)

La plupart des réponses touchant ainsi au domaine de la prononciation, ces résultats semblent donc indiquer que celle-ci représente bien le facteur décisif dans les choix de réponse des auditeurs, bien qu'il ne s'agisse que de leur auto-analyse déclarée et que des perturbations dues à d'autres facteurs linguistiques et extralinguistique ne peuvent être exclues. Ce résultat n'est, par ailleurs, guère surprenant, car ce niveau linguistique comporte en effet, en français québécois, le plus grand nombre

---

13. Les réponses mentionnant des facteurs extralinguistiques, que Pustka nomme *représentations culturellement motivées* (Pustka 2008 : 215) n'ont pas été prises en compte pour éviter une source de distorsion des résultats.

de *schibboleths* permettant aux auditeurs de pouvoir évaluer l'usage linguistique des locuteurs par la présence ou l'absence de certains traits de prononciation.

Le questionnaire comportait finalement une deuxième question concernant les attitudes perceptives, cette fois-ci sur le modèle de la *technique du locuteur masqué* (*matched guise*, Lambert *et al.* 1960 ; Bauvois 1997 ; Lambert 1967), c'est-à-dire une évaluation des stimuli quant à leur niveau de la justesse (*correct – pas correct*) (Preston 1999 : xxxiv) sur la base d'une échelle de 0 % à 100 % (*Comment évalueriez-vous la façon de parler des intellectuels de chacun de ces quatre enregistrements ? Veuillez placer votre évaluation sur l'échelle de notation suivante.*). La méthode d'analyse des résultats a consisté – comme l'a également fait Pustka (2007 : 225) – à mesurer la distance du tiret placé par chacun des auditeurs à l'intérieur de l'échelle par rapport aux deux pôles, cette distance ayant ensuite été convertie en pourcentages.

Figure 3 : Réponse à la question : « Comment évalueriez-vous la façon de parler des intellectuels de chacun de ces quatre enregistrements ? Veuillez placer votre évaluation sur l'échelle de notation suivante ? »

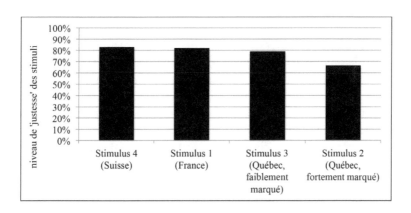

Comme ce diagramme le montre, de manière quelque peu surprenante, les variétés européennes et le français québécois *faiblement marqué* sont significativement mieux évalués que le français québécois *fortement marqué*, et ce, malgré le choix largement en faveur d'une variété de français québécois comme norme de prononciation[14]. Ceci confirme

---

14. Les variables du sexe et de la répartition géographique ne montrent pas de différences significatives (p>0,05).

donc une fois encore l'intuition de Martel (2001 : 135) qui affirme que ce n'est pas une norme fortement marquée, mais bien une norme «à mi-chemin» entre le français québécois et celle associée au français «parisien» qui est favorisée par les Québécois. Les différences entre les stimuli 4 (Suisse), 1 (France) et 3 (Québec, *faiblement marqué*) ne peuvent pas être considérées comme significatives (p>0,05). Le stimulus 2 (Québec, *fortement marqué*) est, quant à lui, systématiquement moins bien évalué que les autres stimuli (p<0,05).

Maintenant, les résultats des différentes questions posées dans le cadre de ce questionnaire semblent indiquer qu'il existerait bien deux types de prestige au Québec (*cf.* 1. 1.), mais qu'il faudrait y ajouter une nuance supplémentaire, qui n'avait jusqu'ici encore jamais été notée. En effet, le *prestige manifeste* semble être encore bel et bien représenté par la norme de prononciation du français «parisien». Cependant, comme ces résultats semblent l'indiquer (évaluation significativement égale des deux variétés européennes et du français québécois diatopiquement faiblement marqué), une évolution de la norme de prononciation diatopiquement faiblement marquée du français québécois en direction d'un *prestige manifeste* similaire à celui du français «parisien» semble se dessiner. Cette variété bénéficiait auparavant, selon Pöll (2005), déjà d'un *prestige latent*. Par ailleurs, ces résultats montrent également que les traits de prononciation diastratiquement et diaphasiquement marqués du stimulus diatopiquement fortement marqué sont strictement rejetés par la communauté linguistique québécoise quant à leur niveau de «justesse», c'est-à-dire – en d'autres termes – quant à leur niveau d'acceptabilité par rapport à la norme de prononciation. Il semble donc important de différencier entre les niveaux de prestige du français québécois faiblement marqué et du français québécois fortement marqué – une différence que ne fait pas Pöll (2005) –, le premier bénéficiant de cette évolution vers un *prestige manifeste*, alors que le deuxième maintient ce *prestige latent* que les études précédentes avaient déjà découvert.

Tableau 3 : *Évolution* du prestige des variétés du français au Québec

	1960-1980	1980-2000	État actuel
Variété(s) de français prestigieuse(s) au Québec	Français "de France"	*Prestige manifeste :* Français "de France"	*Prestige manifeste :* Français "de France"
			Français québécois "faiblement marqué"
		Prestige latent :	*Prestige latent :* Français québécois "fortement marqué"

Étant données, d'une part, les différences de prononciation notées plus haut entre le stimulus représentant le français québécois *faiblement marqué* et celui représentant le français québécois *fortement marqué* (*cf.* 2.) et, d'autre part, le fait que les réponses données par les informateurs au niveau des questions portant sur les attitudes perceptives sont majoritairement influencées par le niveau linguistique de la prononciation, il est possible d'émettre l'hypothèse que ces choix se sont faits en raison de ces différences phonético-phonologiques. Ces différences touchent – comme évoqué plus haut – au (non-)maintien des quatre voyelles nasales /ɛ̃/, /ɑ̃/, /ɔ̃/, /œ̃/, à la réalisation de /R/ comme [r] ou [ʁ], et aux diphtongaisons présentes ou non. Les études de Cox (1998), Reinke (2004), Bigot et Papen (2013) et Pöll (2005) avaient déjà pu montrer que le maintien des quatre voyelles nasales fait partie intégrante de la norme de prononciation régionale du Québec. Les différences d'évaluation des deux stimuli québécois analysés (*cf.* figure 1 et 3) ne devraient donc pas être en relation directe avec ce trait de prononciation. Le [r] apical, pour sa part, était certes considéré comme étant le /R/ de référence en français québécois jusqu'au début du xxᵉ siècle, plusieurs études ont pu cependant montrer qu'il est maintenant en régression rapide dans l'intégralité du Québec (Côté & Saint-Amant Lamy 2012 : 1443, *cf.* également Clermont & Cedergren 1979 ; Santerre 1979 ; Cedergren 1985 ; Sankoff *et al.* 2002 ; Blondeau *et al.* 2002). Par ailleurs, même si les causes de la régression rapide du [r] apical, remplacé par le [ʁ] dorsal, restent à être précisées, Côté et Saint-Amant Lamy (2012 : 1443) évoquent deux raisons probables à ce changement : « [le] rôle du contact avec la zone dorsale et celui de l'influence relative de la norme dorsale locale, celle de la région de Québec, et de la norme globale du français "international" ». Il est donc très probable que nos informateurs, d'autant plus qu'ils ont entre 20 et 40 ans (*cf.* 3. 2.), n'aient pas considéré le [r] apical comme faisant partie de la norme de prononciation régionale québécoise, et ce, aussi bien à Québec qu'à Montréal. Ce trait pourrait donc expliquer en partie les différences d'évaluation entre le stimulus québécois faiblement marquée (qui ne contient aucun [r] apical) et le stimulus québécois fortement marqué (qui contient plusieurs [r] apicaux)[15]. Finalement, pour

---

15. Notons que cette hypothèse est également observable dans une des réponses à la question (3) : un informateur ayant choisi le français québécois diatopiquement faiblement marqué dans sa réponse à la question (2) justifie son choix en affirmant dans sa réponse libre à la question (3) que cet accent contient « moins de "r" roulés » (*cf.* tableau 2). Mais il ne s'agit bien entendu que d'un commentaire isolé n'ayant qu'un caractère illustratif.

ce qui est des diphtongaisons, plusieurs études sociolinguistiques ont observé qu'elles sont marquées négativement aux niveaux diastratique et/ou diaphasique (Cox 1998; Reinke 2004; Bigot & Papen 2013; Pöll 2005). Elles ne semblent donc pas pouvoir faire partie de la norme de prononciation des locuteurs-modèles québécois étudiée ici. Il est donc fortement probable que, tout comme pour le [r] apical, la différence dans les attitudes perceptives concernant les deux stimuli québécois analysés soit en relation directe avec ce trait de prononciation.

Soulignons cependant que faute d'avoir pu isoler les différents traits de prononciation au sein de tests perceptifs individuels[16], la question de la (non-)appartenance de ces trois traits à la norme de prononciation québécoise ne peut être affirmée sur une base empirique solide et devra donc être élucidée dans le cadre d'études supplémentaires.

5. Conclusion

Les résultats de l'étude présentée ci-dessus, qui s'avère être la première enquête étudiant la norme de prononciation québécoise de manière perceptive, montrent qu'actuellement, en plus de la prononciation «parisienne» traditionnelle, une prononciation québécoise faiblement marquée ne bénéficierait non plus seulement d'un *prestige latent*, mais également d'un *prestige manifeste* (*cf.* 3.), un résultat contredisant les études précédentes sur le sujet. Au niveau segmental, l'étude aura par ailleurs pu confirmer perceptivement ce que les études de production (Cox 1998; Reinke 2004; Bigot & Papen 2013; Pöll 2005) avaient mis à jour auparavant : cette norme de prononciation exclut les diphtongaisons ainsi que la réalisation du /R/ comme vibrante alvéolaire [r], ces deux traits de prononciation du français québécois étant marqués aux niveaux diastratique et/ou diaphasique. Soulignons cependant que ces résultats ne sont valides que pour l'échantillon étudié, c'est-à-dire pour cette catégorie sociale particulière des étudiants ou employés scientifiques urbains (provenant de la ville de Québec ou de Montréal). Ces résultats devraient donc encore être vérifiés, d'une part, pour d'autres catégories sociales et, d'autre part, dans le cadre d'études portant sur des échantillons quantitativement plus importants et portant sur des

---

16. Une méthode utilisant les stimuli naturels non-identiques, comme c'est le cas de celle qui est présentée dans le cadre de cette étude, ne peut assurer que ce ne sont bien que les traits de prononciation que les auditeurs évaluent et non d'autres facteurs (extra-)linguistiques. Ainsi, seule une méthode utilisant des stimuli identiques ne se différenciant que de par le trait de prononciation testé peut assurer une telle validité des données.

profils sociodémographiques plus diversifiés. En effet, une approche de la norme telle qu'elle est décrite dans cet article, que nous qualifions de « démocratique » étant donné qu'elle se base sur les représentations et attitudes d'une majorité des locuteurs, devrait par définition se rapprocher d'une certaine représentativité de la population étudiée. Une méthode pouvant se rapprocher d'un tel objectif pourrait être celle d'un d'échantillonnage par quotas (Postlep 2010 : 99 ; *cf.* également Koolwijk 1974 ; Diekmann 2011) prenant en compte les variables du sexe, de l'âge, du niveau d'éducation et des différences entre villes et campagnes.

Finalement, l'étude aura également pu révéler plusieurs lacunes au sein de la recherche sur le sujet. En effet, il resterait à clarifier la problématique méthodologique de la définition exacte des traits appartenant à cette norme de prononciation québécoise, une question pour laquelle la *linguistique perceptive des variétés* (Krefeld & Pustka 2010) pourrait apporter des éléments de réponse. Par ailleurs, la question des normes (de prononciation) régionales n'est pas seulement pertinente pour le cas du Québec, mais également pour les autres centres normatifs des différentes régions francophones, comme l'Algérie ou la Côte d'Ivoire en Afrique ou encore la Belgique ou la Suisse en Europe. Cette question n'est d'ailleurs pas seulement pertinente dans l'optique de travaux portant sur l'une de ces variétés en particulier, mais également dans l'optique d'études contrastives comparant les degrés de pluricentrisme de plusieurs de ces centres normatifs.

Références bibliographiques

Armstrong N. & Boughton Z. (1998), "Identification and evaluation responses to a French accent: some results and issues of methodology", *Revue Parole* 5(6), p. 27-60.

Bauvois C. (1997), « Locuteur masqué », dans Moreau M.-L. (dir.), *Sociolinguistique. Les concepts de base*, Bruxelles, Mardaga, p. 202-203.

Bigot D. & Papen R. (2013), « Sur la "norme" du français oral au Québec (et au Canada en général) », *Langage & société* 146, p. 115-132.

Blondeau H., Sankoff G. & Charity A. (2002), «Parcours individuels et changements linguistiques en cours dans la communauté francophone montréalaise», *Revue québécoise de linguistique* 31(1), p. 13-38.

Bouchard P. & Maurais J. (2001), «Norme et médias. Les opinions de la population québécoise», dans Raymond D. & Lafrance A. (dirs), *Normes et média. Terminogramme*, Québec, gouvernement du Québec, p. 111-126.

Bouchard P. & Maurais J. (1999), «La norme à l'école. L'opinion des Québécois», dans Ouellon C. (dir.), *Terminogramme. La norme du français au Québec. Perspectives pédagogiques*, Québec, gouvernement du Québec, p. 91-116.

Boughton Z. (2006), "When perception isn't reality: Accent identification and perceptual dialectology in French", *Journal of French Language Studies* 16, p. 277-304.

Cajolet-Laganière H. & Martel P. (1995), *La qualité de la langue au Québec*, Québec, Institut québécois de recherche sur la culture.

Cedergren H. (1985), «Une histoire d'R», dans Lemieux M. & Cedergren H. (dirs), *Les tendances dynamiques du français parlé à Montréal*, Québec, gouvernement du Québec, Office de la langue française, vol. 1, p. 25-56.

Clermont J. & Cedergren H. J. (1979), «Les "r" de ma mère sont perdus dans l'air», dans Thibault P. (dir.), *Le français parlé : études sociolinguistiques*, Edmonton, Linguistic Research, p. 13-28.

Corbeil J.-C. (2007), *L'embarras des langues. Origine, conception et évolution de la politique linguistique québécoise*, Montréal, Québec Amérique.

Coseriu E. (1988), *Einführung in die Allgemeine Sprachwissenschaft*, Tübingen, Francke.

Côté M.-H. & Saint-Amant Lamy H. (2012), «D'un [r] à l'aut[ʁ]e : contribution à la chute du R apical au Québec», dans Neveu F., Muni Toke V., Blumenthal P., Klinger T., Ligas P., Prévost S. & Teston-Bonnard S. (dirs), *Actes du IIIe congrès mondial de Linguistique française*. En ligne : <www.shs-conferences.org/articles/shsconf/pdf/2012/01/shsconf_cmlf12_000187.pdf>, p. 1441-1453.

Cox T. (1998), «Vers une norme pour un cours de phonétique française au Canada», *Revue canadienne des langues vivantes* 54(2), p. 171-197.

D'Anglejean A. & Tucker G. R. (1973), "Communicating across cultures: an empirical investigation", *Journal of Cross Cultural Psychology* 4(1), p. 121-130.

Detey S. & Le Gac D. (2008), «Didactique de l'oral et normes de prononciation : quid du français "standard" dans une approche perceptive?», dans Durand J., Habert B. & Laks B. (dirs), *Actes du Iᵉʳ congrès mondial de Linguistique française*. En ligne : <http://www.linguistiquefrancaise.org/articles/cmlf/pdf/2008/01/cmlf08209.pdf>, p. 475-487.

Diekmann A. (2011), *Empirische Sozialforschung. Grundlagen, Methoden, Anwendungen*, Hambourg, Rowohlt Taschenbuch Verlag, 2ᵉ édition.

Fischer M. (1988), *Sprachbewußtsein in Paris. Eine empirische Untersuchung*, Vienne/Köln/Graz, Böhlau.

Flydal L. (1952), «Remarques sur certains rapports entre le style et l'état de langue», *Norsk Tidsskrift for Sprogvidenskap* 16, p. 241-258.

Fouché P. (1959), *Traité de prononciation française*, Paris, Klincksieck, 2ᵉ édition.

Gadet F. (2003), *La variation sociale en français*, Paris, Ophrys.

Genesee F. & Holobow N. (1989), "Change and stability in intergroup perceptions", *Journal of language and social psychology* 8(1), p. 17-38.

Girard F. & Lyche C. (1997), *Phonétique et phonologie du français*, Oslo, Universitetsforlaget.

Koch P. & Oesterreicher W. (2011), *Gesprochene Sprache in der Romania: Französisch, Italienisch und Spanisch*, Tübingen, Niemeyer, 2ᵉ édition.

Koolwijk J. (1974), „Das Quotenverfahren: Paradigma sozialwissenschaftlicher Auswahlpraxis", in Koolwijk J. (ed.), *Statistische Forschungsstrategien*, Munich, Oldenbourg, p. 81-99.

Krefeld T. (2005), „Sprachbewußtsein, Varietätenlinguistik — und Molière", in Jacob D., Krefeld T. & Oesterreicher W. (eds), *Sprache, Bewußtsein, Stil. Theoretische und historische Perspektiven*, Tübingen, Narr, p. 155-166.

Krefeld T. & Pustka E. (2010), „Für eine perzeptive Varietätenlinguistik", in Krefeld T. & Pustka E. (eds), *Perzeptive Varietätenlinguistik*, Francfort-sur-le-Main, Peter Lang, p. 9-30.

Labov W. (1972), *Sociolinguistic Patterns*, Oxford, Blackwell.

Labov W. (1966), *The social stratification of English in New York*, Washington D.C., Center for Applied Linguistics.

Labov W. (1963), "The social motivation of a sound change", *Word* 19, p. 273-303.

Laks B. (2002), « Description de l'oral et variation : la phonologie et la norme », *L'Information grammaticale* 94, p. 5-10.

Lambert W. E. (1967), "A social psychology of bilingualism", *Journal of Social Issues* 23, p. 91-109.

Lambert W. E., Frankel H. & Tucker G. R. (1966), "Judging personality through speech: A French-Canadian example", *Journal of Communication* 16(4), p. 305-321.

Lambert W. E., Hodgson R. C., Gardner R. C. & Fillenbaum S. (1960), "Evaluational reactions to spoken language", *Journal of Abnormal and Social Psychology* 60(1), p. 44-51.

Le Dû J. & Le Berre Y. (1997), « Y a-t-il une exception sociolinguistique française ? », *La Bretagne linguistique* 12, p. 11-26.

Léon P. (1966), *Prononciation du français standard, aide-mémoire d'orthoépie à l'usage des étudiants étrangers*, Montréal, Didier.

Lodge A. (1998a), « En quoi pourrait consister l'exception sociolinguistique française ? », *La Bretagne linguistique* 12, p. 59-74.

Lodge A. (1998b), « Vers une histoire du dialecte urbain de Paris », *Revue de linguistique romane* 62, p. 95-128.

Martel P. (2001), « Le français de référence et l'aménagement linguistique », *Cahiers de l'Institut de linguistique de Louvain* 27, p. 123-139.

Martinet A. (1974), *Le français sans fard*, Paris, PUF.

Martinet A. & Walter H. (1973), *Dictionnaire de la prononciation française dans son usage réel*, Paris, France-Expansion.

Martinon P. (1913), *Comment on prononce le français. Traité complet de prononciation pratique*, Paris, Larousse.

Moreau M.-L. (1997), *Sociolinguistique*, Sprimont, Mardaga.

Morin Y.-C. (2000), « Le français de référence et les normes de prononciation », *Cahiers de l'Institut de linguistique de Louvain* 26(1), p. 91-135.

Morin Y.-C. (1987), "French Data and Phonological Theory", *Linguistics* 25, p. 815-843.

Office de la langue française (1965), *Norme du français et parlé et écrit au Québec*, Québec, ministère des Affaires culturelles du Québec.

Ostiguy L. & Tousignant C. (2008), *Les prononciations du français québécois : normes et usages*, Montréal, Guérin éditeur.

Paquot A. (1988), *Les Québécois et leurs mots : étude sémiologique et sociolinguistique des régionalismes lexicaux au Québec*, Québec, Presses de l'université Laval.

Pöll B. (2008), « La querelle autour de la *norme du français québécois* : quelques réflexions sur un débat de sourds », dans Erfurt J. & Budach G. (dirs), *Standardisation et déstandardisation. Le français et l'espagnol au xxᵉ siècle*, Francfort-sur-le-Main, Peter Lang, p. 99-112.

Pöll B. (2005), *Le français, langue pluricentrique ? Études sur la variation dia-topique d'une langue standard*, Francfort-sur-le-Main, Peter Lang.

Postlep S. (2010), *Zwischen Huesca und Lérida: Perzeptive Profilierung eines diatopischen Kontinuums*, Francfort-sur-le-Main, Peter Lang.

Preston D. R. (2011), "The power of language regard: Discrimination, classification, comprehension and production", *Dialectologia, Special issue* II, p. 9-33.

Preston D. R. (ed.) (2002), *Handbook of Perceptual Dialectology*, Amsterdam, John Benjamins, vol. 2.

Preston D. R. (ed.) (1999), *Handbook of Perceptual Dialectology*, Amsterdam, John Benjamins, vol. 1.

Purschke C. (2011), *Regionalsprache und Hörerurteil. Grundzüge einer per-zeptiven Variationslinguistik*, Stuttgart, Steiner.

Pustka E. (2011), *Einführung in die Phonetik und Phonologie des Französi-schen*, Berlin, Erich Schmidt Verlag.

Pustka E. (2010), „Der südfranzösische Akzent – in den Ohren von *Tou-lousains* und *Parisiens*", in Krefeld T. & Pustka E. (eds), *Perzeptive Varietätenlinguistik*, Francfort-sur-le-Main, Peter Lang, p. 123-150.

Pustka E. (2008), „*Accent(s) parisien(s)* – Auto- und Heterorepräsentationen stadtsprachlicher Merkmale", in Krefeld T. (ed.), *Sprachen und Sprechen im städtischen Raum*, Francfort-sur-le-Main, Peter Lang, p. 213-249.

Pustka E. (2007), *Phonologie et variétés en contact. Aveyronnais et Guadeloupéens à Paris*, Tübingen, Narr.

Reinke K. (2004), *Sprachnorm und Sprachqualität im frankophonen Fernsehen von Québec. Untersuchung anhand phonologischer und morphologischer Variablen*, Tübingen, Niemeyer.

Reutner U. (2005), *Sprache und Identität einer postkolonialen Gesellschaft im Zeitalter der Globalisierung. Eine Studie zu den französischen Antillen Guadeloupe und Martinique*, Hamburg, Helmut Buske.

Sankoff G., Blondeau H. & Charity A. (2002), "Individual roles in a real-time change: Montreal (r-R) 1947-1995", in Van de Velde H. & van Hout R. (eds), *R-atics: Sociolinguistic, Phonetic and Phonological Characteristics of /R/*, Bruxelles, ILVP, p. 141-158.

Santerre L. (1979), «Les (r) montréalais en régression rapide», dans Lavoie T. (dir.), *Les français régionaux du Québec, Numéro spécial de Protée* VII(2), p. 117-132.

Sobotta E. (2006), «Continuum ou variétés? La classification des accents de migrants aveyronnais à Paris», in Krefeld T. (ed.), *Modellando lo spazio in prospettiva linguistica*, Francfort-sur-le-Main, Peter Lang, p. 195-214.

Trudgill P. (1974), "Sex, covert prestige and linguistic change in the urban British English of Norwich", *Language in Society* 1, p. 179-195.

Tuaillon G. (1977), «Réflexions sur le français régional», dans Taverdet G. & Straka G. (dirs), *Les français régionaux*, Paris, Klincksieck, p. 7-29.

Walter H. (1998), *Le français d'ici, de là, de là-bas*, Paris, JC Lattès.

Warnant L. (1962), *Dictionnaire de la prononciation française*, Gembloux, Duculot.

Article reçu en mars 2017. Révision acceptée en novembre 2017.

En chômage ou au chômage : les motifs d'une variation

Evelyne Saunier
Université Paris-Descartes, MoDyCo
evelyne.saunier@parisdescartes.fr

Dans les années 1990, enseignant dans le cadre de stages de formation destinés aux «chômeurs longue durée», notre attention avait été attirée par la récurrence d'énoncés tels que *je suis en chômage depuis…, quand on est en chômage…* dans les paroles de ces personnes, alors que nous-même et notre entourage n'employions que l'expression *au chômage*. Nous avons d'abord associé l'expression *en chômage* au milieu social des locuteurs (très défavorisé), mais ce point de vue s'est avéré simpliste et réducteur. La variation entre les deux constructions (*être en* vs *au chômage*) s'inscrit dans un mouvement diachronique qui, il y a quelques dizaines d'années, a vu la norme changer, passant de *en chômage* à *au chômage*.

Les deux exemples de reformulation inconsciente que nous donnons ci-dessous témoignent de cette évolution :

1) En 1997, l'ouvrage de Denis de Rougemont, *Journal d'un intellectuel en chômage*, paru en 1937, a été réédité sous le même titre. Il a alors été recensé et cité en plusieurs occasions sous la forme *Journal d'un intellectuel au chômage*.[1]

2) Dans une émission sur France Inter[2], on a pu entendre l'extrait suivant d'un discours de Charles de Gaulle, proféré le 29 décembre 1958 :

---

1. On peut aisément en retrouver la trace par une recherche *via* un moteur de recherche.
2. «L'heure bleue», lundi 1er mai 2017, 20h-21h.

J'ajoute que va être fondé, institué, par coopération entre le patronat et les syndicats, un fonds national destiné au maintien de l'emploi et assurant au travailleur qui tomberait en chômage, un supplément portant l'allocation aux environs du salaire minimum.

Dans la suite, la sociologue Danièle Linhart, invitée, l'a commenté en ces termes :

il faut protéger euh les les travailleurs [...] il faut qu'ils puissent continuer à à travailler / il faut quand ils quand ils sont vieux quand ils tombent au chômage mais il y a aussi une dimension économique.

Bien que la construction *au chômage* soit très nettement dominante en français actuel, *en chômage* n'a nullement disparu. Dans la base Factiva[3], pour les années 2000-2015, on dénombre 3 975 occurrences de *en chômage* contre environ 52 100 occurrences de *au chômage*[4]. Il y a donc concurrence entre deux formes dont l'acceptabilité linguistique n'est pas en cause, le choix de l'une ou l'autre ressortissant à l'hétérogénéité des pratiques langagières.

Nous partirons de l'idée que les deux tournures ne construisent pas le même sens, et nous nous proposons de rendre compte de l'alternance *en/au chômage* en l'articulant à la sémantique des deux préposition *en* et *à* (+ dét.).

Notre propos s'inscrit dans une approche qui, en mobilisant centralement les propriétés linguistiques des formes en jeu, tente d'analyser l'émergence ou la récurrence de tournures langagières en tant qu'elles reflètent, instaurent ou subvertissent les représentations de divers états de choses telles qu'elles sont générées par les rapports sociaux.

Nous ferons l'hypothèse que la variation de la construction prépositionnelle, loin d'être un mécanisme purement formel, est liée à la transformation historique du phénomène «chômage» et au rapport dans lequel peut s'inscrire un individu à ce phénomène.

Après un aperçu des conditions favorisant l'une ou l'autre expression, nous examinerons la relation que construit chaque préposition entre les

---

3. Base de données donnant accès aux principaux titres de la presse française. Interrogation mars 2015.
4. Une fois éliminés *face au chômage* et *inscription(s) au chômage* (plus de 10 000 occurrences), on observe sur les 100 premières occurrences 23 cas de bruit (rection verbale ou nominale : *la solution au chômage, échapper au chômage, dépendance au chômage, lié au chômage, droit au chômage*...). Nous avons donc retiré 23 % des 67 664 occurrences restantes.

termes qu'elle relie, ainsi que l'évolution de la catégorie *chômage*, afin de proposer une interprétation de l'alternance prépositionnelle en termes de construction socialement pertinente du sens.

Cette approche «constructiviste» prend ses racines dans les travaux de linguistique énonciative élaborés à la suite d'Antoine Culioli, et peut se résumer en ces termes :

> L'énoncé n'est pas considéré comme le résultat d'un acte de langage individuel, ancré dans un quelconque hic et nunc par un quelconque énonciateur. Il doit s'entendre comme un agencement de formes à partir desquelles les mécanismes énonciatifs qui le constituent comme tel peuvent être analysés, dans le cadre d'un système de représentation formalisable, comme un enchaînement d'opérations dont il est la trace. La justification du terme d'opération tient à l'hypothèse que la valeur référentielle de cet énoncé n'est pas un donné, mais un construit. (Franckel & Paillard 1998 : 52)

Ceci fait écho aux travaux de Josiane Boutet, qui élargit la problématique avec une prise en compte des déterminants sociaux de la constitution des énoncés :

> Avoir comme projet de mettre en évidence la construction sociale du sens […] nous situe […] dans une problématique constructiviste où l'on prend en compte le sujet énonciateur et où on le conçoit comme acteur de la production de sens : le sens des énoncés n'est pas un donné, un déjà-là, mais il est le produit d'une activité de connaissance. (Boutet 1994 : 49)

1. Nature de la variation

1. 1. Variation diachronique

C'est l'axe principal structurant la variation *en/au chômage*. Le changement est visible par exemple dans la base Frantext[5]. Les occurrences de *en chômage* et *au chômage* attestent d'une inversion de tendance qui s'est opérée dans les années 1970. C'est *au chômage* qui est devenu la norme, alors que *en chômage* paraît l'avoir été jusqu'à la moitié du XXe siècle :

---

5. Le 26.03.2015, exclus les genres éloquence et poésie. Il faut signaler 15 occurrences de *en chômage* chez Pierre Mendès-France (qui n'emploie jamais *au chômage*), dont 14 entre 1980 et 1989, ce qui rend moins évidente l'inversion de tendance. On peut consulter le tableau détaillé en annexe.

	en chômage	*au chômage*
avant 1950	19	0
1950-59	5	1
1960-69	11	0
1970-79	3	4
1980-89	19	21
1990-99	6	11
à partir de 2000	2	21
Total	**60**	**58**

On peut également comparer les deux corpus d'Orléans[6], où l'on relève la même inversion de tendance :

	en chômage	*au chômage*
ESLO 1 (1968)	4	2
ESLO 2 (2008)	1	10

Ceci est confirmé par les exemples *être en* ou *être au chômage* des articles de dictionnaire à l'entrée *chômage*, exemples dont on peut penser qu'ils reflètent, avec souvent quelque retard[7], la tournure la plus courante au moment de la rédaction ou révision de l'article.

À cet égard, le *Petit Larousse illustré* est éclairant : jusqu'en 1977 on ne trouve que *être en chômage*, puis on a une absence d'exemple avec construction prépositionnelle, jusqu'à la refonte de 1989, où c'est alors *être au chômage* qui figure.

On peut donc affirmer que, dans les années 1975-1990, s'est opéré un renversement de la norme d'usage, sans que l'on puisse par ailleurs associer une norme évaluative à l'une ou l'autre forme.

1. 2. Variation cotextuelle

Sur le plan distributionnel, aucune construction n'est exclue pour l'une des deux prépositions ; on trouve *en* et *au* :

– avec un modifieur : (*être/mettre*) *en/au chômage* (*partiel/technique/ (de) longue durée/forcé/volontaire/complet...*) ;

– avec différents verbes : *rester, mettre, demeurer...* :

---

6. Grands corpus de français oral consistant en entretiens et dialogues.

7. Par exemple le *Trésor de la langue française informatisé* (TLFI) ne mentionne que *être en chômage*, témoignant d'un état de langue antérieur.

(1) Tee-shirt – Vivre au chomage [sic], c'est mieux que mourir au travail (en noir). Une création de l'artiste Slobodan Diantalvic. Pour le droit à la paresse et au travail choisi (en ligne : <www.la-boutique-militante.com>)

(2) Vivre en chômage. L'installation des jeunes sans emploi dans la vie adulte. (Pissart 1990 : 573-590)

– ou comme élément d'un syntagme nominal en apposition :

(3) «Jeune informaticien au chômage, il vit de petits boulots.» (Buron de 2006)

(4) Pour Hocine, un jeune informaticien en chômage, le constat est réel mais tout à fait naturel dans le contexte actuel (en ligne : <www.lexpressiondz.com/…/192054-les-algeriens-tournent-le-dos-a-la-politique>, 30 mars 2014)

Toutefois, même si ce ne sont que des tendances, certains cotextes semblent favoriser l'emploi de *en*. Quelques relevés d'occurrences dans le moteur de recherche Google[8] montrent qu'un modifieur de *chômage* – tel que *partiel* ou *technique* – augmente nettement la proportion[9] de constructions avec *en* :

	en	*au*	proportion
il/elle est *prép* chômage	263800	813000	3,1
DONT *il/elle est … chômage partiel*	18800	7	2685,7
ET DONT *il/elle est … chômage technique*	59800	72700	1,2
mis/mettre *prép* chômage	209400	391000	1,9
DONT *mis/mettre … chômage partiel*	18170	13230	1,4
ET DONT *mis/mettre … chômage technique*	58800	39600	1,5

L'exemple suivant est caractéristique :

Je suis au chômage tous les ans à la même période, suis-je considéré comme étant en chômage saisonnier? (en ligne : www.juritravail.com/Question/assedic-allocation-chomage/Dossier/Id/3525)

On se contentera à ce stade d'observer qu'une spécification de chômage le donne comme phénomène qualitativement différencié.

---

8. Interrogations le 7 mai 2017.
9. Lorsque la proportion est en faveur de *au*, elle figure à droite dans la colonne, et en faveur de *en*, à gauche.

Si l'on examine les types de noms, têtes du syntagme nominal inté-
grant le syntagme prépositionnel *en/au chômage*, on observe là aussi certaines différences :

	en	*au*	proportion
technicien ... chômage	6260	2850	2,2
employé ... chômage	7250	30600	4,2
cadre supérieur ... chômage	618	5240	8,5
ouvrier ... chômage	2580	25600	9,9
professeur ... chômage	1	32600	32600
ministre ... chômage	3	140000	46667

Il faut être prudent, car une interrogation en juin 2016 avait donné :

	en	*au*	proportion
technicien ... chômage	24900	3020	8,2
ouvrier ... chômage	3840	11300	2,9
employé ... chômage	2710	17300	6,4
cadre supérieur ... chômage	460	4230	9,2
professeur ... chômage	1	21400	21400
ministre ... chômage	3	72400	24133

Malgré les écarts d'une année sur l'autre, on peut observer que
technicien favorise l'emploi de *en*. Par contre, *ministre* ou *professeur*
semblent très peu compatibles avec *en*. C'est peut-être moins une hiérarchie sociale qui est en cause, que la représentation du professionnel
comme étant pris ou non dans une activité pratique concrète, liée à un
mode opératoire, qui nous paraît pertinente.

1. 3. Variation diastratique ?
En écho au point de départ de notre attention à l'opposition *en/au chômage*, il serait intéressant de pouvoir vérifier s'il y a une corrélation entre
moindre capital scolaire et/ou culturel et abondance d'emplois de *en*.
Cela supposerait un protocole de recherche lourd que nous ne pouvons
mettre en œuvre. Nous avons tenté un «coup de sonde», en interrogeant
dans Google une construction avec faute d'orthographe, et un emploi
de *nous* + conditionnel, qui nous paraît assez soutenu. On voit effectivement une tendance[10]:

---

10. Tendance non confirmée par l'interrogation (04.07.2017) : *j'étais* ou *j'été en chômage*,
qui ne donne que 18 occurrences contre 8 380 pour *j'étais/été au chômage* (sachant

	en	*au*	proportion
je sui [sic] ... chômage	140	1100	7,9
nous serions ... chômage	(partiel) 2	1230	615,0

Il semble difficile d'associer de façon triviale la forme *en chômage* à tel ou tel groupe social. La préposition *en* se rencontre à la fois dans le discours de locuteurs de culture classique, dans certains documents officiels[11], et dans la parole de personnes diversement affectées ou menacées par ce phénomène.

Pour ce qui est de l'alternance *en/au chômage* depuis les années 1980 et 1990, on pourrait rapprocher cette variable linguistique de ce que William Labov[12] décrit comme «indicateur», c'est-à-dire une variable inconsciente et signe d'un changement, que, par opposition aux marqueurs (conscients), chaque individu emploie plus ou moins de la même façon dans tous les contextes, et qui n'a qu'un faible pouvoir d'évaluation (contrairement aux stéréotypes). En effet, l'emploi de *en* vs *au* dépend dans une certaine mesure des individus, un même locuteur pouvant utiliser une des deux formes à l'exclusion de l'autre. Ainsi dans leurs ouvrages (Sauvy 1980 ; Albert 1986) sur le chômage, Pierre Albert emploie uniquement *au chômage* (6 occurrences), et Alfred Sauvy uniquement *en chômage* (4 occurrences).

2. Défense de l'approche sémantique adoptée

Le changement est consubstantiel à la langue, et tout n'est sans doute pas rapportable à une causalité sémantique. Mais les données qui nous occupent ici nous semblent caractéristiques d'une variation de forme associée à une variation de sens.

En effet, on peut éliminer une analyse en termes de mouvement arbitraire purement formel, car on n'observe pas de tendance générale qui substituerait «en langue» des constructions avec *à* à des constructions avec *en*. Au contraire, *en* a tendance à gagner du terrain sur d'autres

---

qu'avec *j'étais* on a 14 200 *en* contre 39 400 *au*).

11. Exemple : «pour un nombre constant d'entrées en chômage dans une période donnée, un allongement de la durée moyenne du chômage entraîne une augmentation du taux de chômage». Rapport de l'OCDE, juillet 1985, p. 32, cité par Vasseur (1985). «Pour être classée comme chômeur au recensement, une personne doit d'abord répondre "en chômage" à une question sur sa situation principale, puis [...].» En ligne : <www.observatoire-emploi-nouvelle-aquitaine.fr>, consultation juillet 2017.

12. Labov (1976 : 324, 419).

prépositions (dont *à*) dans deux contextes où son emploi se développe de façon fulgurante[13].

Ainsi, parallèlement à *en usine, en hôpital, en mairie...* bien repérés de longue date, on voit apparaître *en boucherie, bureau de poste, cinéma, déchèterie, supermarché...* là où spontanément on aurait dit il y a une dizaine d'années *à* + *art. déf.*

> (5) « en commissariat et au contact de la rue » (France culture, responsable de police, 09.12.2014).
>
> « [...] mais aussi l'accueil et l'écoute, avec l'affectation depuis janvier 2015 d'une psychologue en commissariat et enfin l'élucidation » (B. Margeret-Baudry, commissaire centrale du XIVe arrondissement, Infomag, mai-juin 2016, p. 15).
>
> (6) « Bienvenue en centre-ville » (Entrée du centre de la ville de Dole (39) – 2014).
>
> « En centre ville ou proche des quartiers d'affaires » (Publicité pour Appart-hotels, *TGV magazine*, février 2015).

De même, *en* gagne du terrain sur *dans* + *art.déf.* devant les noms de départements, les constructions telles *en Jura, en Gers, en Val d'Oise...* devenant de plus en plus fréquentes, alors qu'elles n'étaient pas acceptées quelques décennies plus tôt.

On n'a donc en aucun cas un mouvement vers *au chômage* qui correspondrait à une diminution des emplois de *en*, mais une évolution qui est le produit de choix discursifs qui se sont généralisés.

Par ailleurs, on n'observe pas la même hégémonie de *à la* par rapport à *en* devant le nom *retraite*, qui renvoie lui aussi à un état ou statut économique et social. On n'a donc pas non plus affaire avec la substitution de *au chômage* à *en chômage* à une évolution aveugle qui s'appliquerait indistinctement à ce genre de noms[14]. Lorsque les deux sont coordonnés

---

13. Ces emplois sont étudiés dans Saunier (à paraître).

14. Sans être d'importance égale, l'emploi de l'une ou l'autre préposition est moins déséquilibré avec *retraite* qu'avec *chômage*. Dans le moteur de recherche Google, on a 171 000 occurrences de *je suis en retraite* pour 378 000 occurrences de *je suis à la retraite*, (soit 2,2 fois plus), par différence avec *je suis en chômage* (52 100) vs *je suis au chômage* (233 000, soit 4,5 fois plus). Dans la base Factiva on trouve 41 occurrences de *est en retraite* et 79 de *est à la retraite* (Interrogations, 2 juin 2017). Par ailleurs, on trouve ce commentaire du linguiste Michel Alessio, sollicité par une blogueuse, qui transmet sa réponse en ces termes : « Où l'on découvre que les deux expressions sont correctes ! "Sur ces matières de langage, c'est une question d'usage", explique l'agent [sic] Alessio. "On peut aussi bien dire l'un ou l'autre. 'À la' est l'expression la plus employée, mais 'en' gagne du terrain" » (en ligne : <http://jour-mot-notretemps.blog50.

(avec *ou*), on observe que c'est clairement *en chômage* et non *en retraite* qui fait chuter le nombre d'occurrences[15] :

	Factiva	Google
en chômage ou en retraite / en retraite ou en chômage	2	11
en chômage ou à la retraite / à la retraite ou en chômage	0	12
au chômage ou en retraite / en retraite ou au chômage	6	11860
au chômage ou à la retraite / à la retraite ou au chômage	15	31800

La thèse d'un changement mécanique ou arbitraire ne tient pas, et il est plus simple et rigoureux de se donner pour tâche de décrire le sens représenté par les deux constructions. C'est une condition préalable pour pouvoir faire le lien avec une possible modification de la représentation du chômage.

3. Relations instaurées par les deux prépositions entre les termes qu'elles relient

Nous nous appuierons sur une conception de la relation sémantique que construit une préposition entre les éléments qu'elle relie comme un type particulier de repérage entre deux termes, soit, par convention, un terme repéré X par un terme repère Y, dans un schéma *X prép. Y*[16].

Cette relation diffère selon les prépositions, et selon que l'on a *<X à + art. déf. Y>* ou *<X en Y>*, la relation construite entre le terme X (par exemple, l'individu chômeur) et le terme Y (par exemple *chômage*) n'est pas la même.

À l'appui de notre propos, il est donc nécessaire d'analyser le type de repérage qu'instaurent *à* et *en* entre les termes qu'elles relient. Nous reprendrons succinctement des éléments de caractérisation étayés par ailleurs, la démonstration détaillée et les références à l'abondante littérature sur le sujet ne pouvant être développées ici[17]. Nous nous centrerons sur les emplois prédicatifs autonomes du syntagme prépositionnel, ce qui est le cas avec la structure *X être en/au chômage*.

---

com/archive/2013/10/01/q-166101.html). Sur la longue durée, on observerait sans doute un mouvement privilégiant de nos jours à la retraite, si l'on en croit l'avis de locuteurs jeunes. Seule une étude approfondie pourrait rendre compte de l'évolution des constructions et de la représentation complexe du terme *retraite*.

15. Requêtes dans la base Factiva et le moteur Google : mars 2017.

16. Approche défendue entre autres par Franckel et Paillard (2007).

17. Les considérations qui suivent s'appuient sur une étude détaillée des trois prépositions *à, en* et *de* (Saunier 2017), à laquelle on peut également se reporter pour une bibliographie concernant ces deux prépositions (voir aussi Vaguer 2006). D'autres caractérisations de en, plus ou moins éloignées de la nôtre, sont présentées dans Vigier (2013).

Considérons les énoncés suivants :

(7a) Le bordeaux est à la cave.
(7b) Le bordeaux est en cave.
(8a) Le camion est au feu.
(8b) Le camion est en feu.
(9a) Marie est à la voiture.
(9b) Marie est en voiture.

Bien que les termes soient différents dans (7), (8) et (9), on observe le même type de contraste : dans les énoncés (a), on a une localisation de X (*le bordeaux, le camion, Marie*) par Y (*la cave, le feu, la voiture*), qui est un repère parmi d'autres envisageables ; dans les énoncés (b) avec *en*, on voit que Y repère un mode d'être de X («maturation», «brûler», «automobiliste»).

Avec *à*, la question en jeu est dans les trois cas «*où est X?*» : il s'agit de rapporter une bouteille pour le repas, de situer le camion (par exemple un camion de pompiers que n'est plus disponible car déjà sur le terrain d'intervention), de retrouver Marie après les courses sur le parking.

On voit dans (7b) qu'avec *en*, la localisation de *bordeaux* par *cave* représente, davantage qu'un repérage spatial, un stade de fabrication, Y (*cave*) contribuant à la transformation de X (*bordeaux*), donc à la nature même de X. De même, dans (8b) X (*le camion*) est affecté par Y (*feu*). Ce qui est en jeu dans (9b) est moins de localiser X (*Marie*) que de décrire son activité (la voiture roule, Marie est conductrice ou passagère) ou son mode de transport (Marie est venue en voiture à la soirée, elle peut raccompagner Paul).

On voit que la relation entre X et Y est très différente selon la préposition : indépendance avec *à*, interdépendance avec *en*.

Ceci apparaît nettement dans le contraste suivant :

(10) Pauline est à la promenade.
(11) Pauline est en promenade.

Avec *en*, Pauline se promène nécessairement, ce qui n'est pas le cas avec *à* (Pauline peut être assise dans un lieu appelé *promenade*, ou être au stade «promenade» d'un jeu vidéo[18]). Symétriquement, Y-*promenade* n'a

---

18. Cas de l'essentiel des occurrences de *je suis à la promenade* dans le moteur de recherche Google.

d'existence qu'à travers l'activité de X-*Pauline* : c'est parce que *Pauline* se promène qu'il y a *promenade*.

Avec *à*, par contre, le localisateur *promenade* n'est pas affecté par le fait que *Pauline* y soit ou non, Y n'est nullement conditionné par le fait de repérer X.

Sur la base de ces quelques exemples (ne rendant pas compte de toutes les façons dont la différence peut se manifester dans de nombreux cas de figure[19]), nous partirons de la caractérisation suivante de l'opérativité sémantique des deux prépositions :

– avec *en*, le mode d'être de X est affecté par sa relation à Y. En même temps, les propriétés de Y ne valent que pour X, le fait de repérer X définit un point de vue sur Y, qui est envisagé à travers sa relation avec X. Ceci peut aller de pair avec une mise en saillance de la relation sur le plan temporel, nombre d'emplois de *en* renvoyant à un état de X temporaire ou passager (par exemple : *être en beauté* vs *être belle*) ;

– avec *à*, X est spécifié ou situé mais pas déterminé dans son être par sa relation à Y. De son côté Y, repère parmi d'autres envisageables, est autonome, et préexiste nécessairement à sa mise en relation avec X.

La différence est flagrante (et fameuse) entre *être en prison* ou *à la prison* : avec *en* l'identité sociale de X est repérée par Y = *prison* (X est prisonnier), alors qu'avec *à* c'est seulement la localisation (visiteur) ou l'activité (gardien, enseignant, médecin…) qui est en jeu.

De façon plus subtile, la différence entre *travailler à l'usine* et *travailler en usine* distingue les ouvriers des autres professions (secrétaire, cadre, directeur…), seuls les premiers pouvant être dits *travailler en usine*, parce que leur métier ne peut s'exercer que dans l'industrie, et que d'autre part *usine* ne se conçoit en principe pas sans *ouvriers*.

Le choix (conscient ou non) de *en* met en avant Y comme « terrain de pratiques » plus que comme simple localisateur. Le sujet ne fait pas qu'être localisé par Y, mais participe à quelque égard du fonctionnement même de Y.

Les propriétés des termes instanciant Y vont générer des effets interprétatifs très différents des deux constructions <*X V à + art. déf.* Y> et <*X V en* Y>.

Par exemple, le lexème *travail* donne à voir un écart maximal. Si *être au travail*[20] s'interprète plus ou moins comme *être à la prison*, c'est-

---

19. Loin de nous l'idée de présenter *X à* + *dét. N* comme une opération de repérage purement spatial (voir à ce sujet Corblin 2011). Nous limitons ici notre propos à ce qui oppose *à* et *en*.

20. C'est seulement avec une construction inchoative (*Au travail!*, *se mettre au travail*…) que le nom *travail* prend une valeur processive.

à-dire « se trouver dans un lieu connu comme celui de son activité (professionnelle) », *être en travail* ne s'entend que d'une femme en train d'accoucher. Dans ce dernier cas la mobilisation de X est maximale, il s'agit d'un moment que traverse l'individu, dont l'être au monde est totalement déterminé par *travail*.

Dans ce qui suit nous examinerons ce qui se produit avec *chômage*.

4. Proposition d'interprétation de l'opposition *en/au chômage*

On se doit de considérer le terme *chômage* comme une catégorie dont la nature ne va pas de soi. Elle est globalement sujette à variation dans le temps, s'inscrivant dans une norme générale – mais il y a du jeu. Les locuteurs peuvent reprendre plus ou moins la représentation dominante de la catégorie, tout énoncé opérant un travail par rapport aux notions qu'il mobilise.

La catégorisation apparaît bien comme un mouvement de construction/ déconstruction continue. Dans le cas du chômage on voit l'importance de relier la profondeur du temps historique, permettant de rendre compte de la réalité objectivée et devenue officielle comme d'un mouvement inachevé, et la profondeur des observations de terrain permettant de rendre compte de la réalité subjective et négociée comme des tentatives de contre-définitions. (Demazière 2003 : 171)

4. 1. Évolution notionnelle de *chômage* et variation diachronique

Si l'on consulte les articles *chômage* du Petit Larousse illustré depuis sa création, de dix ans en dix ans, on observe une évolution nette de la définition principale[21].

année	CHÔMAGE n. m.
1905	**Période d'inactivité** pour une industrie : *le chômage d'un canal*. **Temps** que l'on passe sans travailler : *le chômage du dimanche.*
1965	Période d'inactivité **pour un travailleur**, pour une industrie : *être en chômage* |
1985	Période d'inactivité pour un travailleur, pour une industrie **par manque d'ouvrage**. || **Arrêt du travail** les jours chômés.

---

21. Le tableau complet des articles « Chômage » et « Chômeur » du *Petit Larousse illustré*, avec le détail des modifications, figure en annexe 2.

1995	1. **Cessation contrainte de l'activité professionnelle** d'une personne (le plus souvent après un licenciement), d'une entreprise ; période, situation résultant de cet arrêt. *Chômage partiel.* **Être au chômage.** 2. **Fait économique, social** constitué par l'ensemble des agents économiques <u>en chômage</u>
2005	1. Cessation contrainte[…] *Chômage partiel.* **<u>Être au chômage.</u>** 2. Fait économique et social constitué par **la population active inemployée** ; nombre de chômeurs.
2012 à 2015	1. **Situation d'un salarié** apte au travail mais privé d'emploi ; **durée de cette situation** : *<u>Être au chômage.</u>* 2. **Déséquilibre économique** survenant quand la demande de travail de la main d'œuvre est supérieure à l'offre de travail des entreprises […].

Parallèlement à la substitution de l'expression *être au chômage* à *être en chômage*, on observe un passage d'une définition d'essence temporelle (*période, temps*) à une définition de type localisation (*situation*).

Le chômage ne peut être considéré isolément du contexte socio-économique plus large, il est indissociable du travail. En effet, comme le souligne Schnapper (2002 : 682) :

L'attitude à l'égard du chômage ne peut être comprise indépendamment de l'attitude à l'égard du travail et de l'emploi : c'est la signification donnée au travail et à sa forme privilégiée dans nos sociétés, l'emploi salarié à durée indéterminée, qui confère sa signification à la période de chômage.

Demazière évoque la relation au travail jusqu'à la fin du XIXe siècle en ces termes :

[La relation d'emploi] prend des formes diverses (contrat de louage […], travail à la tâche […]) différentes du rapport salarial moderne, […] la frontière entre travail rémunéré et travail domestique est poreuse, les périodes d'activité et d'inactivité sont entrelacées […]. Ces ambiguïtés sont autant de freins à l'autonomisation d'une catégorie de chômage. (Demazière 2003 : 58)

Dès lors la relation à ce qui ne se nommait d'ailleurs pas systématiquement *chômage* était elle aussi différente :

[Au XIXe siècle,] en-dehors des moments de dépression économique […] le terme chômage s'appliquait à des périodes de non-travail prévisibles, qui ne menaçaient pas l'activité professionnelle, qui étaient pour certaines fixées par le calendrier, mais aussi à des suspensions d'activité plus ponctuelles, imprévues ou même décidées par les ouvriers eux-mêmes. Nombre de ces situations ne sont pas reconnues comme du chômage aujourd'hui, ce qui signifie que le sens contemporain de la catégorie de chômage est le résultat de distinctions qui n'existaient pas dans le langage et le raisonnement populaire de l'époque. (Demazière 2003 : 54)

À la toute fin du XIXᵉ siècle, se met en place une procédure de codification du chômage :

[Cette procédure] passe par une claire dissociation entre ceux qui travaillent de manière régulière et sont ainsi bien intégrés au nouveau modèle d'organisation productive, et ceux qui ne travaillent pas ou de manière discontinue et résistent – sont supposés résistants – à ces normes. [...] Cette procédure définit la notion de chômage comme une situation involontaire, référée à une situation normale de salarié, et par conséquent incompatible avec un rapport erratique au travail. (Demazière 2003 : 64)

Nul doute que la variation diachronique de la construction *en* → *au chômage* soit liée à l'ampleur prise par ce phénomène économique après le choc pétrolier des années 1970, puis dans les années 1980[22], et à son traitement social.

Le passage du « chômage frictionnel » au chômage de masse a généré des mécanismes (d'indemnisation, de pointage…) et des institutions, et le chômage comme phénomène social s'est autonomisé par rapport aux individus qui chôment.

[...] le chômage est bien une catégorie sociale ; plus exactement, il est une catégorie administrative, institutionnelle, bureaucratique. Et cette catégorie, que j'appelle officielle, va progressivement se diffuser et s'installer jusque dans les esprits des hommes, qui vont la reprendre, l'intérioriser, l'approprier, et l'utiliser pour définir leur situation personnelle. (Demazière 2003 : 49)

Cette institutionnalisation va induire, par métonymie, des constructions comme *s'inscrire au chômage, pointer au chômage*… (d'ailleurs remplacées aujourd'hui par *s'inscrire/pointer à Pôle emploi*). Mais la figure métonymique ne « prend » que si elle est en cohérence avec les propriétés déjà acquises de *chômage*, comme phénomène excédant les individus qui l'incarnent.

---

22. 400 000 chômeurs en 1974, 1 million en 1976, 2 millions en 1981, 3,1 millions en 1997. En ligne : <www.europe1.fr/economie/les-dates-cle-du-chomage-en-france-1223991>.

S'étant en quelque sorte spatialisé[23], le chômage est devenu comme «sans fin», fait social endémique, lieu toujours prêt à accueillir ceux qui *y tombent*, qui *y sont mis* ou *poussés*.

La construction prépositionnelle, en instaurant un type de repérage particulier, va travailler la notion *chômage* et le rapport dans lequel elle s'inscrit avec les sujets.

En cohérence avec la présentation générale de l'opposition *X en Y* vs *X à + dét. Y* (partie 3), nous proposerons l'interprétation suivante de la variation diachronique liée à la transformation historique du phénomène «chômage» :

– avec *en chômage*, l'individu chômeur (X) est le point d'ancrage de (Y) chômage. Il s'agit d'un mode d'être, inscrit dans l'instant. Le chômage est vécu par les sujets et définit leur être au monde. L'inscription dans le temps est saillante, et bien qu'aucune limite temporelle ne soit convoquée, chômage n'a de statut que comme manifesté dans une relation actualisée avec les sujets qui en sont le support ;

– avec *au*, chômage a une inscription dans l'environnement social indépendamment des individus qui chôment. Il se trouve en quelque sorte réifié, secteur parmi d'autres, préexistant collectivement à sa mise en relation aux individus qu'il repère. Les sujets sont repérés par rapport à ce domaine de la vie sociale, ce qui les situe sans les affecter dans leur identité globale.

4. 2. Une variation maintenue énonciativement en synchronie

On ne peut traiter les occurrences actuelles de *en chômage* comme des survivances, elles sont trop nombreuses.

Demazière souligne avec raison l'écart entre la catégorisation officielle et la représentation, l'intériorisation du phénomène par les sujets, comme on le voit à la fin des extraits suivants :

[…] dans les années 1930, sous l'effet des transformations des relations salariales et des politiques sociales, le chômage devient une catégorie normative, qui acquiert de plus en plus de prise sur les comportements des individus et les interprétations qu'ils font de leur situation. Il reste néanmoins des écarts considérables entre les catégories juridiques et les constructions subjectives. (Demazière 2003 : 68)

---

23. Cette spatialisation est sensible dans les énoncés suivants : «l'absence de qualification pousse vers le chômage» (p. 179), «aux frontières du chômage» (titre de chapitre, référant au sous-emploi et temps partiel non choisi) (Guaino *et alii* 1997 : 179-180).

[En 1967] la création de l'ANPE marque un pas supplémentaire dans le rapprochement des catégories officielles et des catégories indigènes. Dès la fin des années 60, [...] la diffusion des comportements d'inscription à l'ANPE marque un pas supplémentaire dans l'institutionnalisation du chômage [...]. Mais il faut se garder d'en déduire que le chômage est une catégorie entièrement stabilisée, bouclée sur elle-même, réalisée. (Demazière 2003 : 70-71)

Si l'on peut expliquer le choix de *en chômage* par Mendès-France ou Sauvy par un attachement aux formes classiques, ce n'est pas le cas pour les locuteurs des conversations spontanées ou des forums, qui utilisent *en chômage* dans un environnement familier et médiatique largement dominé par la forme *au chômage*.

Nous pencherions plutôt pour une explication des choix discursifs en termes de représentation variable du rapport au chômage, les pratiques langagières[24] mettant en œuvre les propriétés des formes linguistiques pour marquer deux types différents de relation de repérage entre la notion *chômage* et les individus repérés.

L'unité *chômage* est prise dans des réseaux discursifs différenciés : documents officiels, écrits scientifiques ou littéraires, et paroles d'individus de différents groupes sociaux, ayant une expérience nulle, occasionnelle ou permanente du chômage.

Ce n'est [...] pas seulement, ni même principalement, à partir de la codification d'une catégorie officielle, inventée une fois pour toutes, fixée dans les codes et les nomenclatures, qu'il est possible de comprendre le sens du chômage, ou de ses dérivés et déclinaisons contemporaines. Il n'est pas un objet stable, mais s'actualise à travers des usages multiples et énonciations plurielles. (Demazière 2003 : 103)

L'emploi et la qualification continuent à fixer la position d'un individu dans la société, par rapport à soi et aux autres, à définir son identité personnelle et sociale. Reste que les chômeurs vivent des conditions sociales différentes et appartiennent à des groupes sociaux différents, en sorte que le chômage constitue, plus encore qu'un révélateur, une condition différemment vécue et utilisée par les différents groupes sociaux. (Schnapper 2002 : 682)

---

24. « D'un point de vue empirique, la notion de pratiques langagières renvoie au fait que toute activité de langage est en interaction permanente avec les situations sociales au sein desquelles elle est produite. D'un point de vue théorique, la notion de pratiques langagières implique que celles-ci sont à la fois *déterminées par* les situations sociales, et qu'elles y produisent des *effets*. » (Boutet 1994 : 61-62 – l'auteure souligne)

Dire *être en chômage* c'est mettre en avant l'inscription temporelle de la relation sujet/chômage, et c'est appréhender le chômage comme expérience subjective. C'est aussi envisager l'individu comme *chômant*, tout autant que comme *chômeur*. À cet égard il s'agit purement d'un mode d'être, réversible, et cela peut dire aussi que le domaine du travail est en suspens mais toujours actualisable.

Dire *être au chômage*, c'est consacrer l'existence d'un domaine objectif et bien délimité, par rapport auquel un individu va pouvoir être repéré. D'une part, l'individu est classé dans une zone de la sphère sociale, et le lien avec le travail est rompu. Mais d'autre part, cela ne dit rien de son identité, de sa qualité, de son être au monde.

Concernant la variation cotextuelle, on peut faire deux remarques :

– le fait que *en chômage* soit hautement compatible avec un adjectif nous paraît lié à la nature qualitative du repère *chômage* avec *en*, qualité rapportée à l'expérience singulière du sujet X ;

– la faible propension aux emplois métaphoriques ou ironiques avec *en* (*ministre en chômage*) peut s'expliquer par la distance que requiert une opération de transposition entre le domaine source (chômage économique réel) et le domaine cible (individu laissé pour compte), distance que l'on pourrait difficilement figurer avec *en*.

De façon générale, la construction *en chômage* autorise une pondération sur l'inscription temporelle, c'est-à-dire l'aspect transitoire du repérage de X par *chômage*, ou sur le fait que X se trouve affecté par l'expérience du chômage. Avec prudence, nous avancerons que cela pourrait correspondre à deux catégories de chômeurs marginalisés par rapport à la conception dominante du statut de chômeur :

[Les types de chômeurs] sont hiérarchisés selon un ordre correspondant à des degrés de proximité par rapport à une conception normative, du chômage : les extrêmes sont situés en dehors de cette norme, qui exclut (ou distingue) par conséquent des chômeurs qui ne font que passer rapidement par cette situation et des chômeurs qui n'arrivent pas à quitter le chômage. (Demazière 2003 : 232 ; en référence à l'ouvrage de Raymond Ledrut, *Sociologie du chômage*, Paris, PUF, 1966)

En conclusion

Notre propos s'inscrit dans une démarche qui vise à intégrer les déterminations socio-historiques à l'analyse de certaines formes privilégiées dans des discours contrastés, tout en mobilisant centralement les propriétés linguistiques de ces formes (lexèmes, morphèmes, constructions syntaxiques, prosodie)[25]. La linguistique peut (doit?) tenir compte des conditions de production des formes qu'elle étudie, et mettre en œuvre une sémantique énonciative qui rend compte de l'émergence ou de la récurrence de tournures langagières en tant qu'elles participent de la transformation des représentations et des discours sur certains phénomènes sociaux.

Concernant la mise en discours de la catégorie *chômage*, les bouleversements contemporains dans le rapport au travail [26] amèneront peut-être une nouvelle modification de la représentation du chômage.

> [...] si l'on considère le statut de la catégorie de chômage dans le France contemporaine, on peut se demander si son pouvoir de construction de la réalité n'est pas émoussé : certes elle demeure un objet discursif incontournable dans le sens où on n'a jamais autant parlé de chômage qu'aujourd'hui, mais ses significations éclatent et le vocabulaire lui-même devient imprécis. (Demazière 2003 : 148)

Il n'est pas dit que, dans le cadre utopique d'une organisation du travail où les périodes d'inactivité seraient partagées tour à tour entre tous les salariés, on ne pourrait voir émerger une tournure comme *être de chômage…*

---

25. Pour un exemple impliquant le morphème se, *cf.* Saunier (2010).
26. En témoignent par exemple les propositions de revenu universel lors de la dernière campagne pour les élections présidentielles. Entre le chômage proprement dit et l'emploi, on distingue désormais «le halo du chômage» et le sous-emploi.

Références bibliographiques

Sources primaires

[Corpus d'Orléans] Corpus linguistique de transcription d'enregistrements réalisés à Orléans; 1968-1974 (ESLO1) et à partir de 2008 (ESLO2).

[Factiva] Base de données donnant accès aux principaux titres de la presse française et étrangère, Dow Jones & Company, [disponible en ligne].

[Frantext] Base textuelle Frantext, ATILF (CNRS & université de Lorraine) [disponible en ligne].

Sources bibliographiques

Albert P. (1986), *Chômage mode d'emploi*, Paris, Marabout.

Boutet J. (1994), *Construire le sens*, Bern/Berlin/Paris, Peter Lang.

Buron de N. (2006), *Chéri, tu m'écoutes?*, Paris, Pocket.

Corblin F. (2011), « Des définis para-intensionnels : *être à l'hôpital, aller à l'école* », *Langue française* 171, p. 55-75.

Demazière D. (2003), *Le chômage. Comment peut-on être chômeur?*, Paris, Belin.

Franckel J.-J. & Paillard D. (2007), *Grammaire des prépositions*, Paris, Ophrys, tome 1.

Franckel J.-J. & Paillard D. (1998), « Aspects de la théorie d'Antoine Culioli », *Langages* 129, p. 52-63.

Guaino H., Castel R., Freyssinet J. & Fitoussi J.-P. (1997), *Chômage : le cas français. Rapport au Premier ministre*, La Documentation française.

Labov W. (1976), *Sociolinguistique*, Paris, Minuit.

Pissart F. (1990), « Vivre en chômage. L'installation des jeunes sans emploi dans la vie adulte », *Revue française de sociologie* 31(4), p. 573-590.

Saunier E. (à paraître), « *En tunnel, en Gers* : éléments d'interprétation de l'expansion récente de deux emplois de la préposition *en* », dans Vaguer C. (dir.), *Hommages à Danielle Leeman*, Limoges, Lambert-Lucas.

Saunier E. (2017), « Contribution à l'étude des oppositions entre les prépositions *à, en* et *de* », *Faits de langue* 48, p. 115-146.

Saunier E. (2010), « De *le temps se passe* à *le temps passe* : un marqueur syntaxique d'une évolution dans le rapport au temps », *Syntaxe et sémantique* 11, p. 113-140.

Sauvy A. (1980), *La machine et le chômage*, Paris, Dunod.

Schnapper D. (2002), «Chômage et exclusion», *Enciclopædia universalis*, Paris, E.U., volume 5, p. 673-682.

Vaguer C. (2006), «Bibliographie générale sur les prépositions du français», *Modèles linguistiques* 54, XXVII(2), p. 171-203.

Vasseur P. (1985), *Le chômage, c'est les autres*, Paris, Belfond.

Vigier D. (2013), «Sémantique de la préposition *en* : quelques repères», *Langue française* 178, p. 3-19.

Article reçu en juillet 2017. Révision acceptée en novembre 2017.

ANNEXE 1 - Résultats dans Frantext

Répartition des occurrences de *en chômage* et *au chômage* dans la base Frantext, (pour X correspondant à un être humain[27]).

		en chômage	*au chômage*	
1899	1	Il donnait du travail aux ouvriers en chômage		
1933	1	Quoique le peintre nain fût en chômage perpétuel,		
1936	2	- Il y a là des ouvriers en chômage - quelque surveillant d'étude en chômage, sans doute.		
1938	3			
1939	1			
1942	1			
1942-45	1			
1945	2	Dont- 3x « intellectuels en chômage » (Roger Vaillant) comptés pour 1		
1946	1			
1947	2			
1948	3			
1949	1			
Total	**19**			**0**
1951			Le tiers de l'Allemagne laborieuse était en 1933 au chômage. A. Camus, *L'Homme révolté*	1
1955	1			
1956	2			
1957	1			
1959	1			
Total	**5**			**1**
1961	1			
1963	2			
1964	1			
1965	1		1 occ de « s'inscrire au chômage »	
1966	2			
1967	1			
1968	3			
Total	**11**			**0**
1970	1	un fonds ... assurant aux travailleurs qui se trouveraient en chômage... C. de Gaulle		
1972	2			
1976			- être au chômage, pour une comédienne, ça consiste en... - à partir de maintenant, on pouvait dire qu'ils seraient au chômage le lendemain 2 occ - S. Signoret	2
1978			et dans un mois, je serai au chômage	1
1979			ici, un homme au chômage observait...	1
Total	**3**			**4**

---

27. La toute première occurrence de *en chômage* semble un emploi métaphorique, chez Madame de Sévigné : «Les fatigues de la cour ont rabaissé son caquet : son moulin me parut en chômage.»

		en chômage	au chômage	
1980	2	de F. d'Eaubonne		
1981				2
1982			le boulot se faisait rare, alors de temps en temps on nous cloquait au chômage - A. Boudard	1
1983			les serruriers ne sont pas au chômage avec toutes les nouvelles serrures à placer - M. Charef	1
1984	2	1 de Pierre Mendès-France		
1985	5	Pierre Mendès-France		1
1986	3	Pierre Mendès-France		
1987	1	Pierre Mendès-France	ça peut mettre mille ouvriers au chômage	4
1988	1	de Yves Navarre : Quand on pense que le père était en chômage depuis six mois, maintenant, avec le rejeton il a son avenir assuré	4 occ de Yves Navarre : - T'es au chômage ? Prends ça pour une prime de bronzage - il ne sera jamais au chômage - Ecrire, ainsi je ne serai jamais au chômage - parce que je ne risque plus de me trouver au chômage	5
1989	5	Pierre Mendès-France = 4	Mis au chômage technique et las de … Echenoz	7
Total	**19**	**15 de Pierre Mendès-France**	**aucune de P. M-France**	**21**
1990	1	Pierre Mendès-France		2
1991	1			
1993				1
1996	4	- L'écroulement de l'Empire ottoman mit Lawrence d'Arabie en chômage technique - Mis en chômage technique par nos démocraties… - pour de petits seigneurs de guerre en chômage 3 occ de R. Debray + une : En août, alors que nous étions en chômage technique…		1
1997				1
1998			5 occ de N. Buron ses amoureux, ils étaient soit étudiants (…) soit au chômage (…) soit courant d'un boulot l'autre	5
1999				1
Total	**6**			**11**
2000				1
2001				1
2002				1
2005				1
2006			+ une occ de « s'inscrire au chômage »	3
2007				1
2008	1	En conséquence de quoi, 710 forgerons sur 860 avaient été mis en chômage le lundi 20 janvier [1964].		4
2009				4
Total	**1**			**16**
2010			une occ de « s'inscrire au chômage »	
2011	1	- Ilse avait des raisons, des excuses, elle était à ce moment-là en chômage		1
2012				4
Total	**1**			**5**
TOTAL	**60**			**58**

ANNEXE 2 – Articles du *Petit Larousse illustré*[28]

année	CHÔMAGE n. m.	CHÔMEUR, EUSE n.
1905	Période d'inactivité pour une industrie : *le chômage d'un canal.* Temps que l'on passe sans travailler : *le chômage du dimanche.*	(abs.)
1925-45	(id.)	ouvrier, ouvrière sans travail.
1955	(id.)	**celui qui se trouve** sans travail.
1965	**Période d'inactivité pour un travailleur, pour une industrie :** *être en chômage* ‖ Temps que l'on passe sans travailler : *le chômage du dimanche.* ‖ *chômage partiel,* **réduction de la durée du travail, donnant lieu dans certaines branches de l'industrie à une indemnisation des travailleurs.** ‖ *chômage saisonnier* [...] ‖ *chômage structurel* [...] ‖ *Allocation de chômage,* **indemnité** [...].	**Personne** qui se trouve sans travail.
1975	Période d'inactivité pour un travailleur, pour une industrie : *être en chômage* ‖ Temps que l'on passe sans travailler : *le chômage du dimanche.* • *Assistance* **chômage, aide publique aux chômeurs totaux ou partiels** [...] ‖ *Assurance chômage,* **aide financière** [...] ‖ *chômage frictionnel* [...] ‖ *chômage partiel,* réduction de la durée du travail, donnant lieu dans certaines branches de l'industrie à une indemnisation des travailleurs. ‖ *chômage saisonnier* [...] ‖ *chômage structurel* [...] ‖ *Chômage technique,* **arrêt de travail imposé à certains secteurs d'une entreprise** [...] ‖ *Chômage technologique,* **chômage imputable au développement du progrès technique** [...].	(id.)
1985	Période d'inactivité pour un travailleur, pour une industrie **par manque d'ouvrage.** ‖ **Arrêt du travail les jours chômés.** • *Assistance chômage,* aide publique aux chômeurs totaux ou partiels [...] ‖ *Assurance chômage,* aide financière [...] ‖ *Chômage frictionnel* [...] ‖ *Chômage déguisé,* **excédent de travailleurs dans un secteur économique, agricole notamment** [...]. ‖ *Chômage partiel,* réduction de la durée du travail, donnant lieur dans certaines branches de l'industrie à une indemnisation des travailleurs. ‖ *Chômage saisonnier* [...] ‖ *Chômage technique,* arrêt de travail imposé à certains secteurs d'une entreprise [...] ‖ *Chômage technologique,* chômage imputable au développement du progrès technique [...].	Personne qui se trouve **involontairement** sans travail.

---

28. Nous remercions vivement la maison d'édition Larousse de nous avoir permis d'accéder à ces données.

1995	1. **Cessation contrainte de l'activité professionnelle d'une personne (le plus souvent après un licenciement), d'une entreprise ; période, situation résultant de cet arrêt.** *Chômage partiel.* <u>*Être au chômage.*</u> ◊ *Chômage technique,* **dû au manque d'approvisionnement [...].** 2. **Fait économique, social constitué par l'ensemble des agents économiques en chômage ; nombre de chômeurs.** *Le chômage a augmenté.* ◊ *Allocations de chômage :* **allocations versées par un organisme (les ASSEDIC, en France) à un chômeur.** - *Assurance chômage :* **cotisations versées [...].** 3. **Vx. Arrêt du travail, les jours chômés.**	1. Personne **au chômage.** 2. ADMIN. **Demandeur d'emploi.**
2005	1. Cessation contrainte de l'activité professionnelle d'une personne (le plus souvent après un licenciement) **ou d'une partie de la main d'œuvre d'un pays** ; période, situation résultant de cet arrêt. *Chômage partiel.* <u>*Être au chômage.*</u> ◊ *Chômage technique,* dû au manque d'approvisionnement [...]. 2. Fait économique **et** social constitué par **la population active inemployée** ; nombre de chômeurs. *Le chômage a augmenté.* ◊ *Allocations de chômage :* allocations versées par un organisme (les ASSEDIC, en France) à un chômeur. - *Assurance chômage :* cotisations versées [...]. 3. Vx. Arrêt du travail, les jours chômés.	Personne au chômage ; demandeur d'emploi.
2011	1. Cessation contrainte de l'activité professionnelle d'une personne (le plus souvent après un licenciement) ou d'une partie de la main d'œuvre d'un pays ; période, situation résultant de cet arrêt. *Chômage partiel.* <u>*Être au chômage.*</u> ◊ *Chômage technique,* dû au manque d'approvisionnement [...]. 2. Fait économique et social constitué par la population active inemployée ; nombre de chômeurs. *Le chômage a augmenté.* ◊ *Allocations de chômage :* allocations versées par un organisme (**le Pôle emploi,** en France) à un chômeur. - *Assurance chômage :* cotisations versées [...]. 3. Vx. Arrêt du travail, les jours chômés.	(id.)
2012 à 2015	1. **Situation d'un salarié apte au travail mais privé d'emploi ; durée de cette situation** : <u>*Être au chômage.*</u> 2. **Déséquilibre économique survenant quand la demande de travail de la main d'œuvre est supérieure à l'offre de travail des entreprises** ; nombre de **demandeurs d'emploi sur le marché du travail** : *Le chômage est en augmentation.* 3. **Somme légalement versée aux chômeurs :** *Toucher le chômage.* 4. Vx. Arrêt du travail, les jours chômés. ◊ *Allocations de chômage :* allocations versées par un organisme (le Pôle emploi, en France) à un chômeur, **pour une durée déterminée.** ◊ *Assurance chômage* cotisations [...] ◊ ***Chômage classique* ou *volontaire*, dû au refus des travailleurs d'occuper des emplois qu'ils jugent insuffisamment rémunérés.** ◊ ***Chômage keynésien,* dû à une demande insuffisante [...].** ◊ *Chômage partiel,* **dû à une chute de la production [...]** ◊ *Chômage technique,* dû au manque d'approvisionnement [...].	(id.)

Débat

• • • • • • • • • • • • • • • •

L'étendue de la sociolinguistique, les sciences sociales et la nécessaire réflexion commune sur « le social »

James Costa
UMR LACITO, université Sorbonne Nouvelle
james.costa@sorbonne-nouvelle.fr

Lorsque Dell Hymes (1974 : 206), définit la portée et l'étendue de la sociolinguistique, il indique qu'elle doit nécessairement porter en elle sa propre fin : « The final goal of sociolinguistics, I think, must be to preside over its own liquidation. » Par là, il entendait que sa mission était de rendre la dimension sociale du langage suffisamment évidente pour qu'elle soit intégrée dans toutes les disciplines pour lesquelles la sociolinguistique ne pouvait être qu'un carrefour temporaire : linguistique, sociologie, anthropologie, mais aussi histoire ou géographie, etc.

En 2013, lors de son intervention dans une table ronde au Congrès du Réseau francophone de sociolingusitique intitulée « Pouvoir, contre-pouvoir et non-pouvoir… de la sociolinguistique », c'est à un tout autre type de liquidation que fait allusion Josiane Boutet, directrice de la revue *Langage & Société* (Boutet 2013, communication personnelle du texte de sa présentation). Boutet constate notamment que concernant la sociolinguistique francophone, quarante ans après sa fondation, la discipline s'est fragmentée en une multitude d'objets et d'approches. Une diversification, dit-elle, « qui pourrait être fructueuse et ne pas conduire à un éparpillement rendant cette discipline invisible dans les SHS, si certaines conditions sociales et intellectuelles étaient remplies ». Parmi ces conditions : « une université et des universitaires pacifiés, sûrs de leurs valeurs et de leurs missions», et «des politiques de recherche claires, pilotées, permettant la mise sur pied de projets de longue haleine».

En d'autres termes, en 2013, si la sociolinguistique avait présidé à sa propre liquidation, c'est plus par éparpillement que par capillarité. En septembre 2017, lors de son discours d'ouverture de la journée d'étude consacrée aux 40 ans de la revue *Langage & Société*[1], Michel Wieviorka fait d'ailleurs le même constat à propos de l'ensemble des sciences sociales, dont il dit qu'elles sont «émiettées». Il ajoute qu'il faut aujourd'hui restructurer les champs, non pour «reconstruire des dogmatismes mais aider à ce que se reconstruisent des images de plus en plus claires, des grands axes qui vont structurer les débats au sein de notre espace scientifique».

Poser la question en termes de champ, c'est bien entendu poser la question des limites du champ – des limites non pas posées *a priori* (la sociolinguistique comprend tout ce qui a trait au langage en société) mais vues comme un enjeu, une lutte pour définir les objets légitimes de recherche et la manière de les appréhender (Bourdieu 2013). À mon sens, c'est dans cette démarche que s'inscrivent les deux livres que je vais tenter de discuter et de mettre en rapport dans ce débat : celui de Nikolas Coupland (dir.), *Sociolinguistics: Theoretical Debates,* (Cambridge, Cambridge University Press, 2016) et celui de Cécile Canut et Patricia von Münchow (dirs), *Le langage en sciences humaines et sociales* (Limoges, Lambert Lucas, 2015). À leur manière, tous les deux tentent de proposer, sinon d'imposer, une manière de penser le lien entre sociolinguistique et sciences sociales (et non plus, comme ça a pu être le cas par le passé, entre sociolinguistique et linguistique) et de définir les débats centraux, c'est-à-dire légitimes, de la discipline. Face à l'émiettement partout constaté, ce travail est nécessaire, mais il n'est pas inintéressant de réfléchir à la manière dont la constitution d'axes de réflexion légitime est envisagée en France d'une part (dans l'ouvrage de Canut et von Münchow) et de manière internationale de l'autre (dans celui de Coupland).

On aurait pu bien sûr prendre d'autres livres comme base à cette discussion, il n'en manque pas. Pourtant, chacun de ces deux ouvrages annonce dans son titre une ambition programmatique qui rend la comparaison à mon sens pertinente : *Le langage en sciences sociales* d'une part, et *Sociolinguistics: Theoretical Debates* de l'autre. Il faut aussi faire

---

1. La video est disponible en ligne à l'adresse suivante : <https://www.canal-u.tv/video/fmsh/la_revue_langage_societe_fete_ses_40_ans_1_ouverture_de_la_journee.37815>.

remarquer que la distinction *a priori* entre une sociolinguistique francophone et une sociolinguistique anglophone n'est que partiellement pertinente. Pour ne citer qu'eux, Monica Heller et Alexandre Duchêne d'une part, et Alexandra Jaffe d'autre part, tous trois contributeurs au livre de Coupland, participent également largement à la vie d'une sociolinguistique francophone. D'autre part, des auteurs comme Foucault et Bourdieu sont largement cités par des auteurs qui s'expriment en anglais (et pour qui ça n'est pas nécessairement la langue principale en dehors de l'activité scientifique).

Dans cet article de débat, je souhaite interroger les objets et les théories qui sont présentés et promus, c'est-à-dire légitimés, dans ces deux ouvrages qui sont de fait programmatiques. Je voudrais aussi pointer un manque, à savoir la survalorisation de l'aspect « langue » au détriment de l'aspect « social » de la discipline, dont la problématisation et la théorisation semble avoir peu évolué en sociolinguistique au cours des quarante dernières années – au contraire de ce qui a pu se passer en anthropologie sociale ou en sociologie des sciences par exemple.

Sociolinguistique et sciences sociales

Ce manque semble trouver son origine dans un clivage qui accompagne la naissance même de la discipline, prise, nous dit Lahire dans son article reproduit dans l'ouvrage de Canut et von Münchow (2015 : 21), dans un étau qui opposerait (en apparence au moins) « les sciences dites sociales : anthropologie, histoire, sciences politiques, économie, etc.) d'une part, et la linguistique (et, plus largement, toutes les sciences des productions symboliques : sémiologie, analyses de discours, théories esthétiques, théories de la littérature, etc.) d'autre part, [constituant] un puissant obstacle à la compréhension et des phénomènes dits *sociaux* et des phénomènes dits *linguistiques* (symboliques, esthétiques, iconiques, discursifs, textuels, etc.) ».

Que ces deux aspects ne représentent que deux faces d'une même réalité, comme l'écrit Lahire, n'empêche en aucun cas que cette tension traverse l'ensemble de la sociolinguistique et favorise son éclatement vers un pôle ou un autre, vers une attention portée à la représentation et le symbolisme (Kohn 2015) ou vers l'action et la pratique. Dans la continuité des travaux de Boutet notamment, c'est en partie vers une réconciliation de ces deux pôles que souhaite aller le livre de Canut et von Münchow, programme poursuivi et affiné par Cécile Canut dans un ouvrage à paraître (Canut, Danos, Him-Aquilli, & Panis, à paraître) à travers une mise en rapport plus fine d'une sociolinguistique critique et de l'analyse du discours telle que développée à l'origine autour de Michel Pêcheux. Le langage est appréhendé comme un faire, et le sens comme constitué dans et par l'action, reprenant là une tradition philosophique ancienne, de la kabbale (Eco 1994) à certains écrits en philosophie analytique comme ceux d'Ernest Gellner (1959).

L'objectif est bien, me semble-t-il, d'aller vers une anthropologie du langage française, qui puisse parler à la fois aux linguistes d'une part et aux sociologues, anthropologues, géographes, etc. d'autre part. En ce sens, peu importe l'objet sur lequel porte la parole : ce qui est important dans la proposition que formule ce livre, c'est bien l'attention au langage comme non transparent et aux processus de construction du sens en action et dans l'action. Il s'agit de proposer une cohérence au moins méthodologique à la fois pour la sociolinguistique et pour les praticiens des sciences sociales, qui seraient, selon Lahire, découragés justement par l'éparpillement dont font preuve les approches sociales du langage.

Finalement, une simplification du domaine pourrait impliquer une division de ces approches entre une sociolinguistique ou une anthropologie de la parole en action d'une part, et le livre de Canut et von Münchow s'inscrit dans ce cadre, et une sociolinguistique des langues comme institutions, telle qu'elle peut être pratiquée à Montpellier par exemple. Une telle division est sans doute simpliste, les discours sur les langues pouvant parfaitement être analysés selon les méthodologies du premier courant. Certains, comme Robert Lafont, se sont d'ailleurs jadis confrontés aux deux approches, mais on sait quels chemins elles ont suivi de manière séparée. Cette dichotomie a peut-être le mérite d'entériner deux types d'objets très distincts finalement, le langage d'une part, et les langues de l'autre.

Débats théoriques en sociolinguistique

À l'inverse du livre de Canut et von Münchow, celui de Coupland ne propose rien pour l'avenir de la discipline, il entérine les débats théoriques dominants dans le champ et de fait les légitime comme tels. Il se veut certes plus large que l'ouvrage de Canut et von Münchow en ce sens qu'il prétend faire le point sur les débats les plus importants, mais il reste silencieux en termes de propositions. Organisé en six parties, le livre traite 1. de la théorisation du sens en société ; 2. du langage, des marchés et de la matérialité ; 3. de l'espace et la mobilité ; 4. des questions de pouvoir et de critique sociale ; 5. de l'impact de la discipline ; et 6. de l'évolution de la théorie en sociolinguistique. Les thèmes correspondent bien aux grands débats que l'on peut suivre dans les trois revues anglophones principales dans lesquelles s'expriment les sociolinguistes, à savoir *Language in Society, Journal of Sociolinguistics,* et *Journal of Linguistic Anthropology.* Des media (Androutsopoulos) au *translanguaging* (Pennycook), de la complexité (Blommaert) à la gouvernementalité (Rampton), des marchés linguistiques (Kelly-Holmes) ou du langage comme ressource (Heller & Duchêne) à la question de la matérialité des corps (Bucholtz & Hall), de la variation (Eckert) à la différentiation (Gal) jusqu'à des processus plus sémiotiques (Jaffe ou Silverstein), l'ouvrage de Coupland se pose en un état de la discipline en 2016, année de sa publication.

Dans son introduction, Coupland (2016 : 2) fait également le constat de l'éparpillement de la discipline, tiraillée non seulement entre différentes directions et théories, mais entre différents types de théories. C'est d'ailleurs cet éparpillement qui lui fait définir la sociolinguistique de manière minimaliste comme «the fertile and shifting multi- and interdisciplinary fields of enquiry where language and society come into contact with each other in so many ways» (*ibid.* : xi), définition à la fois large, vague, et problématique – le langage «entre-t-il en contact» avec la société, ou en est-il partie prenante?

Ce qui ressort de ce découpage c'est une attention particulière portée d'une part à la variation et d'autre part à la critique. La question qui semble sous-tendre l'ensemble du livre reste bien celle du changement sociolinguistique (et linguistique), question qui hante finalement toute la sociolinguistique et une grande partie de l'anthropologie linguistique anglophone depuis leurs origines. Changement linguistique autant que changement social, puisque le changement sociolinguistique est défini par Coupland comme «*consequential change over time in language-society relations*» (2016 : 433, italiques dans l'original). Ce changement, ajoute Coupland, peut être appréhendé à partir de cinq mots-clefs en M : marchés, mobilités, modalités (et théorie du langage), media et métacommunication. Ces mots-clefs, et le programme annoncé de la discipline (le changement sociolinguistique, qui permet de distinguer l'universel et l'historiquement contingent) permettent à Coupland d'amorcer une réflexion sur le lien entre théorie sociolinguistique et théorie sociale. Selon lui, la première ne doit pas devenir une simple annexe de la seconde.

La critique, quant à elle, est particulièrement saillante dans l'attention portée aux processus de différentiation, fruit de plus de vingt années de travail à la croisée de l'anthropologie et de la sémiotique autour de Susan Gal et Judith Irvine (à partir de 1995 notamment). Elle est également présente, influencée par Marx comme par Bourdieu (1977) dans les chapitres sur le marché qui traduisent ce qu'on pourrait voir comme un tournant économiciste dans la sociolinguistique critique depuis les travaux de Heller, Duchêne ou Kelly-Holmes. Ces travaux portent clairement l'ambition de réfléchir à une économie politique de la langue et du langage (voir en particulier Del Percio, Flubacher & Duchêne 2016), même si finalement ils insistent davantage sur l'économique que sur le politique.

Les deux volumes ont bien une volonté programmatique, même si elle n'est pas affirmée de la même manière : une jonction méthodologique entre sociolinguistique et analyse de discours pour l'ouvrage de Canut et von Münchow affirmant la nécessaire prise en compte de la matérialité langagière et discursive au-delà des objets étudiés ; une série de débats actuels questionnant le langage et la société dans le cas de Coupland, débats choisis en fonction de leur importance selon lui-même, de son propre aveu. Les deux livres sont certes très différents et reflètent des généalogies scientifiques bien distinctes, même si certains grands ancêtres comme Bourdieu peuvent sur certains points servir de points de convergence.

Repenser le social ?

Ce qui réunit les deux ouvrages, mais c'est sans doute peu surprenant, c'est l'entrée par le langage ou la langue, et la primauté de la question du langage sur celle du « social » – une forme de logocentrisme en d'autres termes. Ce qui est légitime pour la sociolinguistique, mais qui pour cette raison aboutit à faire, dans une certaine mesure, l'économie d'une réflexion renouvelée sur ce qu'est ce « social », ce « socio- » de la sociolinguistique, même après la perte de son tiret. Ce faisant, la sociolinguistique risque de tomber dans le piège pointé par Bruno Latour :

> All the disciplines from geography to anthropology, from accounting to political science, from linguistics to economics, enter the scene as so many of the ways through which the ingredients of the collective are first juxtaposed and then turned into some coherent whole. (Latour 2005 : 257)

En d'autres termes, le poids de certaines traditions de réflexion sur le social lui-même en sociolinguistique pose les mêmes problèmes qu'en économie ou en anthropologie socioculturelle, considérant finalement la langue comme un ingrédient qui, juxtaposé à d'autres, forme un tout plus ou moins cohérent qui serait appelé société. Le social, en d'autres termes, serait ce qui reste quand on en a retiré le strictement linguistique ou économique, etc. – d'où la possibilité d'une langue qui «entre en contact» avec la société, comme évoquée par Coupland dans sa préface. Si ce biais est moins marqué dans l'approche de Canut et von Münchow, puisque le langage y *fait* le social, la réflexion sur la nature du social apparaît surtout en filigrane. Que cette question soit présente en filigrane ne signifie pas qu'elle est absente, bien sûr. Comme le rappelle Coupland dans son introduction, il a été largement reproché à Chambers de ne pas s'interroger sur la manière dont «le langage» interagit avec «le social» (2016 : 5, les guillemets sont de Coupland), et à Labov son côté parsonien et orienté vers une sociologie du consensus. D'autres reproches ont pu être formulés à l'égard d'une sociolinguistique de la politesse comme étant sous-tendue par une conception de la société comme résultant de choix rationnels (*ibid.*). La question du social, de la société, sous-tend donc, implicitement ou explicitement, toute réflexion sociolinguistique. Mais plus largement, la question du langage ne peut pas se dérouler en dehors d'une réflexion sur le social – ou sur le politique d'ailleurs, la réflexion sur ce qui est politique étant finalement absente des deux volumes.

Si la proposition de Canut et von Münchow est davantage méthodologique, celle de Coupland est plus théorique. Les deux visent à rassembler la discipline, à la rendre plus lisible. Mais, puisqu'il s'agit ici de la rubrique «débat», je me risquerai à une observation : le plus important, me semble-t-il, pour toute discipline académique, et ce à toute époque, ne me semble pas seulement résider dans les débats théoriques ou dans les options méthodologiques, mais dans les questions que nous formulons pour identifier et répondre aux enjeux d'une époque. Or ces questions sont absentes des deux ouvrages, surtout dans celui de Coupland ; ou bien elles recyclent des questions qui nous viennent des XVIIIe et XIXe siècles. Se priver de reposer la question de ce qu'est le social, et pas seulement de ce qu'est le langage, c'est se priver de s'interroger sur qui, et surtout quoi, entre dans la constitution du social.

Ce faisant, la sociolinguistique repose sur une vision humano-centrée du social, et s'interdit de repenser, face aux conditions actuelles de changement climatique notamment (Latour 2015), la question posée à la naissance des sciences sociales dans les questionnements philosophiques de Rousseau, Hume ou Smith : comment la société tient-elle ensemble, et comment faire en sorte qu'elle tienne le mieux possible? Car c'est bien de cette question, par exemple, que découle la problématisation du marché chez Adam Smith comme mécanisme neutre pour assurer la redistribution des ressources en dehors du contrôle de la corruption des élites à l'époque (Herman 2001). C'est aussi de cette recherche de mécanismes neutres, localisés en dehors de la société, que dérive l'idée d'une langue standard neutre (Costa, De Korne & Lane 2017), une voix de nulle part (Gal & Woolard 1995). Mais ces réponses ne sont pas universelles, elles découlent de conditions historiques bien particulières, héritières des guerres de religion en Europe au siècle précédent et de la mise en place, pour répondre à ces conflits, du système des États-nations (Toulmin 1990).

Il semble difficile aujourd'hui de faire l'impasse sur les changements climatiques. Intégrer le réchauffement de la planète dans l'équation du social, et avec cette donnée une myriade d'entités non-humaines, c'est aussi penser les mobilités dues au réchauffement, mais c'est surtout repenser le politique et ce qui peut constituer un objet et un sujet politique. Comme l'écrivent Braun et Whatmore (2010 : xiv-xv), les théories politiques modernes, fondées sur la notion de débat public neutre et du langage comme potentiellement purifiable (de ses indexicalités de lieu ou de classe sociale au moins, sinon de genre) pour accéder à cette neutralité sont fondées sur l'idée que les sociétés ne sont composées que d'humains. Cette approche a eu pour conséquence de rejeter tout le non-humain en dehors du domaine du politique pour le reléguer au rang de ressource, «entering political theory only to the extent that it has *instrumental* value but not in terms of its *constitutive* power» (*ibid.*). Il existe actuellement une réflexion fertile sur ce qu'est le politique en anthropologie socioculturelle, qui considère que toute entité peut devenir un sujet politique en tant qu'elle met en lien, ou en réseau, des groupes et des entités qui auparavant étaient indépendantes. Ainsi, en Amérique latine, Tatiana Li (2013) analyse-t-elle une montagne en termes politiques alors qu'elle est la proie des appétits d'une compagnie minière, transformant la montagne en sujet politique reliant divinités indigènes, groupes indigénistes, militants environnementaux, etc. Ces réflexions peuvent-elles avoir un impact sur la manière de penser le langage en société, et le langage tout autant que le social ? Curieusement (ou pas), la réflexion la plus avancée sur cette question ne vient pas de l'anthropologie linguistique ou de la sociolinguistique mais de l'anthropologie socioculturelle et de la tentative d'Eduardo Kohn de «provincialiser le langage» pour comprendre comment les êtres, humains et non-humains, communiquent en Amazonie (Kohn 2013). Son livre a été récemment traduit en français sous le titre *Comment pensent les forêts : vers une anthropologie au-delà de l'humain*.

Mais si les sociolinguistes se montrent réticents à repenser leurs notions et conceptions du social et de la société, la discipline aurait justement fort à contribuer aux débats actuels ayant lieu au sein de la sociologie des sciences ou dans certains secteurs de l'anthropologie sociale. Car si ces lieux sont fertiles pour repenser la société comme étant à composer, plutôt que pré-existant aux échanges (Latour 2011), la cosmopolitique de Stengers (2007) ou les réflexions sur les collectifs de Latour ou Descola manquent singulièrement de langage. Comment les êtres, humains ou non-humains, impliqués dans ces collectifs communiquent-ils? Par quels moyens sont-ils organisés en collectifs? Si les XVIIe et XVIIIe siècles n'ont pu faire l'économie d'une réflexion sur le langage pour résoudre les questions que leurs contextes respectifs posaient, comment le XXIe siècle pourrait-il se passer d'un véritable questionnement qui ne sépare plus nature, société et langage (Bauman & Briggs 2003) mais les réunisse à nouveau, en interrogeant particulièrement la question du langage? Quel type de conception du langage une cosmopolitique nécessite-t-elle? Il y a là un espace de discussion dans lequel une sociolinguistique ou une anthropologie du langage qui chercherait à dépasser l'opposition entre pratique et analyse de la construction du sens aurait toute la place de s'engouffrer, permettant de participer à une réflexion sur ce qui constitue une société au XXIe siècle et sur ce qu'est ou devrait être un sujet et une action politiques.

Références bibliographiques

Bauman R. & Briggs C. L. (2003), *Voices of Modernity: Language Ideologies and the Politics of Inequality*, Cambridge, Cambridge University Press.

Bourdieu P. (2013), «Séminaire sur le concept de champ, 1972-1975», *Actes de la recherche en sciences sociales* 200(5), p. 5-37.

Bourdieu P. (1977), «L'économie des échanges linguistiques», *Langue française* 34, p. 17-34.

Braun B. & Whatmore S. J. (2010), "The stuff of politics: An introduction", in Braun B. & Whatmore S. J. (dirs), *Political Matter: Technoscience, Democracy, and Public Life*, Minneapolis, University of Minnesota Press, p. ix-xl.

Canut C., Danos F., Him-Aquilli M. & Panis C. (à paraître), *Le langage, une pratique sociale. Élements d'une sociolinguistique engagée.*

Canut C. & von Münchow P. (dirs) (2015), *Le langage en sciences humaines et sociales*, Limoges, Lambert Lucas.

Costa J., De Korne H. & Lane P. (2017), "Introduction. Standardising minority languages: Reinventing peripheral languages in the 21st century?", in Lane P., Costa J. & De Korne H. (dirs), *Standardizing Minority Languages: Competing Ideologies of Authority and Authenticity in the Global Periphery*, London, Routledge, p. 1-23.

Coupland N. (dir.) (2016), *Sociolinguistics: Theoretical Debates*, Cambridge, Cambridge University Press.

Del Percio A., Flubacher M., & Duchêne A. (2016), "Language and political economy", in Garcia O., Flores N. & Spotti M. (dirs), *Oxford Handbook of Language in Society*, Oxford, Oxford University Press, p. 55-75.

Eco U. (1994), *La recherche de la langue parfaite dans la culture européenne*, Paris, Seuil.

Gal S. & Irvine J. T. (1995), "The boundaries of languages and disciplines: How ideologies construct difference", *Social Research* 62(4), p. 967–1001.

Gal S. & Woolard K. A. (1995), "Constructing languages and publics: Authority and representation", *Pragmatics* 5(2), p. 129-138.

Gellner E. (1959), *Words and Things*, Boston, Beacon Press.

Herman A. (2001), *The Scottish Enlightenment: The Scots' Invention of the Modern World*, London, Harper Perennial.

Hymes D. (1974), *Foundations in Sociolinguistics*, Philadelphia, University of Pennsylvania Press.

Kohn E. (2015), "Anthropology of Ontologies", *Annual Review of Anthropology* 44(1), p. 311-327. En ligne : <http://doi.org/10.1146/annurev-

anthro-102214-014127>.

Kohn E. (2013), *How Forests Think: Toward an Anthropology Beyond the Human*, Berkeley/Los Angeles, University of California Press.

Latour B. (2015), *Face à Gaïa. Huit conférences sur le nouveau régime climatique*, Paris, La Découverte.

Latour B. (2011), «Il n'y a pas de monde commun : il faut le composer», *Multitudes* 45, p. 38-41. En ligne : <http://doi.org/10.3917/mult.045.0038>.

Latour B. (2005), *Reassembling the Social: An introduction to Actor-Network Theory*, Oxford, Oxford University Press.

Li T. (2013), "Relating divergent worlds: Mines, aquifers and sacred mountains in Peru", *Anthropologica* 55(2), p. 399-411.

Stengers I. (2007), «La proposition cosmopolitique», dans Lolive J. & Soubeyran O. (dirs), *L'émergence des cosmopolitiques*, Paris, La Découverte, p. 45-68.

Toulmin S. E. (1990), *Cosmopolis: The Hidden Agenda of Modernity*, Chicago, University of Chicago Press.

Comptes rendus

Philippe Blanchet
Les mots piégés de la politique
Paris, éditions Textuel, 2017, 110 p.
Compte rendu de Josiane Boutet, université Paris-Sorbonne

L'analyse du discours politique a acquis en France ses lettres de noblesse grâce aux travaux engagés dès 1965 par le Laboratoire de lexicologie politique, longtemps dirigé par Maurice Tournier ; puis grâce à la revue associée à ce labo et créée en 1980, *M.O.T.S.* avec le sous-titre qui développait le sigle : *Mots. Ordinateurs. Textes. Sociétés.* Revue devenue *MOTS. Les langages du politique.* Les très nombreux travaux émanant du laboratoire et ceux publiés dans la revue ont fondé en France une solide tradition d'étude du discours politique. De façon plus récente, quelques discursivistes et quelques sociolinguistes ont, chacun à leur façon, tenté de faire sortir ces savoirs du strict lectorat scientifique et cherché à toucher un plus large public par des entreprises de vulgarisation, souvent électroniques. On citera, sans prétendre à l'exhaustivité :

– l'ouvrage de Patrick Charaudeau, *Le débat public. Entre controverse et polémique. Enjeu de vérité, enjeu de pouvoir* (Limoges, Lambert-Lucas, 2017) ;

– l'ouvrage de Josiane Boutet *Le pouvoir des mots* (Paris, La Dispute, nouvelle édition augmentée en 2016) ;

– le blog de Philipe Blanchet sur *Mediapart* : <https://blogs.mediapart.fr/philippe-blanchet/blog> ;

– le blog de Cécile Canut sur *Mediapart* : <https://blogs.mediapart.fr/cecile-canut/blog> ;

– la participation de Josiane Boutet au magazine en ligne *Silomag* de la fondation Gabriel Péri : <http://silogora.org/est-il-presidentiable/> ; <http://silogora.org/le-systeme/> ; <http://silogora.org/de-quoi-crise-est-il-le-mot/>.

À ces initiatives s'ajoute le travail entrepris par un collectif de journalistes *Les mots sont importants* (en ligne : <http://lmsi.net/>), qui s'attache avec rigueur à dénoncer les détournements de sens dans la presse. Philippe Blanchet y collabore par des billets réguliers, au nombre de 174 à ce jour : <http://lmsi.net/?page=recherche&recherche=Philippe+Blanchet>.

Dans *Les mots piégés de la politique*, Philippe Blanchet (désormais PB) reprend certaines de ses chroniques dans *Mediapart* et dans *Lmsi* en les développant. Il choisit d'y analyser cinq mots ou expressions : «Je suis Charlie», «laïcité», «radicalisation», «communautarisme», «incivilités». Ces mots et le sens qu'ils ont pris dans les débats contemporains lui semblent représentatifs d'une idéologie dominante actuelle de la république. Analyser le fonctionnement de ces mots en discours, c'est «y débusquer cet "endoctrinement" par lequel une pensée devient hégémonique et par lequel une idéologie est discrètement imposée au plus grand nombre» (p. 12). PB entreprend donc de faire une critique politique des mots ou expressions retenus et, ce faisant, de contribuer, de son point de vue de sociolinguiste, au débat politique.

Ces mots et expressions constituent des façons de nommer certaines réalités sociales et politiques. PB montre que ces nominations ne sont pas innocentes, mais qu'elles nous proposent bien des catégories de pensée : par exemple, pourquoi parle-t-on du «radicalisme» et de la «radicalisation» de certains musulmans, mais de l'«intégrisme» de certains catholiques? PB revient sur l'histoire politique récente du mot «radicalisme», qui fut associé en premier lieu à une tendance politique de la gauche française (les radicaux socialistes ou «radsocs») et plus largement à des valeurs humanistes. Il se demande pourquoi on observe aujourd'hui un tel glissement de sens : «radical, radicalisme» devenant des mots péjoratifs et associés strictement aux mouvements et actions djihadistes. À très juste titre, il propose d'y substituer une autre dénomination celle de «fanatisme, fanatiques».

Concernant le mot de «laïcité», PB souligne là encore à juste titre qu'on est entré dans une phase nouvelle de notre conception de la laïcité; et ce, depuis la loi dite sur le voile (en fait sur tous les attributs religieux ostensibles à l'école) en 2004. Je rappellerai que la conception française de la laïcité s'origine dans la loi de 1905, dite de séparation de l'Église et de l'État, qui déclare que «la République ne reconnaît, ne salarie ni ne subventionne aucun culte», et qu'elle garantit la liberté de cultes et de conscience. Les débats furent très vifs à l'Assemblée nationale comme dans les journaux entre deux conceptions de la laïcité : celle, anticléricale, d'Émile Combes, sénateur radical de la Charente, et celle du rapporteur de la loi, le député socialiste Aristide Briand. C'est cette dernière qui l'emporta, établissant un État neutre quant aux religions qui, en quelque sorte, ne relevaient plus que de la sphère privée. Pour PB, la loi de 2004 a ouvert une brèche dans cette conception d'une laïcité tolérante en donnant à l'État le pouvoir de légiférer sur les conduites des individus. Bien que PB ne le dise pas, on peut penser que c'est la position politique d'un Combes qui refait surface. Le débat politique eut lieu à nouveau dans les années 2000 lors de la loi dite « sur le voile », et il a traversé souvent avec virulence voire avec violence les syndicats, les partis politiques comme les associations. PB défend ici la position de la Ligue des droits de l'Homme : ce n'était pas à l'époque et ce n'est toujours pas ma position politique, mais là n'est pas la question. On peut être en désaccord avec ses analyses politiques tout en soulignant la pertinence de ses analyses lexicales et sociolinguistiques.

Ce petit livre atteint tout à fait ses objectifs : dans une langue claire, sans jargon académique, il pose avec une grande acuité la question du pouvoir de la nomination : pourquoi nommer ainsi et pas autrement ? Quelle domination idéologique s'exerce à notre insu par le pouvoir qu'ont les médias et le monde politique d'imposer telle expression plutôt que telle autre ? C'est une question de philosophie politique que Pierre Bourdieu avait lui aussi posée, et bien avant lui Bertolt Brecht dans son entreprise du « rétablissement de la vérité ».

Henri BOYER
Introduction à la sociolinguistique
Paris, Dunod, 2017, 136 p.
Compte rendu de Françoise Gadet, université Paris-Nanterre

Les manuels et autres ouvrages généraux qui s'affrontent au défi d'une présentation globale de la sociolinguistique ne sont pas réputés être une spécialité française (ni francophone). Cependant, ce sont plutôt les *handbooks* généraux à objectifs ambitieux qui font défaut, surtout par comparaison avec l'abondante production anglo-saxonne, car les petites introductions (entre 62 et 128 p.) à ce domaine ne sont pas une rareté, au moins depuis le *Que-sais-je?* de Calvet (1993), en passant par l'ouvrage de Boutet (1997) ou la première édition de Boyer (2001) – pour ne mentionner ici ni des ouvrages plus focalisés ni des vulgarisations qui ne sont pas l'œuvre de véritables acteurs de la discipline, caractéristique au contraire partagée par les auteurs que je viens de citer.

Ces ouvrages se distinguent les uns des autres non tant par la matière présentée (comportant nécessairement de nombreux points communs, en particulier quant aux auteurs et aux principaux titres donnés en référence) que par les domaines exposés et les trajets proposés dans la discipline : les sous-champs évoqués, le point de départ du trajet, la logique de la progression…

C'est ainsi un trajet qui nous est proposé par Henri Boyer (désormais HB) – lui parle d'un «double parcours», convoquant d'une part la genèse et la construction de l'objet sociolinguistique, de l'autre les problématiques fondamentales du champ. Après un avant-propos de trois pages et un premier chapitre de vingt pages consacrées à la définition de l'objet («La sociolinguistique : un autre regard sur le langage et les langues en sociétés»), le trajet de HB va aller de la variation (chapitre 2 : «La variation comme fondement de l'exercice d'une langue») aux politiques linguistiques (chapitre 6 : «Politique(s) linguistique(s)»), en passant par l'imaginaire des langues (chapitre 3 : «"Communauté linguistique", "marché linguistique" et représentations»), le plurilinguisme (chapitre 4 : «Bilinguisme/diglossie : quel(s) modèle(s) de traitement du plurilinguisme») et les contacts/conflits de langue (chapitre 5 : «Le contact de langues»). À grands traits, on pourrait dire que c'est un parcours qui va du micro-sociolinguistique au macro-sociolinguistique (du locuteur à la société), ou même à la sociologie du langage. Toutefois, aucun trajet ne saurait être vraiment linéaire, et deux séries de remarques se présentent quant à la conception de cet ouvrage : l'intérêt de voir les idéologies langagières (souvent renvoyées en fin de parcours, voire ignorées) présentées dès le chapitre 3, étant ainsi directement liées à la variation et non pas traitées comme une sorte de «en plus»; et l'importance prêtée au plurilinguisme, donnant lieu à deux chapitres.

HB n'en est pas à ses premières armes dans les synthèses, puisque cet ouvrage est de fait une seconde édition d'un ouvrage de 2001 (qui ne faisait que 104 pages), même s'il n'est pas affiché comme tel : même si la répartition en chapitres n'est pas absolument la même, le parcours est quant à lui très semblable, comme il l'est aussi au chapitre introductif, rédigé par HB, de l'ouvrage collectif de 1996, ainsi qu'au plan général, du moins pour les quatre premiers chapitres.

Il y aurait deux façons d'évaluer ces petits ouvrages : d'un côté, un point de vue de quelqu'un qui ne connaîtrait pas grand chose au champ; de l'autre, se demander en quoi l'ouvrage peut retenir l'attention d'un lecteur averti tout en éclairant ceux qui le sont moins. Au total, le petit livre de HB me semble très abordable et facile à lire, illustré de nombreux exemples vivants. Il réussit bien à informer à partir d'un trajet solide, facile à suivre à travers une certaine évidence (même s'il y en aurait d'autres). Bien sûr, on retrouve ici plus particulièrement développés des thèmes chers à HB, autour du plurilinguisme et des politiques linguistiques. Mais c'est justement quelque chose qui participe de la personnalité de chacun des petits manuels évoqués ici : assumer des intérêts propres à l'auteur (d'où par exemple dans les 62 pages de Boutet, les systèmes d'écriture ou le thème «langage et travail»). Quelques particularités de l'ouvrage de HB : à côté des valeurs sûres de l'état actuel et de l'historiquement hérité, l'évocation de thèmes en train d'émerger dans la discipline, comme le genre (p. 47 *sq.*) ou des questions qui ne sont qu'évoquées, une bibliographie de 8 pages, un long chapitre 1 cherchant à baliser à la fois les limites et le territoire. Un peu curieusement, pas de conclusion, ce que j'interpréterai comme une porte laissée ouverte.

Je terminerai par une question qui me semble à soulever à la lecture du chapitre 1 : sur 136 pages tout compris pour présenter un champ aussi vaste et diversifié que la sociolinguistique actuelle, 5 sont consacrées à dégager le point de vue sociolinguistique des oppositions saussuriennes (langue/parole, synchronie/diachronie). Certes, c'est une démarche classique, y compris dans des ouvrages plus ambitieux, comme Chambers et Schilling (2013, eds), dont l'introduction, œuvre de Chambers, n'échappe pas à ce rituel ; et certes, il faut bien un point de comparaison pour pouvoir parler d'un «autre regard» (partie du titre du premier chapitre de HB). Mais une telle posture soulève une question cruciale sur le statut de la discipline sociolinguistique : va-t-elle finir par assumer suffisamment d'autonomie dans le point de vue disciplinaire pour pouvoir être présentée autrement qu'en démarquage des linguistiques structuralistes ? Est-ce que le «en sociétés» du titre du chapitre 1 n'aurait pas suffi à engager un point de vue spécifique, découlant de questions sociétales pouvant être dites «socio-langagières» ?

Références citées

Boutet Josiane (1997), *Langage et Société*, Paris, Le Seuil.
Boyer Henri (2001), *Introduction à la sociolinguistique*, Paris, Dunod.
Boyer Henri (dir.) (1996), *Sociolinguistique. Territoires et objets*, Paris, Delachaux et Niestlé.
Calvet Louis-Jean (1993), *Sociolinguistique*, Paris, PUF, Que sais-je ?
Chambers Jack & Schilling Natalie (eds) (2013), *The Handbook of Language Variation and Change*, Oxford, Blackwell Publishing.

Henri BOYER
Faits et gestes d'identité en discours
Paris, L'Harmattan, 2016, 115 p.
Compte rendu de Josiane Boutet, université Paris-Sorbonne

Dans ce petit ouvrage, Henri Boyer (désormais HB) reprend et développe quelques-uns de ses articles publiés entre 2008 et 2014 en sociolinguistique et analyse du discours médiatique. Il fait précéder les cinq
chapitres de l'ouvrage d'une introduction en seize pages où il synthétise
certains des concepts et notions qui sont les siens : l'importance des
discours dans une société médiatisée (et non simplement médiatique),
la production (complexe) des identités et des représentations collectives,
l'idéologie qui articule « un ensemble de structures et de fonctionnements
socio-cognitifs dont elle assure la cohérence » (p. 11). HB retient cinq
thématiques : l'accent (chapitre 1), la stéréotypie (chapitre 2), la patri-
monialisation (chapitre 3), la loyauté (ethnosocio)linguistique (chapitre 4), la sociolinguistique catalane (chapitre 5). Je reviendrai ici sur
trois d'entre eux.

C'est un ensemble de faits à la fois verbaux, prosodiques et iconiques,
relevés dans différents pays et situations sociolinguistiques, que HB analyse ici afin de montrer comment se donnent à entendre et à voir des
identités collectives dans les discours, médiatiques ou non. Ainsi dans le
chapitre 1, « Accent(s) et Cie. Variation sous surveillance » (reprise d'un
article de 2014), HB revient sur la question de l'accent : celui que les
médias construisent comme autant de stéréotypes («l'assent du midi»,
par exemple), ainsi que celui, à la fois générationnel et genré, qui conduit
de jeunes femmes urbaines à promouvoir une épithèse vocalique : la prononciation d'un /E/ comme dans «alors-E». Cette innovation vocalique,
bien qu'ensuite diffusée à d'autres groupes sociaux, semble bien avoir
été portée d'abord par le groupe des jeunes femmes, revendiquant ainsi
une forme de différenciation (de distinction selon Bourdieu), comme si
«elles souhaitaient en terminer avec un statut de dominées. Il y a bien là,
de toute évidence, un *fait d'identité* patent» (p. 34).

HB analyse des données à la fois graphiques et iconiques dans son
chapitre 4, «Sur la loyauté (ethno)sociolinguistique» : un panneau de
signalisation en français à Montréal et une affichette commerciale en
catalan à Barcelone; deux villes et pays où le conflit linguistique entre
deux langues au sein d'une diglossie (non pas consensuelle à la Ferguson
mais conflictuelle à la Lafont) entre français/anglais et catalan/castillan

a donné lieu ces dernières décennies, à la fois à des décisions institutionnelles et juridiques en provenance des États, et à des recherches des sociolinguistes (voir plus loin chapitre 5). Ce sont là des exemples parmi bien d'autres de «pratiques glottopolitiques publiques» qui, au-delà de leur signification strictement fonctionnelle, manifestent «une loyauté linguistique envers la langue nationale» (p. 86).

Dans le chapitre 5, HB reprend et synthétise deux de ses articles parus en 2002 et 2014 sur l'histoire de la sociolinguistique catalane. Celle-ci, dès les années 1970, s'est caractérisée comme une discipline critique, distincte de la sociolinguistique espagnole «fascinée» par les travaux nord-américains. Dans une situation de diglossie conflictuelle et au sortir du franquisme, cette sociolinguistique catalane s'est d'emblée inscrite dans l'action sociale, s'est impliquée dans le mouvement social : «pour eux la sociolinguistique est une arme au service de la défense et de la promotion d'une identité collective menacée» (p. 89). Le sociolinguiste catalan est ainsi nécessairement un sociolinguiste impliqué. Aujourd'hui, HB fait le constat que les sociolinguistes catalans ont parfaitement réussi le processus de normalisation sociolinguistique du catalan, devenu langue co-officielle avec le castillan. Mais, en conséquence, les sociolinguistes se sont fonctionnarisés, de nombreux étudiants de seconde génération ayant trouvé des emplois dans les différents dispositifs institutionnels de la Generalitat. HB se demande si on doit «déplorer» cet état de fait qui, pourtant, marque la réussite du processus de co-officialité des deux langues. HB souligne que la situation sociolinguistique de diglossie conflictuelle a évolué en Catalogne, la revendication identitaire ne passant plus par un refus du castillan mais, chez les plus jeunes, par une pratique de l'alternance des langues dans les conversations. Je me permettrai d'ajouter à ce chapitre 5 que la revue *Langage & Société* a eu dès ses origines une histoire commune avec cette sociolinguistique catalane. L'un de ses fondateurs, Lluís Aracil, a ainsi publié dans notre numéro 2 d'octobre 1977 un article programmatique «La sociolinguistique : révolution et paradigme» (p. 3-16) : il s'agit d'un article écrit en 1974 pour le VIIIe Congrès mondial de sociologie à Toronto et qui fut traduit par Pierre Achard, fondateur et directeur de la revue. Pierre Achard a ensuite rédigé la préface à l'ouvrage de 1982 de Aracil, *Lo bilingüisme coma mite*, «Prefaci» (p. 9-27).

Souvent les travaux scientifiques en sciences humaines et sociales sont dispersés en de nombreuses revues, dans divers chapitres d'ouvrages, ce qui ne rend pas toujours aisé leur accès. C'est là l'un des intérêts de collationner différents articles et de les ramasser dans une seule publication. L'autre est, en juxtaposant des textes de différentes provenances et périodes, de permettre une synthèse intellectuelle et de mettre en évidence la cohérence de la démarche de l'auteur. *Faits et gestes d'identité en discours* atteint tout à fait ces buts.

Françoise GADET (dir.)
Les parlers jeunes dans l'Île-de-France multiculturelle
Paris, Ophrys, 2017, 174 p.
Compte rendu de Maria Candea, université Sorbonne-Nouvelle

Cet ouvrage collectif pose incontestablement un jalon dans la communauté sociolinguistique de France car il donne accès à une synthèse de la première vague d'études publiées autour du projet *Multicultural Paris French* qui a permis la constitution du tout dernier grand corpus de français oral à visée clairement sociolinguistique, recueilli en Île-de-France. L'ouvrage vise un public large : tous les résultats obtenus sont rendus accessibles par une organisation pédagogique du texte et une rédaction concise qui évite à la fois le jargon et les effets de connivence avec un cercle trop étroit et également toute rhétorique sensationnaliste sur un sujet «encombré de clichés, préjugés, raccourcis et stéréotypes» (p. 51) qui déchaîne tant les passions sur la scène médiatique actuelle.

L'introduction et le premier chapitre théorique et programmatique («Pour étudier les parlers jeunes») sont rédigés par Françoise Gadet. Elle y justifie les choix effectués en amont et au cours de la constitution du corpus MPF, grand corpus transcrit et aligné, contenant des enregistrements longs effectués *in situ*, permettant non seulement l'étude des changements linguistiques à différents niveaux mais également celle des idéologies linguistiques. Elle évalue la qualité des données et fournit des clés indispensables pour la lecture de l'ouvrage. Deux points forts du projet sont mis en avant : il s'agit d'une enquête auprès d'une population jeune et multiculturelle, souvent stigmatisée et caricaturée, impliquée dans une sociabilité en réseaux serrés ; et les interviews sont menées par des enquêteurs qui, d'une manière ou d'une autre, font partie de ces réseaux et ont plus aisément accès à des pratiques vernaculaires que dans le cas des protocoles utilisés par le passé pour construire des grands corpus en France. Françoise Gadet fait part également des hésitations de l'équipe sur différents points : choix de conventions de transcription limitées, choix de l'étiquette plurielle «parlers jeunes» pour signifier la remise en question de la vision homo-généisante des pratiques langagières des jeunes, sans rejeter d'emblée la notion elle-même, pourtant bien fragile; choix restreints des méthodes de recueil de données (entretiens sociolinguistiques très informels et auto-en-registrements libres pour obtenir des données écologiques).

La fin du premier chapitre explicite les «deux fils rouges» qui sous-tendent l'ensemble de ce projet de recherche et l'ensemble de l'ouvrage, à savoir : 1. la thèse selon laquelle les pratiques langagières des jeunes des quartiers multiculturels de la région parisienne ne constituent pas une variété distincte mais s'inscrivent dans un continuum de ressources et répertoires de ce que l'on appelle «le français»; 2. la démonstration du fait que les «supposées innovations» ne sont pas observables unique-ment chez les jeunes contemporains, elles n'y sont que «plus concentrées et plus récurrentes» (p. 49).

Les cinq chapitres qui suivent se complètent et parfois se répondent mais peuvent tout à fait être lus de manière indépendante.

On y trouve tout d'abord un chapitre rédigé par Roberto Paternostro intitulé «Les jeunes ont-ils un accent?» dans lequel les fils rouges sus-mentionnés sont aisément identifiables. L'auteur examine à tour de rôle les différents traits (au niveau segmental et suprasegmental) qui ont été décrits comme spécifiques aux «jeunes» des banlieues populaires pari-siennes pour montrer que ces traits sont parfois en parfaite continuité ou indistinction avec le français oral ordinaire produit en situation de proximité entre les personnes qui se parlent, parfois en continuité avec ce qui a déjà été décrit comme populaire ou rural depuis fort longtemps.

Le chapitre suivant, rédigé par Paul Cappeau et Anaïs Moreno, s'intéresse aux tendances grammaticales qui émergent de ce corpus. Les auteurs font le choix d'une terminologie réduite et essentiellement des-criptive et s'appuient sur une comparaison avec les phénomènes décrits notamment par Claire Blanche-Benveniste comme étant spécifiques du français oral ordinaire dans les années 1990 pour tenter d'identifier quelques innovations. Les faits observés vont dans le sens du continuum entre les différentes pratiques du français oral et de l'alternance entre «formes longues» et «formes courtes». Plutôt que parier sur la mise en avant d'innovations (alors qu'on méconnait si largement l'histoire du français oral vernaculaire et qu'on ne peut pas prévoir les dynamiques de changement), les auteurs décrivent des faits de morphosyntaxe générale-ment négligés : conjugaison verbale, constructions interrogatives, gram-maticalisations et mise en scène du discours rapporté.

Le quatrième chapitre intitulé «Dynamiques des mots» s'intéresse au lexique, dans une perspective sociolinguistique. Emmanuelle Guerin et Sandrine Wachs rendent compte du relevé lexical du corpus MPF et questionnent tout particulièrement la néologie (sémantique, par manipulation formelle ou par emprunt notamment à l'anglais et à différentes langues d'héritage). Si l'étude de la créativité lexicale des locutrices et locuteurs enregistrés ne révèle aucun procédé linguistique nouveau, elle constitue une porte d'entrée intéressante pour approcher l'organisation sociale des jeunes.

C'est à la question du changement linguistique et aux éventuels apports spécifiques du corpus MPF sur cette question que s'intéressent Paul Cappeau et Catherine Schnedecker dans le chapitre suivant intitulé «L'oral des jeunes fait-il évoluer la langue?». Loin de pouvoir répondre à cette question, les auteurs montrent surtout à quel point le travail sur ce sujet peut être «délicat et moins spectaculaire que ne le voudraient les lecteurs pressés ou les discours médiatiques», à travers l'exemple d'une analyse diachronique et synchronique du mot «gens», susceptible de devenir un pronom sous la forme «les gens».

Enfin, le dernier chapitre, signé par Bernard Conein et intitulé «Deux manières d'énoncer une identité» propose un questionnement sociologique sur le contenu des propos enregistrés auprès des jeunes de cette vaste enquête, en se focalisant ici particulièrement sur les «noms de groupe» (différentes désignations de soi ou des «autres») notamment lorsque ceux-ci font référence à des nationalités. Affirmés, récusés ou contestés, ces termes s'avèrent surtout très malléables et dépendants du contexte, et ce d'autant plus dans les «contextes où l'identité peut constituer un enjeu» (p. 156), comme par exemple, justement, lors d'un entretien sociolinguistique. Ce chapitre rappelle l'importance d'accorder toute sa place à l'observation des interactions, le danger des affirmations péremptoires à partir d'extraits de corpus insuffisamment situés dans leur contexte et invite à redoubler de prudence avant de mobiliser *Algérien, Français, Kabyle,* etc., mais aussi *Noir* ou *Blanc,* comme des noms de catégories stables, lorsqu'on compte décrire les affiliations des jeunes.

Bien que les chapitres aient été rédigés par des chercheurs différents, l'ouvrage montre une grande cohérence, fruit d'un travail collaboratif suivi durant plusieurs années. Le maintien d'une posture critique durant tout le processus de construction du corpus permet à l'équipe non seulement d'accumuler des enregistrements mais aussi de faire avancer la réflexion de fond sur la comparabilité des données et l'hétérogénéité des genres discursifs. Le corpus MPF n'est pas encore clos et cet ouvrage n'en analyse qu'une partie, constituée de 57 heures d'enregistrements et presque 800 000 mots, sans avoir la moindre prétention d'en avoir épuisé la matière. Nul doute qu'il suscitera encore de nombreuses études car, comme le démontre le présent travail, ce corpus ouvre beaucoup de pistes à la sociolinguistique et à l'analyse du français oral, avec des retombées sociétales et politiques.

Gudrun LEDEGEN et Pergia GKOUSKOU-GIANNAKOU (dirs), avec la collaboration de Axel GAUVIN
Les langues créoles. Éclairages pluridisciplinaires
L'Harmattan, Espaces discursifs, 2017, 224 p.
Compte rendu de Laurence Arrighi, université de Moncton (Canada)

Cet ouvrage réunit une série de onze études sur l'aménagement linguistique des créoles, avec une attention particulière pour leur aménagement graphique, notamment dans une visée didactique.

Les trois premières contributions, respectivement signées par Gudrun Ledegen et Alex Gauvin (p. 5-13), Lambert-Félix Prudent (p. 15-36) et Sabine Ehrhart (p. 37-55) sont de portée générale, les suivantes sont des études de cas. Dans une première série, sur l'île de La Réunion, Gauvin (p. 57-78) envisage la standardisation graphique du créole réunionnais en lien avec sa place dans l'enseignement. Deux autres études offrent une observation des tendances graphiques dans les SMS (Gudrun Ledegen, p. 79-103) et les enseignes commerciales (Mylène Lebon, p. 105-122). Ces pratiques scripturales «sauvages» sont données comme pouvant inspirer des pratiques plus officielles.

La seconde série rassemble des études de cas sur les créoles de l'île Maurice (Arnaud Carpooran, p. 123-141), de la région Caraïbe (Robert Nazaire, p. 143-154), d'Haïti (Émilien Duvelson, p. 155-173), ainsi que de langues dont le point commun avec les créoles est d'évoluer en situation de contact inégalitaire, que ce soit le bislama de Vanuatu (Leslie Vandeputte-Tavo, p. 175-200) ou le dialecte brabançon bruxellois (Sera de Vriendt, p. 201-213).

La synthèse finale est une postface signée Michel Francard (p. 215-222), qui situe les travaux ici rassemblés dans le cadre général de l'intérêt actuel pour un terrain longtemps délaissé par les linguistes : l'étude de l'écrit, du graphisme des langues. Désormais, les travaux ne manquent pas, de l'étude de la relation complexe entre l'oral et l'écrit à celle de l'impact des représentations sur l'acceptation des changements graphiques induits par l'utilisation des nouvelles technologies et des réseaux sociaux, en passant par les conventions graphiques mises en place dans les politiques linguistiques.

L'ouvrage s'inscrit essentiellement dans ce dernier axe et rappelle que l'intérêt heuristique de cette réflexion ne se limite pas aux langues officielles à large diffusion, mais qu'elle est tout «aussi pertinente et instructive s'agissant de langues minoritaires et/ou minorées, dans une perspective d'aménagement linguistique» (Francard, p. 216).

C'est bien de cela qu'il s'agit dans les contributions. Je rendrai compte de ce collectif en y traçant un chassé-croisé, car l'assemblage même s'avère plein de sens et d'échos entre les articles, ce qui en fait un ouvrage d'une grande cohérence thématique. Indépendamment de la qualité et de la pertinence des différents textes, je porterai une attention particulière à certains d'entre eux.

Du point de vue de leur codification écrite, les créoles sont loin de présenter tous un traitement analogue. Parmi les créoles à base française, seuls ceux d'Haïti, de l'île Maurice et des Seychelles ont une graphie officielle standardisée. Le fait que ces trois langues évoluent dans trois États indépendants rappelle le rôle du politique dans la stabilisation formelle et statutaire de la langue écrite. Corollairement, on note l'absence d'écriture officielle et/ou standardisée dans les régions sans autonomie politique, comme les DROM de la République française, où ils demeurent sans reconnaissance officielle. Le contraste des situations nous montre toutefois que là comme partout, les choix en matière de conventions (ortho)graphiques sont loin de se réduire à une question technique, mais «sont éminemment (glotto)politique[s]» (Francard, p. 216), et en fin de compte idéologiques. Les enjeux sont à la fois pratiques (d'abord pour l'enseignement de ces langues) et symboliques. Il en va en effet, par le fait même d'écrire une langue minorée comme les créoles, de leur légitimation et de leur légitimité. Néanmoins, en dépit de la portée identitaire que peuvent revêtir les choix concernant ces langues, les expériences de codification présentent une constante : ce sont les solutions les plus «pragmatiques» (selon le titre de la contribution de Carpooran) qui ont le plus de chances de réussir. Ceci est aussi valide pour des langues noncréoles, tel le brabançon bruxellois envisagé par de Vriendt ou le bislama traité par Vandeputte-Tavo.

On arrive ainsi à de meilleurs résultats par des choix optant pour la lisibilité : pas trop de signes particuliers et de diacritiques, une certaine uniformité au-delà des variations locales. De même, il s'avère aussi efficace de renoncer à certains rêves de grandeur (car après tout « [u] une langue n'a pas forcément besoin d'académies, de planificateurs officiels et de dictionnaires consacrés pour montrer sa vivacité et pour pouvoir se développer de manière dynamique », Ehrhart, p. 40) au profit de « politiques linguistiques "à petits pas", souvent à l'insu du pouvoir politique en place » (*ibid.*). Mais surtout, il faut se tenir loin de positions « extrêmes » subsumées sous le slogan « déviance maximale » par rapport à la langue coloniale, longtemps défendues dans la zone caraïbe au nom de revendications identitaires. Dans ce volume, Prudent ou Ehrhart font des dénonciations argumentées de cette position, alors que Gauvin pose, à partir de la situation réunionnaise, que les proximités graphiques avec la langue de la domination coloniale et sociale (avec laquelle les créolophones entretiennent un rapport quotidien) sont un atout didactique de premier plan. En plus de répondre aux besoins des élèves, ce choix n'interdit pas la défense d'identités. Contrairement aux tenants de la distance maximale, qui y voient une entrave à l'expression identitaire, Gauvin fait de l'adoption d'une graphie « raisonnée » du réunionnais l'une des clés de la réussite et finalement un bon instrument d'expression identitaire. Car *in fine*, la vraie question – formulée il y a déjà trente ans par Chaudenson (1987) – n'est pas *comment* écrire le créole, mais *pourquoi* l'écrire ? Les bénéfices sont à chercher dans les domaines économiques, sociaux et culturels bien plus que dans la stricte expression d'une volonté (certes légitime) d'en finir avec l'héritage colonial – à supposer que ce soit possible.

Il y a là un changement de paradigme au sein du monde créolophone dont témoignerait aussi un repositionnement de chantres de l'identité créole, Glissant et Chamoiseau en tête (voir Gauvin 1992-1993). Des choix de ces écrivains longtemps tenants de la « déviance » et désormais adeptes du moindre écart par rapport au français, à ceux d'aménageurs et de pédagogues cherchant par des choix pratiques à rattacher les créoles à leurs langues de départ (certes langues de la colonisation mais aussi langues usuelles des créolophones), se manifeste donc la recherche d'une identité plus stable, plus sereine. Si elle perd en authenticité (dont des sociologues des minorités comme Comaroff et Comaroff, 2009, nous ont appris à nous méfier), elle gagne en efficacité. C'est ici, de texte en texte, le « message » que proposent les chercheures et chercheurs, tous activement impliqués moins dans la défense des langues créoles dans l'absolu que dans l'épanouissement de leurs locuteurs afin qu'ils en deviennent pleinement des scripteurs.

Au-delà des cas envisagés ici, les trois réflexions initiales (Ledegen et Gauvin; Prudent; Ehrhart), les huit études appliquées subséquentes ainsi que la postface signée Michel Francard s'avèrent des contributions/ illustrations de premier plan de ce que pourrait être un aménagement réussi du code (essentiellement graphique) de toute langue minorée.

Références citées

Chaudenson Robert (1987), «Pour un aménagement linguistique intégré : le cas des créoles français», *Études créoles* X(2), p. 141-158.

Comaroff John L. & Comaroff Jean (2009), *Ethnicity, Inc.*, Chicago, University of Chicago Press.

Gauvin Lise (1992-1993), «L'imaginaire des langues : entretien avec Édouard Glissant», *Études françaises* 28(2-3). En ligne : <http://www.montraykreyol.org/article/limaginaire-des-langues>, consulté le 19 août 2017.

Philippe Martel
Études de langue et d'histoire occitanes
Limoges, Lambert Lucas, 2015, 400 p.
Compte rendu de James Costa, université Sorbonne-Nouvelle/USPC, LACITO

La publication d'un recueil de quelques-uns des principaux articles de l'historien Philippe Martel est un événement important pour la sociolinguistique – pas seulement parce que la plupart des textes réédités étaient devenus difficilement accessibles, et pas seulement pour ceux d'entre nous qui s'intéressent au domaine occitan.

Le travail de Philippe Martel, chercheur au CNRS puis professeur au département d'occitan de l'université Paul Valéry à Montpellier, s'étend de la fin des années 1970 à nos jours. Une bibliographie impressionnante qui concerne un nombre considérable d'aspects de l'histoire occitane et française, depuis la période médiévale jusqu'à la période contemporaine – une œuvre qui couvre notamment les débats historiographiques qui président à la naissance du nationalisme français moderne au XIXe siècle ainsi que l'émergence et le développement du mouvement occitan à partir de cette même période. C'est cette diversité d'approches et de sujets qu'on trouve réunis dans cet ouvrage, qui regroupe quelques-uns des textes que l'historien a souhaité lui-même rendre plus accessibles (avec l'aide de Marie-Jeanne Verny et de Yann Lespoux). Si la plupart des vingt-trois textes réunis ici sont en français, trois sont en occitan (alpin). Martel s'est en effet adressé, tout au long de sa carrière, tout autant au monde académique qu'au monde militant ou au grand public, comme le montre la provenance de ses textes (de la revue *Ethnologie française* aux *Chroniques de Haute Provence*), conservant partout une verve et une rigueur qui rendent son travail à la fois sans concession sur le plan scientifique et accessible à tous.

Il serait fastidieux, et sans doute inutile, de résumer chaque chapitre de ce volume. Dans cette recension, je proposerai un bref aperçu de l'apport de chacune des sept sections du livre, en me concentrant sur les aspects qui peuvent plus particulièrement intéresser les sociolinguistes, avant de proposer une (trop) brève discussion autour du lien entre histoire et sociolinguistique, que cet ouvrage permet d'aborder.

La première partie revient sur le travail historiographique de Martel : qu'est-ce que l'Occitanie, comment traiter en historien d'un espace avant tout linguistique, et comment cet espace a-t-il été mis en discours au XIXᵉ siècle notamment, par qui et dans quels buts ? Si la France n'a jamais trop su quoi faire de son Sud, c'est particulièrement le cas à cette période, où l'historiographie officielle hésite entre glorification d'un passé mythifié et coopté pour le récit national en cours de construction, et le rejet dans la barbarie face à «la vraie France, la France du Nord», celle qui intéresse Michelet (dont on apprend d'ailleurs page 311 que sa femme savait l'occitan, et l'écrivait à l'occasion).

La seconde partie est consacrée à l'Occitanie médiévale, notamment à l'émergence de ce qui aurait pu devenir en France une *questione della lingua*, mais qui justement ne le devint jamais vraiment. Le changement de langue, de l'occitan vers le français se manifeste d'abord à l'écrit : par la déstabilisation de ce qui se présente comme un proto-standard pan-occitan (et ce dès le XIVᵉ siècle dans certaines régions), et par le passage au français dans l'administration. Si pour Martel l'édit de Villers-Cotterêts vise clairement l'occitan, et pas seulement le latin, le mouvement du passage au français dans l'écrit officiel était amorcé depuis longtemps (même si l'occitan peut se maintenir dans des usages administratifs en Béarn jusqu'en 1789).

Les troisième, quatrième et cinquième parties reprennent un large corpus d'écrits sur le mouvement linguistique occitan, du XIXᵉ au XXᵉ siècle, et fait la part belle à l'histoire du Félibrige (et au mouvement occitaniste, qui en est largement issu). Au croisement de l'histoire politique, intellectuelle et linguistique, ces chapitres sont indispensables pour comprendre la mise en place historique d'un objet « langue » en lien avec différentes tensions politiques et sociales, locales et nationales. Le mouvement en faveur de l'occitan ne sera jamais nationaliste au sens où ont pu l'être la plupart des autres mouvements linguistiques européens, malgré des ressemblances et des liens forts entre le Félibrige et d'autres mouvements similaires par ailleurs. Ces chapitres tissent en quelque sorte un panorama de la mise en place des idéologies linguistiques française et occitane, qui régissent encore aujourd'hui les liens entre langue et politique en France.

La sixième partie revient en détail sur les conflits autour des normes linguistiques depuis deux cent ans, autre facette de la construction des idéologies linguistiques modernes concernant les langues minoritaires. Thème inépuisable, la question orthographique est présentée par Martel dans une durée longue qui permet de relativiser les querelles actuelles en domaine occitan. La dernière partie rassemble divers textes sur ce que l'auteur appelle des « obsessions personnelles », littéraires notamment. L'article portant sur les idéologies des dialectologues français et italiens intéressera sans doute particulièrement les lecteurs de *Langage & Société*.

Les travaux de Philippe Martel portent la trace à la fois de l'héritage de l'école des Annales et de la sociolinguistique montpelliéraine développée autour de Robert Lafont. Si cette sociolinguistique a été particulièrement sensible à la dimension historique de l'objet qu'elle traitait, pour comprendre notamment la mise en place de la diglossie, les liens entre l'histoire comme discipline et la sociolinguistique sont aujourd'hui beaucoup plus ténus, et on peut le déplorer. En sociolinguistique, la dimension historique est ainsi souvent réduite à une toile de fond, un « contexte » sur lequel on peut situer une étude contemporaine. En retour, on sait que les historiens s'intéressent bien peu au langage, qu'ils voient trop souvent comme un simple médium. Chez Martel, la question linguistique est omniprésente, sous le double angle de la langue comme institution et du langage comme pratique sociale. Cette dernière dimension est particulièrement présente dans les chapitres sur l'époque médiévale et postmédiévale. À la lecture de ces textes, on comprend ainsi bien comment le jeu des langues, manié par les clercs, permet de créer des espaces qui constituent peu à peu un proto-espace public, en marge du pouvoir de l'Église.

La question du lien entre historiographie et sociolinguistique mérite un plus ample traitement, mais le livre de Martel permet au moins de montrer sa pertinence. Ce travail montre qu'on ne peut se contenter de l'histoire comme toile de fond, et qu'on ne peut non plus considérer les récits historiques militants comme des sources historiques sans les questionner, sans justement effectuer ce travail historiographique qui me semble au moins aussi important que le travail ethnographique auquel se livrent de plus en plus de sociolinguistes.

En d'autres termes, ce livre ne s'adresse pas qu'aux spécialistes du domaine occitan. Il s'adresse à tous ceux que le rapport langage/société intéresse, en France et en Europe notamment, en ce sens qu'il permet de reposer nombre de questions sociolinguistiques en les replaçant dans la longue durée.

Cristina PETRAS
Contact de langues et changement linguistique en français acadien de la Nouvelle-Écosse. Les marqueurs discursifs
Paris, L'Harmattan, 2016, 304 p., et un CD-ROM
Compte rendu de Françoise Gadet, université Paris-Nanterre

La francophonie nord-américaine présente une grande diversité, entre situations de pleine vitalité comme le Québec jusqu'à des situations obsolescentes comme Terre-Neuve. Parmi les espaces concernés, certains sont ainsi plus anglicisés, en fonction de l'intensité des contacts entre le français et l'anglais. Le fonctionnement de cette anglicisation, c'est ce qu'explore l'ouvrage de la chercheuse roumaine Cristina Petras (désormais CP), avec une étude basée dans l'une des provinces canadiennes les plus anglicisées, la Nouvelle-Écosse : sur l'ensemble de la province, les francophones ne constituent que 3,40 % de la population.

L'ouvrage, issu d'une thèse de doctorat, aborde les contacts entre langues à travers les marqueurs discursifs, dont on sait qu'ils font partie des éléments les plus sensibles au contact, en se situant à un degré élevé dans l'échelle d'empruntabilité (*borrowing scales, borrowability*) – parmi d'autres textes, voir Matras (2009). Les modèles théoriques offerts dans la «linguistique de contact» pour rendre compte des relations entre contact, changement linguistique et grammaticalisation, sont d'ailleurs passés en revue dans le premier chapitre.

CP applique les questions ainsi soulevées à l'étude d'un corpus oral de français acadien de la Nouvelle-Écosse, présenté en détails dans le chapitre 2 (p. 41-82), avec une contextualisation socio-historico-linguistique. Le terrain concerne deux communautés rurales, disjointes, du sud-ouest de la province, la baie Sainte-Marie (seule ère de la Nouvelle-Écosse où le français est majoritaire) et la municipalité d'Argyle. CP montre quels facteurs peuvent rendre compte de la configuration actuelle de ces communautés, en présentant les principales caractéristiques linguistiques, certaines conservatrices et d'autres innovatrices, en phonétique, en morphologie et en syntaxe ; un tableau synthétique (p. 74-82) résume ces traits. Dans le contexte de la province, où le français est très minoritaire, les deux communautés se signalent par leur vitalité ethnolinguistique. Après avoir rappelé les différents aspects de ce concept de *vitalité* (démographiques, socio-économiques, institutionnels...), CP s'arrête longuement sur les questions de politique linguistique, sur les institutions et l'enseignement en français (dans son histoire et son état actuel).

Le corpus est constitué d'enregistrements de la radio communautaire CIFA, regroupant des émissions qui donnent largement la parole aux membres de la communauté. La CIFA, gérée par la communauté, alternative aux radios publiques ou commerciales, est un puissant ressort de vitalité ethnolinguistique, du fait de sa politique encourageant les reformulations en français. Recueilli entre 2004 et 2006, ce corpus constitue une entrée originale dans la variété locale. Un CD-ROM est joint à l'ouvrage, comportant les transcriptions de trente émissions, pour une durée de sept heures environ ; ainsi que des présentations synthétiques de la situation sociolinguistique, et les conventions de transcriptions (aussi présentées p. 71). Un regret, l'absence de fichiers sons, même si on comprend bien les réticences de l'éditeur, étant donné leur poids.

Le chapitre 3 (p. 83-118) recense, dans la vaste littérature sur le sujet, les définitions des marqueurs discursifs, dans différentes approches. CP distingue d'emblée le discours unilingue d'une part, le discours bilingue de l'autre, en s'interrogeant sur les possibles « équivalences ». Le modèle de référence de CP est celui de Peter Auer (1999), qui permet d'évaluer le degré de conventionnalisation (ou sédimentation structurale) des marqueurs discursifs « transférés » d'une langue à l'autre, en classant les phénomènes de contact sur un continuum entre alternance codique et fusion : *code-switching – code-mixing – fused lects*. CP suit aussi Auer dans les questions auxquelles elle va confronter son corpus : les éléments « transférés » sont-ils les seuls dont le locuteur dispose (celui-ci n'aurait alors pas le *choix*) ? Leur emploi dans le discours bilingue reproduit-il ceux que l'on trouve dans le discours unilingue ? Enfin, lorsque coexistent des « équivalents » des deux langues, quelles sont les motivations du choix du locuteur (double emploi, ou spécialisation ?) ?

C'est ce que vont détailler les chapitres 4 à 7 (p. 119-249), consacrés à des marqueurs fonctionnant comme des couples anglais-français : *so* vs ça fait que/*donc*/*alors* (chapitre 4) *well* vs *ben* (chapitre 5), *but* vs *mais* (chapitre 6), *you know* vs *tu sais* et *I mean* vs *je veux dire* (chapitre 7). La même démarche est adoptée pour chaque paire : à partir de la littérature, CP rappelle le fonctionnement de l'élément dans chaque langue ainsi que dans d'autres variétés nord-américaines. En s'appuyant sur la pragmatique et sur l'analyse du discours, elle fournit ensuite une analyse minutieuse des emplois de chaque marqueur « chez nos locuteurs ». De nombreux exemples sont présentés au fil des chapitres, toujours bien contextualisés, ainsi que de nombreux tableaux récapitulatifs.

Enfin, le dernier chapitre (chapitre 8, p. 251-275) rend compte des emplois des marqueurs « anglais sans équivalents français », essentiellement des marqueurs pragmatiques de commentaires, des adverbes exophrastiques et des marqueurs de tour de parole, en les confrontant avec leurs emplois dans le discours unilingue. Leurs emplois ne s'avèrent pas différents de ceux connus dans le discours unilingue.

La brève conclusion reprend l'analyse pointant sur un faible degré de conventionnalisation et l'absence de spécialisation (on ne saurait associer à chaque marqueur une valeur spécifique), sans qu'il y ait pour autant « double emploi » puisque, quand les deux marqueurs coexistent chez un locuteur, le marqueur anglais contribue à des effets de mise en relief ou de contraste (en particulier, entre plans énonciatifs ou entre types d'information). Dans les termes de Auer, le fonctionnement hybride ne correspond donc globalement pas à du *fusing* mais plutôt à du *code-mixing*.

La démarche de CP, tout au long de l'ouvrage, a l'honnêteté de ne pas occulter les inévitables limites de son corpus (comme de tout corpus). Son mode de présentation a néanmoins quelques inconvénients, le plus gênant étant ce que peut avoir de fastidieux une analyse de chaque marqueur locuteur par locuteur, y compris quand les taux d'occurrences sont faibles. Quant aux tableaux récapitulatifs (nombreux et très détaillés), ils ne sont pas toujours très commentés. On aurait aussi peut-être pu faire l'économie de certaines des très nombreuses (et souvent très longues, surtout dans les trois premiers chapitres) notes de pur savoir ou de quête d'exhaustivité, probable résidu de la source dans la thèse (ainsi, parmi d'autres, la note 97 fait 38 lignes).

Ces quelques bémols ne sauraient atteindre l'intérêt d'un ouvrage très documenté, systématique, où l'on apprend beaucoup de choses sur le fonctionnement des emprunts, avec de très nombreux exemples passionnants. Outre les spécialistes de la Nouvelle-Écosse, du domaine acadien ou du français nord-américain, cet ouvrage devrait intéresser quiconque s'intéresse au français en contact et au contact de langues en général.

Références citées

Auer Peter (1999), "From code-switching *via* language mixing to fused lects: Toward a dynamic typology of bilingual speech", *International Journal of Bilingualism* 3(4), p. 309-332.
Matras Yaron (2009), *Language Contact*, Cambridge, Cambridge University Press.

Juliette Rennes (dir.),
Encyclopédie critique du genre
Paris, La Découverte, 2016, 740 p.
Compte rendu de Maria Candea, université Sorbonne-Nouvelle

L'ouvrage de 740 pages propose un bilan d'étape critique, original et d'une grande richesse, des « reconfigurations en cours des études de genre» (p. 10) à travers 66 entrées d'une dizaine de pages, incluant chacune une bibliographie spécifique très pointue grâce au concours de plus de 80 auteur.e.s. Le prisme du genre vu comme dispositif culturellement construit pour rendre le monde intelligible a transformé ou renouvelé l'épistémologie et les enquêtes empiriques dans de nombreuses disciplines depuis son adoption depuis une trentaine d'années par un nombre croissant de chercheur.e.s : non seulement en sociologie et histoire, mais également en biologie, sciences politiques, sciences du langage, de la santé, en droit…

Compte tenu de l'épaisseur historique et de la vitalité de ce champ d'étude à la fois disciplinaire et transdisciplinaire, traversé par des clivages mouvants autant académiques que politiques, Juliette Rennes et l'équipe des éditrices et éditeurs scientifiques associés (C. Achin, A. Andro, L. Bereni, A. Jaunait, L. Greco, R.-M. Lagrave, G. Rebucini) ne recherchent pas à construire un consensus mou ou une illusion d'exhaustivité superficielle, mais préfèrent assumer des choix clairs annoncés dès l'introduction.

Tout d'abord, le choix d'une période. Cette encyclopédie est résolument ancrée dans l'actualité de la recherche. L'époque couverte est essentiellement celle du début des années 2000 : cela vaut pour l'organisation des thèmes et sous-thèmes, pour le poids accordé aux différentes problématiques mises en avant ou passées sous silence, ainsi que pour les références bibliographiques mobilisées. Les références aux productions des années 2000, dont de très nombreuses publications postérieures à 2010, sont majoritaires ; malgré la prédominance des références étatsuniennes qui bénéficient *de facto* d'une diffusion internationale exceptionnelle, l'ensemble des auteur.e.s revendique un soin particulier à inclure des « recherches et [...] débats issus de diverses aires géographiques » (p. 23). En revanche, les références antérieures aux années 1990 sont plutôt rares et généralement réservées aux grands classiques en sociologie (Durkheim, Mead, Bourdieu, Goffman) ou à quelques précurseur.e.s des études consacrées à la sexualité ou aux rapports sociaux de sexe (Foucault, Oakley, Kergoat, Delphy).

Ensuite, le choix de trois domaines particulièrement renouvelés depuis les années 2000, indiqués en sous-titre de l'ouvrage : corps, sexualité et rapports sociaux. Ces thèmes sont traités avec une focalisation tantôt sur leurs spécificités et tantôt sur leurs interférences foisonnantes et constituent autant de fils conducteurs des entrées, mais leurs statuts semblent assymétriques.

Les deux premiers se déclinent en plusieurs entrées qui s'y rattachent explicitement. Nous relevons par exemple dans l'axe *Corps* : « Beauté », « Bioéthique et techniques de reproduction », « Corps maternel », « Corps au travail », « Corps légitime », « Drag et performance », « Fluides corporels », « Gouvernement des corps », « Gynécologie », « Handicap », « Incorporation », « Nudité », « Poids », « Puberté », « Taille », « Voix » ... et dans l'axe *Sexualité* : « Conjugalité », « Contraception et avortement », « Désir(s) », « Éducation sexuelle », « Hétéro/homo », « Jeunesse et sexualité », « Organes sexuels », « Placard », « Plaisir sexuel », « Pornographie »,

«Prostitution», «Scripts sexuels», «Séduction», «Virginité»... Dans tous les cas, il s'agit d'éclairer un «angle mort des recherches en sciences sociales» (p. 15), à savoir tout ce qui a été décrit comme relevant des différences corporelles entre les sexes, sans prise en compte de techniques et «pratiques corporelles genrées qui produisent des corps objectivement différents» (idem) et de constituer l'étude des sexualités en terrain d'enquête au croisement des études féministes et queer, des analyses politiques, philosophiques, historiques et des enquêtes démographiques et épidémiologiques. Ainsi, les auteur.e.s résument les apports les plus récents, les pistes de recherche ouvertes et, le cas échéant, les controverses. L'introduction de l'ouvrage défend le fait de prendre parti, de manière nuancée, dans les cas où les clivages théoriques sont encore trop importants pour pouvoir être conciliés dans une entrée faussement «neutre», comme par exemple pour la prostitution/travail du sexe, la pornographie, l'identité civile des personnes transgenre, la filiation, la sexualité des mineur.e.s, l'expression des appartenances religieuses, les frontières humanité-animalité, etc. (p. 24).

À la différence des deux premiers fils conducteurs, les rapports sociaux ne constituent pas une entrée d'encyclopédie (ni même une entrée d'index), probablement parce que ce fil sous-tend finalement l'ensemble des articles. L'introduction précise d'emblée que les rapports de genre sont explicitement articulés avec d'autres rapports sociaux (p. 20), ce qui constitue une des plus grandes nouveautés épistémologiques dans les sciences sociales depuis les années 1980. La diversité des domaines d'études profondément renouvelés les vingt dernières années, répertoriés dans cette encyclopédie, montre bien comment l' «approche "intersectionnelle", "imbriquée", "multidimensionnelle" ou "consubstantielle" des rapports sociaux, théorisée et discutée depuis les années 1980 au sein des études de genre et des mouvements féministes est passée du statut de programme théorique et d'enjeu politique à celui de défi épistémologique et méthodologique dans les enquêtes empiriques» (p. 20). Cela explique pleinement pourquoi on trouve dans cette encyclopédie critique des entrées comme «Âge», «Consommation», «Culture populaire», «Danse», «Espace urbain», «Internet», «Nation», «Postcolonialités», «Race», «Religion», «Santé», «Sport», «Technologie», «VIH/SIDA»... qui correspondent à des domaines de recherche investis depuis peu de temps par les études de genre et l'approche intersectionnelle.

Il n'y a pas d'entrée pour le concept de «Genre» mais une présence en filigrane dans tous les textes. Deux entrées explicites concernent uniquement le langage : «Langage» et «Voix»; on y trouve d'excellentes synthèses des recherches actuelles. Pas d'entrée pour le «discours», qui aurait pu intéresser les sociolinguistes, mais de nombreux articles évoquent explicitement des questions liées au langage (catégorisations et enjeux liés à la nomination, etc.).

Pour celles et ceux qui sont familiers des approches du XXe siècle portant sur les rapports sociaux de sexe les choix de cette encyclopédie peuvent sembler déroutants : on ne trouve pas d'entrée sur les différents courants dans les recherches féministes (matérialistes, différentialistes...), pas d'entrée d'index par discipline, quelques asymétries difficiles à comprendre dans l'index (plusieurs entrées sous «Masculinité(s) mais aucune entrée «Féminité(s)»)... Les thèmes qui ont sous-tendu le foisonnement des recherches féministes en sciences humaines et sociales au XXe siècle n'y figurent pas : on cherchera en vain «histoire des femmes», «discriminations», «parité» ou «plafond de verre», on ne trouvera pas d'entrée «travail» (sauf sur le travail domestique, le *care* et le travail du sexe), ni «éducation» (sauf pour «éducation sexuelle»)... Seuls les domaines des «violences» et «contraception/avortement» se retrouvent en continuité avec les grands thèmes du siècle précédent. Pourtant, les continuités existent et sont pleinement assumées, mais ne sont pas mises en avant dans les entrées.

Cet ouvrage n'est pas une encyclopédie traditionnelle, qui rassemblerait dans des articles concis les consensus apaisés sur un sujet donné, prêts à être acceptés sans critique par un large public, y compris scolaire. Sa grande force vient précisément de ses déséquilibres qui racontent notre époque, de son audace, et de sa rigueur critique sur les sujets sélectionnés. C'est un outil très bien fait pour découvrir comment les potentialités des études de genre sont exploitées au début des années 2000, mais c'est surtout un excellent outil pour quiconque souhaiterait s'en servir pour aller plus loin.

Liliane Meyer Pitton
Visites bilingues à la frontière des langues : la mise en produit d'une situation linguistique pour le tourisme
Dans cet article, nous allons présenter l'appropriation touristique de la frontière linguistique franco-allemande en Suisse dans la forme d'une offre particulière : des tours guidés bilingues. Nous allons analyser le processus de cette « mise en produit » de la particularité linguistique locale en examinant les raisonnements derrière l'offre, la planification de l'aspect linguistique, et enfin sa réalisation en situation d'interaction. Cette analyse permettra de montrer les tensions entre les différentes conceptions de la langue et du bilinguisme impliquées dans un tel processus de commodification, situées dans leur contexte socio-économique particulier, mais liées de manière plus globale à l'appropriation de la langue et de la diversité linguistique sous les conditions économiques contemporaines.
Mots-clés : bilinguisme, commodification, frontière linguistique, tourisme, tours guidés

Bilingual tours of linguistic borders: Exploiting a linguistic situation for tourism
This article will discuss the way that the French-German linguistic border in Switzerland is put to use by the guided bilingual tours offered by the tourist industry. Analysis will focus on the process of this "exploitation" of the specific local linguistic situation by examining the rationale behind these tours, the way in which their linguistic aspect is organized, and finally the way that linguistic interaction is catered for. This analysis will identify the tensions between the various understandings of language and bilingualism that are involved in this process of commodification. These tensions can be related to their particular socio-economic context, but more broadly to the appropriation of language and of linguistic diversity in contemporary economic conditions.
Keywords: bilingualism, commodification, linguistic border, tourism, guided tours

Visitas bilingües en la frontera de las lenguas: una situación lingüística convertida en producto para el turismo
En este artículo presentaremos el uso turístico de la frontera lingüística franco-alemana en Suiza a través de una propuesta particular: recorridos guiados bilingües. Analizaremos el proceso de «creación de un producto» a partir de la particularidad lingüística local estudiando la lógica detrás de la propuesta, la planificación del aspecto lingüístico y, por último, la realización en las situaciones de interacción. Este estudio permitirá poner en evidencia las tensiones entre las diferentes concepciones de la lengua y del bilingüismo presentes es en este proceso de mercantilización, situadas en su contexto socioeconómico particular, aunque ligadas de manera más global a un uso particular de la lengua y de la diversidad lingüística en las condiciones económicas contemporáneas.
Palabras clave: bilingüismo, mercantilización, frontera lingüística, turismo, visitas guiadas

* * * * *

Luc Biichlé
Intégration, réseaux sociaux et représentations langagières de migrants en France
Fondé sur un corpus d'environ 300 entretiens dont 150 enregistrés, cet article propose l'étude du réseau social et des représentations de migrants originaires de onze pays

différents ainsi que de leurs proches. En effet, la structure du réseau social, par la nature de ses liens, par les contacts qu'elle génère, détermine fortement les représentations et les pratiques, notamment langagières. Pour les migrants, la restructuration du réseau constitue donc une phase importante de l'insertion dans le nouveau pays. L'étude de ces réseaux ainsi que celle des représentations/pratiques des personnes montrent que l'on peut établir des corrélations entre la présence de liens faibles (réseaux ouverts) et les pratiques plurilingues (langue étrangère + français). À l'inverse, un réseau plus dense, moins ouvert, correspondra plutôt à des pratiques monolingues en langue(s) étrangère(s). Les processus intégrationnels, dont l'apprentissage de la langue, semblent donc largement subordonnés à la restructuration du réseau des migrants quelle que soit leur provenance.

Mots-clés : migration, réseau social, représentations sociales, langues, bilinguisme, intégration

Integration, social networks and linguistic representation of migrants in France
Based on a corpus of about 300 interviews, of which 150 were recorded, this article constitutes a study of the social network and representations of migrants from eleven different countries and of their relatives. The structure of the social network, through the connections that it is made up of and the contacts that it generates, strongly influences both representations and practices, including those related to language. For migrants, reorganization of their social network is therefore an important stage of integration into the new country. The study of these networks, and of the representations and practices of individuals, shows that correlations can be established between the existence of weak connections (an open network) and multilingual practices (using a foreign language plus French). Conversely, a denser or less open network will correspond to monolingual practices in the foreign language(s). Processes of integration, including language learning, therefore appear to be largely dependent on the restructuring of the migrant network, no matter where individuals originate from.

Keywords: migration, social network, social representations, languages, bilingualism, integration

Integración, red social y representaciones lingüísticas de los migrantes en Francia
Basado en un corpus de alrededor de trescientas entrevistas, de las cuales ciento cincuenta fueron grabadas, el presente artículo propone el estudio de la red social y de las representaciones de migrantes originarios de once países diferentes y las de sus parientes y amigos más cercanos. En efecto, la estructura de la red social, por la naturaleza de los vínculos, por los contactos que genera, determina en gran medida las representaciones y las prácticas, en especial las lingüísticas. Para los migrantes, la reestructuración de su red constituye por tanto una etapa importante de la inserción en el nuevo país. El estudio de estas redes así como de las representaciones/prácticas de las personas demuestra que es posible establecer correlaciones entre la presencia de vínculos débiles (redes abiertas) y prácticas plurilingües (lengua extranjera + francés). Por el contrario, una red más densa, menos abierta, se corresponderá más bien con prácticas monolingües en lengua(s) extranjera(s). Los procesos de integración, incluido el aprendizaje de la lengua, parecen estar ampliamente subordinados a la reestructuración de la red de los migrantes, independientemente de su procedencia.

Palabras clave: migración, red social, representaciones sociales, lenguas, bilingüismo, integración

* * * * *

David Descamps et Agathe Foudi
Promotions, déclassements et reclassements. À propos du repositionnement symbolique lié aux lapsus politiques
Les lapsus engageant les statuts sociaux des personnalités politiques apparaissent liés à la structure du champ politique. Qu'il s'agisse de promotions, de reclassements ou de déclassements symboliques, la forme prise par ces lapsus semble relever de multiples logiques liées notamment à l'intériorisation de carrières politiques typiques suivies par les personnalités politiques, au prestige inégal associé à tel ou tel statut, à l'intériorisation d'une association entre les acteurs politiques et certains des statuts qu'ils ont pu occuper ou encore à des éléments plus contextuels.
Mots-clés : lapsus, représentation, champ politique, statut, repositionnement symbolique, logiques d'action

Promotions, demotions, and redeployments. Symbolic re-positioning following political slip ups
Slip-ups involving the social status of political personalities appear to be linked to the structure of the political field. Whether it is a case of promotion, redeployment, or demotion, these slip ups seem to involve many factors which may particularly be linked to the internalization of the typical political career paths followed by political personalities; to the lack of equality of prestige associated with various different positions within politics; to the internalization of an association between a political figure and some of the positions that they have held; or to more contextualized details.
Keywords: slip up, representation, political field, position, symbolic re-positioning, logics of action

Promociones, reducción de categoría y reasignación. Sobre el reposicionamiento simbólico ligado a los lapsus políticos
Los lapsus sobre el estatus social de las personalidades políticas aparecen ligados a la estructura del campo político. Ya se trate de promociones, de reasignaciones o de reducciones de categoría simbólicas, la forma que toman dichos lapsus parece depender de múltiples lógicas relacionadas principalmente con la interiorización de las carreras políticas típicas que siguen las personalidades políticas, con el prestigio desigual asociado a tal o cual estatus, con la interiorización de una asociación entre los actores políticos y algunas de las posiciones que pudieron ocupar o, incluso, con elementos más contextuales.
Palabras clave: lapsus, representación, campo político, estatus, reposicionamiento simbólico, lógicas de acción

* * * * *

Chloé Mondémé
Comment parle-t-on aux animaux? Formes et effets pragmatiques de l'adresse aux animaux de compagnie
Cet article examine les apports possibles d'une approche linguistique interactionniste pour l'analyse de la communication homme/animal. Les phénomènes communicatifs entre hommes et animaux sont fréquents, ordinaires, et quotidiens (dans les foyers ou au

travail), et ont pourtant jusque-là fort peu fait l'objet d'investigations poussées, puisqu'ils échappent en partie à l'analyse éthologique (généralement intéressée au comportement communicatif d'une espèce propre) autant qu'à l'analyse linguistique (centrée sur le langage verbal articulé – par définition humain). Sur la base de données audio et vidéo recueillies dans divers contextes et en situations «naturelles» (*versus* expérimentales) donnant accès à des formes d'adresse jusque-là peu documentées dans la littérature, la présente contribution identifie trois modalités récurrentes dans l'adresse à l'animal domestique, et en examine les effets pragmatiques.

Cela ouvre la brèche pour réenvisager, sur la base de contributions empiriques précises, certaines questions plus générales qui sont ordinairement soulevées quand on aborde les relations homme/animal, celle de l'agentivité des animaux, celle de l'attribution d'intentions, et celles des modalités de l'ajustement mutuel.

Mots-clés : communication interspécifique, pragmatique, interactions verbales, multi-modalité, analyse conversationnelle, relations homme/animal

How do we talk to animals? Modes and pragmatic effects of communication with pets

This article examines the possible contributions of an interactionist linguistic approach to the analysis of human/animal communication. Communicative exchanges between humans and animals take place on a frequent, commonplace, and daily basis (whether at home or at work), and yet have so far been the subject of little in-depth investigation, since they are difficult to analyze from either an ethological perspective (which is usually interested in the communicative behavior of a specific species) or a linguistic perspective (which focuses on articulated verbal language, namely that of humans). On the basis of audio and video data collected in various contexts and in "natural" situations (as opposed to experimental ones), which give access to forms of address that have been little documented in literature to date, this study identifies three recurrent modes of address to the domestic animal, and examines their pragmatic effects.

This indicates the need for a re-examination, on the basis of precise empirical data, of some of the more general questions that are usually raised when dealing with human/animal relationships, including that of the agency of animals, the attribution of intention, and the possible means of mutual adjustment.

Keywords: interspecific communication, pragmatics, verbal interactions, multimodality, conversational analysis, human/animal relationships

¿Cómo se habla a los animales? Formas y efectos pragmáticos de la comunicación con las mascotas

Este artículo examina las contribuciones posibles de un abordaje lingüístico interaccionista para el análisis de la comunicación hombre/animal. Los fenómenos comunicativos entre los seres humanos y los animales son frecuentes, comunes y cotidianos (en el hogar o en el trabajo), y sin embargo hasta el momento son escasas las investigaciones exhaustivas que los toman como objetos de estudio, debido a que quedan en parte fuera tanto del análisis etológico (que en general aborda el comportamiento comunicativo de una especie) como del análisis lingüístico (centrado en el lenguaje verbal articulado, por definición, humano). A partir de datos en forma de audio y video recogidos en contextos diversos y en situaciones «naturales» (en contraposición a las experimentales) que muestran formas de dirigirse al animal poco documentadas en la bibliografía hasta la fecha, la presente contribución identifica tres modalidades recurrentes en la forma de dirigirse a las mascotas y examina los efectos pragmáticos.

Lo anterior abre la posibilidad de reconsiderar, sobre la base de contribuciones empíricas precisas, ciertos interrogantes más generales que por lo común se plantean al abordar las relaciones hombre/animal, como la capacidad como agentes de los animales, la atribución de intenciones y las modalidades del ajuste mutuo.

Palabras clave: comunicación interespecífica, pragmática, interacciones verbales, comunicación multimodal, análisis conversacional, relaciones hombre/animal

* * * * *

Catherine Ruchon
L'être et le nom : éthique de la nomination dans le cadre du deuil périnatal
Les débats actuels sur le deuil périnatal et la nomination civile des enfants morts-nés ouvrent un nouveau champ de l'éthique qui est abordé ici au travers des discours des familles endeuillées ainsi que par les discours juridiques et médicaux. Le nom porte métonymiquement l'individu, qu'il ait vécu ou non. La nomination des bébés décédés prématurément joue un rôle essentiel dans le processus de deuil des parents concernés : la reconnaissance du statut de parent passe par la reconnaissance de l'existence de l'enfant décédé, et donc par sa nomination et son inscription dans le registre d'état civil. En outre, cette problématique associe la question de la désignation des parents endeuillés pour lesquels il n'existe pas de terme leur permettant de s'auto-désigner, d'où des néologismes tels que *mamange* ou *parange*. Cette étude discursive amorce l'ébauche d'une éthique de la nomination, mettant en jeu des notions telles que l'empathie, la mémoire discursive ou le devoir de mémoire. Le nom n'est pas seulement un désignatif, ses enjeux sont aussi éthiques et sociaux.

Mots-clés : analyse de discours, droit, éthique, nomination, ontologie, souvenir

The being and the name: The ethics of naming in the context of perinatal mourning
Current debates on perinatal mourning and the civil process of naming stillborn babies open up a new field of ethics that is addressed here in relation to the discourse of bereaved families as well as legal and medical discourses. A name is a metonymic representation of an individual, whether or not he or she actually lived. The naming of babies who have died prematurely plays a key role in the parents' mourning process: recognition of parental status is dependent on recognition of the existence of the deceased child, and therefore also on that child's naming and civil registration. A further area is the question of how we designate bereaved parents, since there is no term that they can use to describe their own situation. This has led to the coining of a number of neologisms, such as *mamange* and *parange,* used by French speakers. This discussion sets out to draft an ethics of naming, drawing on notions such as empathy, discursive memory, or the duty to remember. A name is not only a form of designation, but has ethical and social significance.

Keywords: discourse analysis, law, ethics, naming, ontology, remembrance

El ser y el nombre: ética de la nominación en el marco del duelo perinatal
Los debates actuales sobre el duelo perinatal y la nominación civil de los bebés nacidos muertos abren un nuevo campo de la ética que se aborda en el presente texto a través de

los discursos de las familias en duelo y de los discursos en el ámbito jurídico y médico. El nombre es el soporte, metonímicamente, del individuo, haya vivido o no. Dar nombre a los bebés fallecidos prematuramente es esencial en el proceso de duelo de los padres afectados: el reconocimiento del estatus de padre pasa por el reconocimiento de la existencia del niño fallecido, y, en consecuencia, por su inscripción con su nombre en el registro civil. Asimismo, esta problemática incluye el problema de la designación de los padres en duelo para quienes no existe término que les permita autodesignarse; de allí surgen los neologismos como *mamange* o *parange*. Este estudio discursivo inicia el esbozo de una ética de la nominación, que pone en juego nociones tales como la empatía, la memoria discursiva o la deuda de memoria. El nombre no es meramente designativo, sus implicaciones son también éticas y sociales.

Palabras clave: análisis del discurso, derecho, ética, nominación, ontología, recuerdo

Marc Chalier
Quelle norme de prononciation au Québec? Attitudes, représentations et perceptions
Dans cet article, nous présentons une étude de perception sur la question de la norme de prononciation québécoise. L'étude remet en question l'hypothèse traditionnelle autour de la norme de prononciation du français postulant qu'au contraire des autres langues de grande extension le français n'aurait qu'un seul centre normatif (Paris). Cette problématique est abordée dans le cadre théorique de la *linguistique perceptive des variétés* et sur la base d'une enquête empirique sur les représentations et attitudes (perceptives) de 101 locuteurs québécois et montréalais par rapport à quatre stimuli représentant des *locuteurs-modèles* du Québec, de la Suisse romande et de Paris. Les résultats indiquent qu'actuellement, en plus de la prononciation parisienne, une prononciation régionale québécoise faiblement marquée bénéficierait non plus seulement d'un *prestige latent*, mais également d'un *prestige manifeste*, des résultats impliquant une redéfinition nécessaire du concept de *norme de référence*, qui ne se veut non plus de nature monocentrique, mais bien pluricentrique.

Mots-clés : norme, prononciation, perception, français québécois, pluricentrisme, linguistique variationniste

A pronunciation norm in Quebec? Attitudes, representations, and perceptions
This article presents a perceptual study into norms of pronunciation in Quebec. The study challenges the traditional hypothesis relating to French norms of pronunciation, which postulates that, unlike other widely spoken languages, French has only one normative center (Paris). This issue is explored using the theoretical framework of *perceptual linguistics of varieties* and an empirical investigation into the perceptual representations and attitudes of one hundred and one speakers from Quebec and Montreal toward four stimuli representing *model speakers* from Quebec, French-speaking Switzerland, and Paris. The results suggest that currently, like a Parisian pronunciation, a lightly accented Quebecois pronunciation enjoys not only a *covert prestige* but also a *standard prestige*. Such results imply the necessity of redefining the concept of the *reference norm*, which is no longer monocentric, but rather multicentric.

Keywords: norm, pronunciation, perception, Quebecois French, pluricentrism, variationist linguistics

Norma de pronunciación en Quebec: Actitudes, representaciones y percepciones
En este artículo presentamos un estudio de percepción sobre la norma de pronunciación quebequesa. El estudio recuestiona la hipótesis tradicional relativa a la norma de pronunciación del francés que postula que, a diferencia de lo que ocurre en otras lenguas de gran extensión, el francés cuenta solo con un centro normativo (París). Esta problemática se aborda en el marco teórico de la *lingüística perceptiva de las variedades* y sobre la base de una investigación empírica sobre las representaciones y actitudes (perceptivas) de 101 hablantes de Quebec y de Montreal respecto a cuatro estímulos representativos de *hablantes modelo* de Quebec, de la Suiza francófona y de París. Los resultados indican que actualmente, además de la pronunciación parisina, una pronunciación regional quebequesa débilmente marcada podría gozar no solo de un *prestigio latente*, sino también de un *prestigio manifiesto*. Los resultados implican la necesidad de una nueva definición del concepto de *norma de referencia*, que ya no sería de naturaleza monocéntrica, sino claramente policéntrica.
Palabras clave: norma, pronunciación, francés quebequés, policentrismo, lingüística variacionista

* * * * *

Evelyne Saunier
En chômage ou *au chômage* : les motifs d'une variation
L'observation de divers corpus et des articles «*chômage*» des dictionnaires montre un passage progressif de l'usage courant de être/*mettre*... *en chômage* à celui de être/*mettre*... *au chômage*, le basculement se produisant à la fin des années 1970. Il s'agit, plus que d'un remplacement, d'une inversion de tendance, l'emploi de *en* n'ayant pas disparu.
Le présent article vise à rendre compte de la variation entre les deux constructions (diachronique, cotextuelle, individuelle...) en termes de construction socialement pertinente du sens. La proposition repose sur une prise en compte de l'évolution de la catégorie «chômage», et sur une analyse sémantique du type de repérage qu'instaurent les deux prépositions entre les termes qu'elles relient.
Mots-clés : prépositions, *en*, *à*, sémantique, *chômage*, variation

En chômage or *au chômage*: Tracing patterns of variation
Observation of a wide corpus including dictionary entries for the word "chômage" demonstrates that there has been a progressive shift in common usage from être/met*tre*. . . *en chômage* to être/met*tre*. . . *au chômage*, and that the change dates back to the end of the 1970s. Rather than a replacement of the preposition "en" with "au," we are seeing a change in tendency, since the use of "en" has not disappeared.
This article seeks to account for the variation between the two constructions (at diachronic, contextual, and individual levels) in terms of the social construction of meaning. The argument relies on an awareness of the development of the term "chômage," and on a semantic analysis of the relationship established by each preposition between the terms that they connect.
Keywords: prepositions, "en", "à", semantics, "chômage", variation

En chômage o *au chômage*: Los motivos de esta variación

La observación de los distintos corpus lingüísticos y de los artículos «*CHOMAGE*» en los diccionarios muestra una transición progresiva en el uso corriente desde *être/ mettre... en chômage* a *être/mettre... au chômage*. Este desplazamiento se produjo a finales de la década de 1970. Se trata no tanto de un reemplazo como de una inversión en la tendencia; el uso de «*en*» no ha desaparecido.

El presente artículo pretende explicar la variación entre las dos construcciones (diacrónica, cotextual, individual) en términos de construcción socialmente pertinente del sentido. La propuesta se basa en la consideración de la evolución de la categoría «chômage» y en un análisis semántico del tipo de referencias que establecen las dos preposiciones entre los términos que unen.

Palabras clave: preposiciones, *en, à*, semántica, *chômage*, variación

NUMÉROS À PARAÎTRE (par ordre alphabétique des responsables) :

- **La réparation d'image dans le discours de campagne.**
  Perspectives discursives et argumentatives
  dirigé par R. Amossy.
- **Pratiques langagières, pratiques migratoires**
  dirigé par C. Canut & M. Guellou.

DERNIERS NUMÉROS PARUS :

- **Marseille. Entre gentrification et ségrégation langagière**
  dirigé par Jean-Michel Géa et Médéric Gasquet-Cyrus, n° 162,
  quatrième trimestre 2017.
- **Langues, langages et discours en sociétés. La revue a 40 ans**
  dirigé par J. Boutet, n° 160-161, deuxième et troisième trimestres 2017.
- **Parler face aux institutions : la subjectivité empêchée**
  dirigé par M. Glady et A. Vandevelde-Rougale, n° 158, quatrième
  trimestre 2016.
- **Apprendre les langues : jeux de pouvoir et enjeux identitaires**
  dirigé par C. Bemporad, n° 157, troisième trimestre 2016.
- **Varia**
  n° 156, deuxième trimestre 2016.
- **Pratiques des langues en France : les enquêtes statistiques**
  dirigé par J. Boutet, n° 155, premier trimestre 2016.
- **Parlers ordinaires, parlers jeunes : terrains, données, théorisations**
  dirigé par F. Gadet & E. Guerin, n° 154, quatrième trimestre 2015.
- **Traduire et interpréter en situations sociales : santé, éducation, justice**
  dirigé par A. C. Ticca et V. Traverso, n° 153, troisième trimestre 2015.
- **Genre, langage et sexualité. Données empiriques**
  dirigé par L. Greco, n° 152, deuxième trimestre 2015.
- **Sociophonétique**
  dirigé par M. Candea et C. Trimaille, n° 151, premier trimestre 2015.
- **John J. Gumperz**
  De la dialectologie à l'anthropologie linguistique
  dirigé par J. Boutet et M. Heller, n° 150, quatrième trimestre 2014.
- **Éthos discursif**
  dirigé par Y. Grinshpun, n° 149, troisième trimestre 2014.
- **Recherches linguistiques sur le genre : bilan et perspectives**
  dirigé par L. Greco, n° 148, deuxième trimestre 2014.

- Familles plurilingues dans le monde
  Mixités conjugales et transmission des langues
  dirigé par C. Deprez, G. Varro, B. Collet, n° 147,
  premier trimestre 2014.
- Humour et ironie dans la campagne présidentielle de 2012
  dirigé par M. D. Vivero García, n° 146, quatrième trimestre 2013.
- Enjeux sociaux des mouvements de revitalisation linguistique
  dirigé par J. Costa, n° 145, troisième trimestre 2013.
- Varia
  n° 144, juin 2013.
- Dynamique langagière au Maroc
  dirigé par L. Messaoudi, n° 143, mars 2013.
- Psychologie sociale et sociolinguistique : la figure de Paul Wald
  dirigé par J. Boutet, n° 142, décembre 2012.
- Jeunes et parlers jeunes : des catégories en question
  dirigé par M. Auzanneau et C. Juillard, n° 141, septembre 2012.
- Analyse de discours à la française : héritage et reconfigurations
  dirigé par F. Dufour et L. Rosier, n° 140, juin 2012.
- Dell Hymes : héritages et débats
  dirigé par C. Trimaille et B. Masquelier, n° 139, mars 2012.
- Villes du monde arabe : variation des pratiques et des représentations
  dirigé par M-A. Germanos et C. Miller, n° 138, décembre 2011.
- Les discours de l'accompagnement :
  nouvelles normes du retour à l'emploi
  dirigé par D. Demazière et M. Glady, n° 137, septembre 2011.
- Appropriation politique et économique des langues
  dirigé par C. Canut et A. Duchêne, n° 136, juin 2011.
- Méthodes en analyse des discours
  dirigé par J. Boutet et D. Demazière, n° 135, mars 2011.
- Varia, n° 134, décembre 2010.
- New Literacy Studies, un courant majeur sur l'écrit
  dirigé par B. Fraenkel et A. Mbodj, n° 133, septembre 2010.
- Linguistique légale et demande sociale : les linguistes au tribunal
  dirigé par D. Lagorgette, n° 132, juin 2010.
- Sourds et langue des signes : norme et variations
  dirigé par B. Garcia et M. Derycke, n° 131, mars 2010.

Liste complète des numéros parus sur le site : www.langage-societe.fr

• Achat d'un numéro

16,50 euros

– dans toutes les librairies (diffuseur FMSH-diffusion/CID ; cid@msh-paris.fr)

– électroniquement sur www.lcdpu.fr et sur www.cairn.info

• Achat d'un article

sur Cairn : www.cairn.info

• Abonnement

Tarifs des abonnements 2017 (4 numéros par an) :

FRANCE : individuels : 45,00 euros – collectivités : 55,00 euros

ÉTRANGER : individuels : 57,00 euros – collectivités : 67,00 euros

– Par chèque bancaire ou postal à l'ordre de Langage et société, à adresser à : Langage et société, FMSH, service des éditions, 54, bd Raspail, 75006 Paris

– Par virement sur le compte bancaire suivant :
FR76 3006 6100 4100 0105 5790 383
en précisant dans l'intitulé du virement « revue Langage et société»

Responsable des abonnements : Edwige Bossuyt
tél. : (00 33) 1 40 48 64 34
e-mail : bossuyt@msh-paris.fr

• Adresse des sites

www.langage-societe.fr
www.editions-msh.fr

Commission paritaire n° 1019G86045
JOUVE
1, rue du Docteur Sauvé, 53100 Mayenne
Imprimé sur presse rotative numérique
N° 2678818Y – Dépôt légal : janvier 2018
Imprimé en France